Prosperando
EN MEDIO DE *LA CRISIS*

MIGUEL RAMÍREZ

PROSPERANDO EN MEDIO DE *LA CRISIS*
Dr. Miguel Ramírez

ISBN 978-0-9823282-8-6

Corrección de estilo: Elvira Suárez
Diseño editorial y portada: DIVÉLULA | Agencia Creativa
Asesoría Editorial: Armando Carrasco Z.

Publicado por: Editorial Mies
Dr. Miguel Ramírez
mies2@hotmail.com
Cel. +133 4758 48 44

Impreso y distribuido por *Ingram Book Company*

Si no se indica otro origen para esta traducción las citas
bíblicas (**en negritas**) pertenecen a: **La Santa Biblia**®
Versión Reina - Valera (RV) Revisión de 1960.

Dedicatoria

A todos aquellos que quieran prosperar en este tiempo de crisis, muertes, contagios, pandemia y pérdida de empleo; pero que tienen la confianza y esperanza de que la luz está al final del túnel.

A todos aquellos que quieren reinventarse, sin importar su edad, su color, su raza, su idiosincrasia, su economía. Pero que están dispuestos a aprender y aplicar los principios y sistemas que pueden hacer crecer su economía personal, familiar y empresarial.

A todos los hispanos radicados en USA, que viajan en medio de crisis financiera, atravesando desiertos, problemas sociales, familiares, culturales e idiomáticos con el objetivo de ofrecer un mejor futuro a su familia que les espera en sus países. Tienen un deseo de superación, que necesita ser reforzado con el conocimiento.

Agradecimientos

Al pastor Bill Bryan; por la confianza depositada en este tiempo para tomar el timón de la Iglesia Hispana de Bridge.

A la Iglesia Nueva Creación, que nos motiva a reinventarnos, a ser proactivos y creativos para lograr establecer los Principios del Reino de Dios.

Reseña

Hablar de finanzas no es tan fácil, hablar de finanzas en tiempos de crisis lo hace más complejo todavía. Es ahí donde puedo comentar que el Dr. Miguel Ramírez escribe con destreza sobre este retador tema. Su balanceado y atinado entendimiento sobre los argumentos de la economía, hace que este libro sea obligatorio para tener en casa, como libro de consulta.

Las crisis nos evalúan y nos dan oportunidad de mejorar, cuándo nuestra economía se desenvuelve en un ambiente espeso y crítico necesitamos tener los principios bien fundamentados para tomar decisiones correctas. Principios que este libro los ponen muy en claro y nos da una pauta para ponerlos en práctica.

Desde la primera página, el Dr. Miguel nos atrapa para llevarnos durante todo el libro por este camino de las finanzas que con un leguaje sencillo nos hace entender situaciones complejas.

Lic. Armando Carrasco
Director Equipos Actúa

Prólogo

"Querido hermano, oro para que te vaya bien en todos tus asuntos y goces de buena salud, así como prosperas espiritualmente". 3ª. Juan 2 (NVI).

De la pluma del pastor Miguel Ramírez emana la experiencia de una persona que ha atravesado por situaciones complejas, caminos desconocidos y en ocasiones llenos de incertidumbres, sin embargo, no solo es la experiencia llana del transitar de una persona en una historia pasajera, sino una vida que ha fundado sus principios en el conocimiento divino, en lo que el proverbista llamó "sabiduría".

Prosperando en medio de la crisis, es un texto complejo y por complejo no quiero decir difícil de leer y comprender, sino que su complejidad radica en abordar de manera profunda la temática de la prosperidad y la crisis, manteniendo un discurso fundamentando, como lo he mencionado, en principios bíblicos y además que tienen una aplicación contemporánea en nuestra cultura.

El autor, fundamenta su discurso en tres ejes rectores: la experiencia propia, el conocimiento del tema financiero y la integración de los principios bíblicos, este último permite la solidificación de su pensamiento y su aplicación en los diferentes estilos de vida que tienen su origen en el ingreso económico. Es importante que el lector comprenda que al dar lectura al texto, se encontrará con términos propios de la disciplina financiera y la ciencia de la economía, los cuales, estoy seguro, le serán de utilidad para comprender acerca de la historicidad de la crisis, reflexionar acerca del tiempo y el espacio que le ha tocado vivir y cómo mejorar su entorno a partir de un concepto que se menciona en reiteradas ocasiones, me refiero a la "conciencia": El Dr. Miguel Ramírez realiza un ejercicio concreto sobre el tema económico y logra articular su diálogo en doce capítulos, los cuáles lo comprometen de manera tácita, a que el lector, a partir de las revisiones del texto, pueda encontrar una solución o mejoría a la situación que financieramente atraviesa. Reitero la temporalidad del término "atraviesa", sin embargo, podría ser que se convierta en el peor de los casos, en algo permanente sino se actúa con diligencia.

Además, el autor, como miembro de una sociedad en determinado tiempo histórico (actual), ha asumido su compromiso, siendo parte del andamio entre las generaciones que le preceden, hablando a las conciencias para no cometer los mismos errores del pasado.

Me permito mencionar, la crisis en la historia de la humanidad ha sido una constante en las sociedades, algunos han considerado estas crisis como coyunturales, sin embargo, pareciera que el momento que estamos atravesando como humanidad, nos toca enfrentar una crisis de estructura, es decir, actualmente se dice que todo está en crisis: el sistema económico, político, de salud, familiar, social, educativo... "todo está en crisis".

Pareciera un escenario desolador de manera general, en donde impera la desigualdad, la apatía, el desinterés por el otro, el individualismo, pero es necesario hacer énfasis que en la base de este libro, hay algo trascendente al tiempo, algo intangible, eterno, me refiero a la Palabra, aquella que ha sido escrita y manifiesta la herencia, tanto en la vida pasajera como en la eternidad. El capítulo siete vislumbra perfectamente esta valía, dando inicio con el pasaje bíblico en el Salmo 119:105 "lámpara es a mis pies tu palabra y lumbrera a mi camino". En todo tiempo ha habido crisis, dificultades y todo tipo de situaciones adversas, pero también han existido infinidad de soluciones y sobre todo la gracia eterna del Padre.

Las personas están buscando respuestas, soluciones, salidas a lo prosaico de la cotidianidad y quizás las han descubierto en diversas formas. El lector encontrará en este valioso libro, algo más que una salida emergente, momentánea y temporal, se confrontará con la sanidad interior, con nuestra esencia, algunos lo han llamado alma, otros corazón y algunos más contemporáneos "pensamientos".

Quizá usted se pregunte ¿Por qué debo leer este libro? Yo podría mencionar un par de respuestas, pero me limitaré a decir "lo que se dice debe ser respaldado por lo que se hace, por lo que se vive" y el autor, el Pastor Miguel Ramírez, es una persona congruente con su forma de pensar, de sentir y de actuar, ha andado en desiertos y también en llanuras y se ha caracterizado como un hombre de fe, siempre tomándose de la mano del Padre.

Querido lector, mi deseo es que mientras vaya leyendo el libro, resuelva conflictos que son resultado de la herencia y de las condiciones sociales que le ha tocado vivir, también de solución a las problemáticas económicas que usted mismo ha generado y que ha repercutido en otras áreas de su vida, que construya una forma sólida de vida, que lo acerque a lo valioso, a lo intangible, a lo bello, que le permita viajar cada día más ligero.

Jaime Padilla Ramírez.
Miembro fundador del Instituto Universitario Antequera de Oaxaca.
Oaxaca-México.

Introducción

Todo tiene su tiempo, y todo lo que se quiere debajo del cielo tiene su hora, dijo el sabio Salomón hace casi 3000 años, y sus palabras siguen teniendo pertinencia. Y este es el tiempo propicio para que este libro salga a la luz. Este libro tenía la idea de ver la luz hace casi 11 años atrás, en la crisis inmobiliaria que desató una fuerte crisis económica.

*Pero por diversas circunstancias, no se dio a luz en ese tiempo. Pero es increíble cómo el título "**Prosperando en medio de la crisis**" y el contenido pensado, estudiado, aplicado e investigado en ese tiempo, tiene pertinencia oportuna en este 2020; en donde se ha registrado la tasa mas grande de desempleo en USA, con mas de 36 millones.*

Hoy mas que nunca necesitamos saber como volver a levantarnos, construirnos, reinventarnos, cambiar conceptos, eliminar miedos, para poder crecer, desarrollarnos y llegar a prosperar en medio de cualquier crisis que se nos presente en la vida.

*Se conoce como **crisis a aquel período o situación en el cual la normalidad vigente pierde su sustancia dándole lugar y primando los cambios bruscos o dificultades.** Esas crisis se pueden presentar, ante una enfermedad, la muerte de un ser querido, la pérdida de un trabajo, un accidente, un divorcio, y muchas causas más que hacen que perdamos el curso normal de nuestra vida personal, familiar o laboral.*

Queremos compartir contigo ideas, conceptos y experiencias para que puedas levantarte desde cero, o tal vez desde menos cero; en donde estamos tocando fondo, algunos en la salud, y la pérdida consecuente de un ser amado, otros en la economía al estar sin abrir su negocio, haber perdido el empleo o la inversión, otros más con problemas familiares, ya que es increíble como la violencia doméstica se ha incrementado en 700% a nivel mundial; porque muchos no supieron qué hacer con sus hijos o su cónyugue 24 horas al día, 7 días a la semana, durante más de 2 meses continuos.

La pandemia del covid-19 nos sorprendió a la mayoría de las personas de todo el mundo, a los empresarios, gobiernos, familias, partidos políticos. Por eso, en algunos mas o en otros menos; no se pudo responder a tiempo; y ahora como daño colateral esta creando crisis personales, familiares, sociales, religiosas y gubernamentales.

Con la gran avalancha de las redes sociales y de los medios de comunicación, oímos, leemos o vemos cómo hay muchas opiniones desde una conspiración mundial, hasta el fin del mundo y la inminente venida de Cristo por su iglesia en este tiempo. Muchas de las opiniones vertidas en los medios masivos de comunicación y las redes sociales, están en contraposición una contra la otra. Lo que si no podemos negar es que la sociedad está en crisis, las personas están en crisis, las familias están en crisis, los valores están en crisis, los gobiernos (en su mayoría) están en crisis.

Todos queremos salir de esta crisis. Pero me estoy atreviendo a afirmar y a creer que se puede **prosperar en medio de la crisis**, y podemos aprender a usar esta crisis como plataforma para poder emprender un nuevo camino hacia la prosperidad personal, familiar, social, gubernamental y mundial, y también podemos aprender a no dejarnos sorprender por una nueva crisis.

Según el evangelio de Mateo, todos estos acontecimientos como son guerras, rumores de guerras, hambres, pestes, plagas y más es solamente **principio de dolores**; quiere decir mi estimado lector que vienen todavía cosas peores y es el tiempo de aprender a no ser sorprendidos de nuevo. Es el tiempo de crear los mecanismos, medios y herramientas necesarios para **prosperar en medio de la crisis**, y para no dejar que las crisis nos lleven a la desesperación, angustia, y frustración.

Acompáñame en esta nueva aventura, para salir del pozo de la angustia y de la desesperación.

Tu compañero de aventura.

Miguel Ramírez

Índice

MIGUEL RAMÍREZ

Prosperando ·
EN MEDIO DE *LA CRISIS*

Hoy en día no se comenta de nada más que de la crisis en todos los medios masivos de comunicación, y de: ¿cómo vamos a salir de ella? Lo curioso de todo esto, es que éste, es un ciclo que siempre se repite y que sin lugar a dudas se seguirá repitiendo a través de toda la historia, mientras la humanidad exista como tal. Vemos que desde el tiempo de Abraham hubo un momento de hambre en donde él subió a Egipto, lo mismo pasó en la temporada de Jacob, después, en el tiempo de José, en donde toda la tierra fue protagonista de este período de gran crisis y escases. Después, en la época de los jueces, vemos que esa fue la razón por la que la familia de Elimelec subió a la tierra de Moab, lamentablemente él y sus hijos murieron, dejando a su esposa y nueras desamparadas en una tierra ajena. Porque no entendieron los tiempos de Dios, y tampoco supieron esperar la provisión de Dios en momentos de crisis.

Este libro pretende aportar ideas, sugerencias y principios para que cada uno de nosotros, sin importar nuestro entorno particular, podamos **prosperar en medio de la crisis.** Y muchas veces, son precisamente estas circunstancias las que sacan de dentro de nosotros lo mejor que tenemos para entender que en Cristo somos más que vencedores y que de Dios es el oro y la plata, pero sobre todo que Él está dispuesto a compartirlo con nosotros.

Mi amigo Francisco Grass, escritor español, me envió una encuesta, unas semanas atrás, para uno de los artículos que escribe en algunos periódicos locales. Después de contestarla me quede reflexionando sobre el asunto, y llamó mucho mi atención que la mayoría de las preguntas tenían referencia a cómo superar la crisis económica que actualmente se está reflejando en todo el mundo. Otra característica que resaltó en mí, fue que las interrogantes de la encuesta estaban enfocadas a la clase media alta, o alta. Lo cual me hizo reflexionar, y pensar: "eso está muy bien para ese tipo de personas, pero qué sucede o cuál es la solución para la gente que vive día a día con su sueldo, que no tiene ahorros, ni inversión, ¿ellos cómo superan la crisis económica mundial?"

Razón por la que el presente libro está dirigido a los "invisibles financieros", aquellos que muchas veces no entienden qué es la crisis económica, cuáles son las tasas de interés o cuántos puntos perdió la bolsa en New York, aún si el peso mexicano se ha devaluado ante el dólar. A esos que no comprenden por qué las grandes corporaciones como GMC, Ford, y Chrysler piden ayuda millonaria al gobierno de los Estados Unidos porque están en una crisis económica descomunal, que les hará recortar su fuerza productiva en un 30% o más, y que les está llevando a un despido masivo de empleados. Pero, irónicamente llegan a pedir ayuda en sus aviones privados, y además se ofrecen a trabajar gratuitamente durante un año para ayudar a superar la crisis.

Lo que sí entienden y sienten es que a ellos nadie les ayuda, nadie les tiende la mano para que tengan un rescate económico. Lo que sí experimentan es que ahora sus casas valen menos de lo que le deben al banco o a la financiera. Que la gasolina llegó a 4 dólares el galón en promedio, pero a ellos no les subieron el sueldo. También están viendo que los productos de la canasta básica están por las nubes, pero esta gente no tiene aviones para ir por ellos. Ellos y su prosperidad, son la razón de este libro.

Así es que, lo primero que quiero hacer, es un recuento histórico breve de por qué la crisis nos está afectando, cuáles fueron las razones básicas de esta crisis mundial, y que, al final de cuentas a nadie le interesa tu propia situación más que a ti mismo. Por lo tanto, se hace urgente y necesario que entiendas un poco más del lenguaje financiero actual, que conozcas las causas que producen la crisis económica en todos los niveles. Pero sobre todo, que aprendas a manejar tus recursos de una forma responsable, y con conocimiento de causa para que no te tomen desprevenido las diferentes consecuencias de esta crisis masiva.

Da la impresión de que la mayoría de los ciudadanos nos sentimos confusos ante la crisis que se ha desatado en los últimos meses. A la vista del esfuerzo financiero desplegado por los bancos centrales, se intuye que se trata de una crisis muy seria. Y hay temor del efecto que tiene sobre nuestros bolsillos la subida de los tipos de interés, parece que va a hacer más daño de lo que las autoridades quieren reconocer.

Aunque todo el mundo habla de la crisis, hay muy pocas ideas claras que permiten a los ciudadanos ordinarios saber lo que está pasando. Esta crisis es grave, mucho más profunda de lo que están reconociendo las autoridades económicas y, según parece, es sólo un anticipo de situaciones peores que están por llegar. Para tratar de ayudar a entenderla explico este sencillo material que; con el esquema de ver, juzgar y actuar, aporta, de una forma sencilla, algunas ideas explicativas básicas sobre esta situación de crisis, unas cuantas citas bíblicas y de textos eclesiásticos que nos ayudan a enjuiciarla y algunas pistas de actuación de cara a enfocar nuestro compromiso como creyentes y como ciudadanos del globo terráqueo.

Prosperando

EN MEDIO DE *LA CRISIS*

MIGUEL RAMÍREZ

Capítulo 1

HISTORIA DE
LA CRISIS 2007-2008

"Quien no conoce su historia, está condenado a repetirla".
Napoleón Bonaparte

Año 2001: **La Explosión de la burbuja Internet** (tecnológica).
1998 fue el año de Internet. Surgieron miles de empresas y se hicieron grandes inversiones de capital. Internet era el negocio y quien no estuviera en la Red, sencillamente no existía. Dos años después la «burbuja tecnológica» explotó. Las empresas del sector entraron en crisis (muchas desaparecieron), sus accionistas vieron cómo valores muy rentables, ahora apenas valían unos céntimos y la Reserva Federal de Estados Unidos (para entendernos, este Organismo cumple la misma función del Banco Central Europeo), inyectó liquidez (dinero) en el mercado financiero para minimizar las consecuencias de esta crisis.
La Reserva Federal de Estados Unidos baja en dos años el precio del dinero del 6.5 al 1 por ciento. Este dinero barato lo aprovecha un mercado que empezaba a despegar: *el mercado inmobiliario.*
En 10 años, el precio real de las viviendas se multiplica por dos en Estados Unidos. Durante años, los tipos de interés vigentes en los mercados financieros internacionales han sido excepcionalmente bajos. Esto hizo que los Bancos hayan visto que el negocio se les hacía más pequeño:

a. Daban préstamos a un bajo interés (menos beneficios que antes).
b. Pagaban algo por los depósitos de los clientes (cero, si el depósito

está en cuenta corriente y, si además, cobran Comisión de Mantenimiento, pagaban "menos algo").

c. Pero, con todo, el Margen de Intermediación (beneficio "a" menos "b") decrecía.

A alguien, entonces, en Estados Unidos, se le ocurrió que los Bancos tenían que hacer dos cosas:

1. Dar préstamos más arriesgados, por los que podrían cobrar más intereses.

2. Compensar el bajo Margen aumentando el número de operaciones. (1000 x poco es más que 100 x poco)

En cuanto a lo primero (créditos más arriesgados), decidieron:

a. Ofrecer hipotecas a un tipo de clientes: los **"ninja"** (*no income, no job, no assets*; o sea, personas sin ingresos fijos, sin empleo fijo, sin propiedades).

b. Cobrarles más intereses, porque había más riesgo.

c. Aprovechar el *boom* inmobiliario.

d. Además, llenos de entusiasmo, decidieron conceder créditos hipotecarios por un valor superior al valor de la casa que compraba el *ninja*, porque, con el citado *boom* inmobiliario, pensaban que esa casa, en pocos meses, valdría más que la cantidad concedida en préstamo.

e. A este tipo de hipotecas, les llamaron: **"hipotecas subprime"**. Se llaman **"hipotecas prime"** las que tienen poco riesgo de impago. Se llaman **"hipotecas subprime"** las que tienen más riesgo de impago.

f. Además, como la economía americana iba muy bien, el deudor hoy insolvente podría encontrar trabajo y pagar la deuda sin problemas.

g. Este planteamiento fue bien durante algunos años. En esos años, los ninja iban pagando los plazos de la hipoteca y, además, como les habían dado más dinero del que valía su casa, se habían comprado un coche, habían hecho reformas en la casa, se habían ido de vacaciones... Todo ello, seguramente, a plazos, con el dinero de más que le había prestado el Banco y, en algún caso, con lo que les pagaban en algún empleo que habían conseguido.

16

Hasta aquí, todo está muy claro y también es evidente que cualquier persona con sentido común, aunque no sea un especialista financiero, puede pensar que, si algo falla, el golpazo puede ser importante. En cuanto a lo segundo (aumento del número de operaciones): Como los Bancos iban dando muchos préstamos hipotecarios, se les acababa el dinero. La solución fue muy fácil: acudir a Bancos extranjeros para que les prestasen dinero, porque para algo está **la globalización.** Con ello, por ejemplo; el dinero que hoy por la mañana yo he ingresado en la Oficina Central de la Caja de Ahorros de Mitla Oaxaca, puede estar esa misma tarde en Illinois, porque allí hay un Banco al que mi Caja de Ahorros le ha prestado mi dinero para que se lo preste a un ninja. Por supuesto, el de Illinois no sabe que el dinero le llega desde mi pueblo, y yo no sé que mi dinero depositado en una entidad seria como es mi Caja de Ahorros, empieza a estar en un cierto riesgo, pues sólo sabe que tiene invertida una parte del dinero de sus inversores en un Banco importante de Estados Unidos.

La globalización tiene sus ventajas, pero también sus inconvenientes, y sus peligros. La gente de Mitla no sabe que está corriendo un riesgo en Estados Unidos y cuando empieza a leer que allí se dan hipotecas subprime, piensa: "¡Qué locuras hacen estos americanos!"

Además, resulta que existen las *"Normas de Basilea",* que exigen a los Bancos de todo el mundo que tengan un Capital Mínimo en relación con sus Activos. Simplificando mucho; debe tener un mínimo de capital circulante para hacer frente con garantías suficientes a las operaciones ordinarias de sus clientes. Entonces, si el Banco está pidiendo dinero a otros Bancos y dando muchos créditos, el porcentaje de Capital sobre el Activo de ese Banco baja y no cumple con las citadas *Normas de Basilea.*

Hay que inventar algo nuevo. Y eso nuevo se llama **Titulización:** el Banco de Illinois "empaqueta" las hipotecas -prime y subprime- en paquetes de **Obligaciones garantizadas por hipotecas.** O sea, donde antes tenía 1.000 hipotecas "sueltas", dentro de la Cuenta "Créditos Concedidos", ahora tiene 10 paquetes de 100 hipotecas cada uno, en

MIGUEL RAMÍREZ

los que hay de todo, bueno (*prime*) y malo (*subprime*). El Banco de Illinois se apresura y vende rápidamente esos 10 paquetes:

¿A dónde va el dinero que obtiene por esos paquetes? Va al Activo, a la Cuenta de "*Dinero en Caja*", que aumenta, disminuyendo por el mismo importe la Cuenta "*Créditos Concedidos*", con lo cual la proporción *Capital/Créditos concedidos* mejora y el Balance del Banco cumple con las *Normas de Basilea*.

¿Quién compra esos paquetes y además los compra rápidamente para que el Banco de Illinois "limpie" su Balance de forma inmediata? ¡Muy buena pregunta! El Banco de Illinois crea una red de entidades filiales, que no son sociedades, sino *trusts o fondos*. Es decir, de repente, aparecen en el mercado dos tipos de entidades:

El Banco de Illinois, con la cara limpia.

El Chicago Trust Corporation (o el nombre que se le quiera poner).

¿Cómo se financian estas entidades? En otras palabras, ¿de dónde sacan dinero para comprar al Banco de Illinois los paquetes de hipotecas? De varios sitios:

a. Mediante créditos de otros Bancos (***La bola sigue haciéndose más grande***).

b. Contratando los servicios de Bancos de Inversión que pueden vender esas Obligaciones a Fondos de Inversión, Sociedades de Capital Riesgo, Aseguradoras, Financieras, Sociedades patrimoniales de una familia, etc.

El peligro se nos va acercando, no solo a Estados Unidos, sino a nuestra familia, y a todo el mundo, porque ahora yo también, animado por el director de la oficina de Oaxaca, meto mi dinero en un Fondo de Inversión.

Al llegar hasta aquí y confiando en que no se perdieran demasiado, quiero recordar una cosa que es posible que se les haya olvidado, dada la complejidad de las operaciones descritas: **que todo está basado en que los ninjas pagarán sus hipotecas y que el mercado inmo-**

18

biliario norteamericano seguirá subiendo.

PERO: A principios del 2007, los precios de las viviendas norteamericanas se desplomaron. Muchos de los *ninjas* se dieron cuenta de que estaban pagando por su casa más de lo que ahora valía y decidieron no seguir pagando sus hipotecas, o no pudieron seguir pagándolas. Automáticamente, nadie quiso comprar más **Obligaciones garantizadas por Hipotecas** y los que ya las tenían no pudieron venderlas. Todo el montaje se fue hundiendo y un día... el Director de la Oficina de Oaxaca llamó a un vecino para decirle que aquel dinero se había esfumado, o, en el mejor de los casos, habían perdido un 60 % de su valor.

Ahora explícale al vecino de Oaxaca lo de los ninjas, el Banco de Illinois y el Chicago Trust Corporation. No se le puede explicar por varias razones: la más importante, porque nadie sabe dónde está ese dinero. Y al decir nadie, me refiero a NADIE.

Pero las cosas van más allá, porque nadie -ni ellos- saben la porquería que tienen los Bancos en los paquetes de hipotecas que compraron, y como nadie lo sabe, los Bancos empiezan a no fiarse unos de otros. Como no se fían, cuando necesitan dinero y van al **MERCADO INTERBANCARIO** (que es donde los Bancos se prestan dinero unos a otros): o **no se lo prestan** o **se lo prestan caro**. El interés al que se prestan dinero los Bancos en el Interbancario es el **Euribor** (Europe Interbank Offered Rate, o sea, Tasa de Interés ofrecida en el mercado interbancario en Europa), tasa cuya evolución actual es hacia arriba. Por tanto, los Bancos ahora no tienen dinero.
Consecuencias: No dan créditos. No dan hipotecas, así que las empresas lo empiezan a pasar mal, MUY MAL. Y los accionistas que compraron acciones de esas empresas, ven que las cotizaciones de esas sociedades van cayendo vertiginosamente.
El Euribor a 12 meses, que es el índice de referencia de las hipotecas, ha ido subiendo, lo que hace que el ciudadano promedio, que tiene su hipoteca, empieza a sudar para pagar las cuotas mensuales.
Como los Bancos no tienen dinero:

MIGUEL RAMÍREZ

Venden sus participaciones en empresas.
Venden sus edificios.
Hacen campañas para que metamos dinero, ofreciéndonos mejores condiciones.

Como la gente empieza a sentirse apretada por el pago de la hipoteca, va menos a los comercios y a las grandes superficies. Como los comerciantes y las grandes superficies lo notan, compran menos al fabricante de Calcetines de Mataró, que tampoco sabía que existían los ninja. El fabricante de calcetines piensa que, como vende menos calcetines, le empieza a sobrar personal y despide a unos cuantos. Y esto se refleja en el índice de paro, fundamentalmente en Mataró, donde la gente empieza a comprar menos en las tiendas.
¿Hasta cuándo va a durar esto? Pues muy buena pregunta, también muy difícil de contestar, por varias razones:
Porque se sigue sin conocer la dimensión del problema (se habla de varios billones de dólares).
Porque no se sabe quiénes son los afectados. No se sabe si mi Banco, el de toda la vida, el Banco serio y con tradición en la zona tiene mucha porquería en el Activo. Lo malo es que mi Banco tampoco lo sabe. Alguien ha calificado este asunto como "la gran estafa". Mientras tanto, nadie se fía de nadie.
Fin de la historia (por ahora): los principales Bancos Centrales (el Banco Central Europeo, la Reserva Federal Norteamericana) han ido, y siguen, inyectando liquidez monetaria para que los Bancos puedan tener dinero.

ALGUNAS CONSECUENCIAS:
El balance empeora
NÚMERO DE PARADOS

La tasa de desempleo en Estados Unidos registró la mayor alza desde la Segunda Guerra Mundial:
"En diciembre pasado se perdieron más de medio millón de puestos de trabajo, y llevó el acumulado de 2008 a 2.580.000, el número más alto desde 1945, informó hoy la Casa Blanca. Para el presidente

MIGUEL RAMÍREZ

Barack Obama la situación es "desesperante" y reiteró la "necesidad" de poner en marcha su plan de reactivación."

"Estados Unidos perdió 2.580.000 empleos en 2008, la cifra más alta desde el fin de la Segunda Guerra Mundial, cuando la reducción alcanzó a casi 2,8 millones de puestos de trabajo, informó hoy el Departamento de Trabajo en Washington."
"En diciembre pasado se perdieron 524.000 puestos de trabajo en Estados Unidos, la cifra más alta desde la finalización de la Segunda Guerra Mundial y poco menos de los 525.000 estimados por los economistas, con una tasa de desempleo de 7,2%, la máxima desde 1993, según un despacho de Ansa. Y en el mes de marzo del 2009 llego la tasa de desempleo a 8.1% la más alta de la historia del País Norteamericano."

"Pero, el Departamento de Trabajo estadounidense revisó en alza la pérdida de empleos de noviembre último, con 548.000 unidades menos, 50.000 más de las comunicadas inicialmente."
"Las cifras de octubre de 2007 también fueron actualizadas hacia arriba, con 423.000 empleos menos, 183.000 más que en la primera lectura estadística."

"Obama: "La situación es desesperante"**: El índice del desempleo de EEUU, que alcanzó el 7,2% para diciembre, es un "cabal recordatorio" de la profundidad de la crisis que vive el país y de la necesidad de poner en marcha un plan de reactivación, dijo hoy el presidente de Estados Unidos, Barack Obama. "La situación es desesperante, se está deteriorando y exige acción urgente", afirmó Obama, según un despacho de la agencia Ansa."

Trump, ahora es más desesperante: Si en el 2009 era desesperante con la pérdida de un poco mas de 3 millones de empleos, imaginémonos lo desesperante que es hoy que para el 30 de mayo del 2020 se habían perdido mas de 30 millones de empleos en todo el país. Y en donde históricamente se dispuso de un apoyo económico directamente para los ciudadanos afectados (por primera vez en la historia de USA, no se apoyo a los bancos o a las grandes empresas multinacionales para la recuperación financiera) Sino a las familias con un apoyo de 1200 dlls por adulto y 500 dlls por cada niño.

"El presidente habló hoy durante una conferencia de prensa, que convocó para presentar al futuro jefe de la CIA, León Panetta. Durante la conferencia, Obama aprovechó para señalar la "necesidad" de poner en marcha su plan de reactivación económica que, aseguró, producirá o recuperará unos tres millones de puestos de trabajo."

Se pueden decir más, pero estos son ejemplos suficientes acerca de las consecuencias, sé que tú las estás experimentando muy de cerca, probablemente experimentaste la pérdida de parte o del total de tus ahorros para el retiro, o el despido de tu trabajo, o en el mejor de los casos el recorte de horas laborales. Si esto no te ha pasado, probablemente conoces a personas cercanas a ti que están en ese proceso. Sin embargo no hay dudas de que sí has experimentado el alza en todas las cosas, y la pérdida del poder adquisitivo de tus recursos.

¿En estos tiempos el rescate económico que se ha establecido en USA, por el presidente de los Estados Unidos, y aprobado por la Cámara del Congreso, realmente a quiénes está ayudando? ¿Quiénes están siendo beneficiados? Si los habitantes comunes siguen perdiendo sus casas, sus empleos y el sustento diario para cubrir sus necesidades básicas de abrigo y sustento. Se ha autorizado una inversión de más de 7 mil millones de dólares para dicho rescate financiero, pero cuántos de estos millones realmente están llegando a suplir las necesidades básicas de los más necesitados, válgase la redundancia.

Hace unos meses, el apóstol Carlos Díaz, viajó en avión hacia la ciudad de Nuevo México, y coincidió en ese viaje con un empresario que viajaba a la misma ciudad, como lo normal hoy en día es el tema de la crisis financiera mundial, este empresario canadiense le comentó que en realidad el rescate financiero que en esos días se estaba proponiendo, no iba a rescatar la economía de Estados Unidos. Lo que este empresario proponía era que si realmente se quería activar la economía en este gran país, se debería procurar hacerse llegar el

MIGUEL RAMÍREZ

dinero a la mayoría de las personas, y él pensaba que si se diera un millón de dólares a cada uno de los 350 millones de habitantes de este país; entonces realmente la economía se activaría. Porque los que tenían deudas las pagarían, los que rentan casas o apartamentos comprarían su propia casa, muchos establecerían sus propios negocios. Muchos también volverían a quedar en la misma condición o peor de lo que estaban anteriormente, pero esa era la mejor forma de activar la economía según este empresario.

Como esto es un sueño guajiro, una falacia, algo que no sucederá, me propongo a través de este libro enseñarte los mecanismos y pasos necesarios de la manera más sencilla posible en cómo **tú puedes prosperar en medio de la crisis.** Y como a nadie más que a ti, le interesa tu prosperidad económica, quiero compartir contigo en este libro cómo tener una mentalidad correcta, cuáles son los conceptos bíblicos de la prosperidad, la importancia de la educación financiera, cómo superar la crisis financiera, cómo planificar, controlar tus gastos, cómo ahorrar. Mencionando al final una breve biografía de los hombres más ricos del mundo, los cuales nos servirán de mentores y de guías en este camino hacia la prosperidad económica. Solamente una pequeña advertencia, todo esto te va a funcionar si aplicas los principios correctamente y si dependes de la dirección divina de nuestro Creador y Señor.

Tengo la creencia de que si usas los principios expuestos en este libro transformarás totalmente tu vida. Y no te limites a leerlo. Estúdialo como si tu vida dependiese de él. Después prueba sus principios. Si algo te funciona, síguelo haciendo. Lo que no te sirva, sea lo que sea, tienes todo el derecho de tirarlo a la basura.

EVOLUCIÓN DE LOS DESEMPLEADOS EXTRANJEROS

Nacionalidad	4to trimestre		Parados
	2007	2006	Variación 4to trimestre 2007-2006
Marruecos	82.262	62.085	20,177
Rumania	60.826	41.173	19,653
Cuba	10.566	3.196	7,370
Perú	9.670	5.935	3,735
R. Dominicana	7.519	5.970	1,549
Bulgaria	11.137	9.782	1,355
Colombia	33.735	32.703	1,032
Ucrania	5.177	4.774	403
China	785	1.271	-486
Argelia	4.541	5.433	-892
Bolivia	17.611	18.626	-1,015
Ecuador	42.713	43.772	-1,059
Argentina	10.995	15.415	-4,420
Total	407.708	355.370	52,338

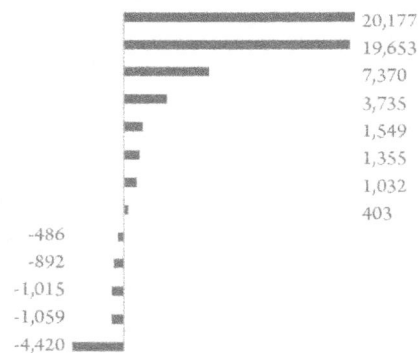

Fuente: Secretaría de Estado de Inmigración y Emigración

24

MIGUEL RAMÍREZ

Capítulo 2

TENIENDO LA
MENTALIDAD CORRECTA

"No hay pensamiento que viva en tu cabeza
sin pagar alquiler". Miguel Ramírez

Sé que puedo parecer pretensioso, pero en lo referente al dinero, puede que este sea el libro más importante que hayas leído. Comprendo que es una afirmación atrevida, pero el hecho es que este libro te proporcionará el eslabón que falta entre tu deseo de lograr el éxito y el propio éxito.

Seguramente has leído otros libros, has escuchado cintas o CD´s, has participado en cursos y te has interesado por numerosos sistemas por hacerte rico, ya sea con propiedades inmobiliarias, acciones o negocios. Pero, ¿qué ocurrió? En el caso de la mayoría de la gente, ¡no mucho! Obtienen una breve carga de motivación y, después vuelven a la situación anterior. Todo se reduce a esto: *"si tu patrón financiero subconsciente no está programado para el éxito, nada de lo que aprendas, nada de lo que sepas, y nada de lo que hagas hará cambiar mucho las cosas".*

Quienes son ricos saben que la prosperidad es algo perfectamente posible, y lo transmiten a sus familias las que generalmente aumentan dichos patrimonios, por ello encontramos que los ricos son cada vez más ricos. Los que pelean por subsistir día a día siguen creyendo que esto de triunfar con el dinero es para pocos y transmiten dicha forma de pensar a quienes les rodean, por lo que continúan sufriendo la escasez durante generaciones y convencidos de que está fuera de su alcance pretender otra cosa. Observamos como la mayoría de las familias pobres siguen con el paso de las generaciones siendo pobres, salvo contadas excepciones, debido a que mantienen en gran parte la misma programación.

Dicho programa se va formando desde que somos pequeños, a medida en que crecemos vamos absorbiendo todo, tanto lo que vemos, oímos y sentimos, como lo que es cierto. Imagine entonces a una persona que se ha desarrollado en medio de la pobreza y la escasez, ¿cuál debe ser su programa y punto de vista acerca de la obtención del dinero? Muchos de quienes crecieron observando la escasez ven al dinero como algo que está fuera de su alcance, porque así está educado su subconsciente, y mientras no cambien dicho programa así serán los resultados que obtendrán en sus vidas.

Puede que a lo largo de los años usted haya vivido una serie de experiencias que lo condicionaron para pensar que no es capaz de generar sumas importantes de dinero, puede que su voz interna haya repetido durante años que eso es imposible de lograr, debe entonces revisar y cambiar dicho programa mental por el que le permita alcanzar sus objetivos financieros.

Olvide las dificultades que pudiera haber tenido hasta ahora, olvide los errores, las faltas que cometió y las carencias que vivió, olvídelas porque son cosa del pasado, recuerde que lo único real es el ahora mismo. Mientras usted lee estas páginas piense sólo en lo que desea plasmar, no dé lugar en su mente de manera constante a lo que desea evitar. Lo que haya sido su vida hasta ahora no significa que vaya a repetirse, dispone usted del conocimiento y la capacidad para hacer de su vida lo que desea que sea.

Revise los pensamientos que ocupan su mente, deje un lugar en ella sólo para los que contribuyan con su desarrollo y crecimiento. Permítase pensar de una forma diferente, no acepte como un hecho todo lo que le han dicho hasta ahora, sea usted quien produzca un quiebre en la historia de su familia siendo el primero que logra grandes sumas de dinero, demuestre que nada está escrito, que puede cambiar todo lo preestablecido por lo que usted elija, que las circunstancias que lo rodean no lo condicionarán para alcanzar lo que pretende.

Siempre tenga en mente la frase ¨yo puedo¨, siempre, todo el tiempo, repítala tantas veces pueda. Elimine de su vocabulario las palabras que lo hacen fracasar. Hable y piense con el convencimiento de que usted logrará aquello que desea. Si no ha logrado algo es muy probable que haya sido porque usted pensó que no podría hacerlo, no creyó en usted mismo y desechó esa posibilidad. Revise su vocabulario, reconozca el poder que tienen las palabras, cambie un "intentaré" por un "haré", un "no puedo" por un "cómo puedo", actúe y hable con fe, seguridad y confianza. Usted puede alcanzar mucho más de lo que cree en su interior. El mismo apóstol Pablo se repetía a sí mismo: *"Todo lo puedo en Cristo que me fortalece" (Filipenses 4:13)*

Pase más tiempo meditando en lo que tiene que en lo que carece, en la riqueza, más que en la pobreza, en la salud, más que en la enfermedad, sea consciente de que es usted quien decide cómo serán las cosas. Tome el control efectivo y entre en acción para producir los cambios ahora mismo. Si tiene dudas de sus capacidades, aunque esté rodeado de miles de ocasiones para lograr lo que busca, no aprovechará ninguna o fracasará continuamente en sus intentos. Tener la actitud adecuada lo llevará a descubrir un mayor número de oportunidades y los encarará con mayores posibilidades de victoria.

Es el momento de programarnos para el éxito, llegó la hora de tomar consciencia y trabajar sobre lo más importante, lo que lo llevará hacia la meta en los negocios y las finanzas, el arma secreta que le permitirá alcanzar logros inimaginables: ¡Usted mismo!

Visualice claramente sus objetivos financieros

Ahora es su tiempo, deténgase para pensar y reflexionar sobre su propia vida, respire hondo y serénese, concéntrese en sus propios objetivos monetarios para cambiar y conseguir aquello que verdaderamente desea alcanzar.

Dese un espacio, retírese a algún lugar tranquilo, relájese y entienda que ha llegado su momento, que ahora es su turno. Al meditar en usted y perfeccionarse, inevitablemente mejorará la vida de quienes para usted son importantes, así es que, ya que todos salen ganando, comience hoy consigo mismo. Ponga manos a la obra, ha llegado el día de mejorar sus finanzas personales.

Camine diariamente unos minutos para considerar las cosas, pregúntese:

- ¿Qué lo motiva más para querer obtener prosperidad?
- ¿Qué cifras le gustaría alcanzar?
- ¿Qué quiere cambiar?
- ¿Qué quiere evitar?
- ¿En qué sueña?
- ¿Qué desea construir?
- ¿A quién quiere ayudar?
- ¿Cómo le gustaría estar en cinco, diez o más años?
- ¿Cómo quiere usted que sea su vida y la de su familia, en qué entorno?

Imagine todo como lo desea y escríbalo tan claro como pueda, decida su motivación más importante. Haga las cosas sin prisa, ya que es uno de los pasos más importantes para definir sus objetivos. Vea cómo es el cuadro de su situación ahora y como será cuando haya logrado su meta financiera. Registre todo en tarjetas, las cifras que quiere lograr y los motivos más importantes por los que quiere alcanzar dichos objetivos monetarios. Llévelas consigo en su billetera y disponga también de las mismas en su escritorio y habitación, en los lugares

28

donde pueda repasarlas todos los días y todas las veces posibles, para que le recuerden sus objetivos y las razones que lo motivan para querer cumplirlos.

Muchas veces deseamos explotar todo nuestro potencial, poner en marcha nuestro motor con toda su intensidad, pero no sabemos exactamente qué es lo que queremos lograr, ni siquiera tenemos claro hacia dónde queremos ir, anhelamos sin ser precisos y la consecuencia son los resultados que obtenemos. Planifique con claridad lo que desea financieramente para su vida. Le propongo que luego de sus momentos de reflexión ponga por escrito sus metas monetarias, detalle la cantidad que desea ganar. Ha llegado el momento de que escuche sus sueños, de que cambie su manera de vivir, este puede ser el primer día de la mejor parte de su vida.

¿Cómo conseguir prosperidad y una mente millonaria?

El libro de Rhonda Byme titulado "El Secreto" ha sido un éxito rotundo de venta y ha introducido la ley de la atracción. Según esta ley, para "atraer" grandes sumas de dinero basta con desearlo. Pero desear riqueza es sólo el principio de este viaje. Hace faltan tres cosas: desear la prosperidad, saber cómo lograrla y actuar.

Aunque pueda sonar raro, muy pocas personas desean ser ricos. Podrán decir que todo el mundo quiere ser rico. Y aquí reside la diferencia: querer no es desear. A menudo las personas que dicen que quieren ser ricos, meramente esperan que la "suerte" les toque. Por ejemplo, compran la lotería con la esperanza de que les toque el número ganador. Lo quieren pero sencillamente lo esperan con una actitud pasiva.

El primer paso es desearlo. Desear algo significa anhelarlo con una actitud activa. Todos los pensamientos y las acciones de la persona están dirigidos a adquirir el objeto de su deseo. Así como una persona enamorada no descansa hasta alcanzar la compañía de su amado. Casi obsesionado con el objeto de su deseo, la persona enfoca todos sus esfuerzos hacia su objetivo. No depende de la suerte, sino que construye su propia fortuna.

El segundo paso es saber hacerlo. Aquí también la mayoría de las personas, de forma equivocada, creen que para ser rico hay que trabajar duro, cometer fraudes y ser deshonestos. Por lo tanto mucha gente evita este objetivo porque no quieren ser desleales a sus criterios y creencias. Por consiguiente, tachan a los ricos de deshonestos e injustos. Ser rico no es equivalente a matarse trabajando, ni a engañar a los demás. El secreto está en encontrar un producto o un servicio que pueda añadir valor a la vida de un gran número de personas. El límite de la riqueza reside en el número de vidas que puedas mejorar. Además hay unos principios universales de ahorro e inversión que la sociedad desconoce o no lo cumple. La combinación de estos tres factores *(ofrecer un producto o servicio, el ahorro y la inversión)*, facilita amasar grandes cantidades de dinero.

El tercer paso es actuar de forma constante. Anhelar la riqueza y saber cómo alcanzarla no es suficiente. Hace falta la acción. Aquí reside la tercera clave: poner en práctica el 'saber hacer', de ser ricos. Muchas personas llegan a desear la prosperidad y algunas hasta aprender el saber hacerlas, pero pocas tienen la constancia de seguir una serie de acciones y mantener la motivación.

Para empezar, si quieres aprender cómo embarcarte en este viaje, debes librarte de algunos mitos de la riqueza. Debo decir que la educación universitaria no tiene nada que ver con la riqueza. Ni siquiera las notas altas. En España, por ejemplo, hay un gran número de "genios" que han estado entre los mejores estudiantes, sacando las mejores puntuaciones, pero no encuentran trabajo o reciben un sueldo ordinario. Pertenecer a una familia rica tampoco es garantía de prosperidad. La edad, el sexo o la raza no son factores importantes. Hoy en día cualquier persona puede hacerse rico.

Hace falta una actitud millonaria. Para crear riquezas debes tener una mente millonaria. Todos pueden aprender a "programar" su mente para convertirse en una persona enriquecida. Todo empieza en la mente. Todo, antes de realizarse, debe ser imaginado.

Aquí tienes un ejercicio que ayudará a programar tu mente; Para acostumbrarte a sentirte próspero y rico empieza a crearte un cuaderno con todos tus sueños e ilusiones. Escribe todas las cosas que deseas tener. Ignora la voz dentro tu cabeza que te dice cosas como "tú no puedes tener esto," o "no deberías pedir esto porque…". Sencillamente ignora estos pensamientos. Evita luchar contra ellos.

Añade fotografías, ilustraciones a color de todas las cosas que deseas. Recuerda añadir una foto tuya en color también. Una vez que hayas escrito las cosas que deseas y agregado las fotos en color, míralos y lee tus objetivos a diario por la mañana antes de empezar tu día y por la noche antes de dormir. De esta manera tu mente se convierte en una especie de "torpedo" autopropulsado que busca todas las oportunidades para alcanzar tus objetivos.

Si esto le afecta de forma positiva a usted y a quienes son importantes en su vida, entonces hágalo, no espere más, ahora es su turno, piense en usted, decida que puede ser real, decida qué pasos comienza a dar hoy mismo para llegar hasta allí. Imagínese al final de su vida:

• ¿Cómo le gustaría estar?
• ¿Cómo le gustaría que sea su familia?
• ¿En qué condiciones viven todos?
• ¿Cómo fue su vida?
• ¿Qué cosas hizo que valieron la pena?
• ¿Qué enseñanzas quedan para sus descendientes?
• ¿Marcó su propio camino?
• ¿Dejó su impronta?

Definir en cifras claras cuánto es lo que desea, le pondrá también en claro cuánto es lo que usted deberá dedicarle de su vida a la consecución de las cifras elegidas. Quizás para usted esté bien duplicar o triplicar sus ingresos actuales y continuar con su vida tal y como está ahora, habrá otros quienes planifiquen ingresos millonarios para el futuro, son ellos quienes tendrán que tener con precisión si están dispuestos a la entrega, el trabajo y el sacrificio que ello demandará. ¿Está usted dispuesto a dicho sacrificio?

Tal vez su sueño sea poco menos que imposible en el corto plazo, pero alcanzable si comienza a planificar y actuar hoy mismo en la dirección correcta para lograrlo en un plazo mayor. Usted ya tiene una gran ventaja por sobre el resto, programar su vida de acuerdo a los resultados que desea obtener y a cómo quiere vivirla. Sabrá a dónde quiere ir, dónde quiere encontrarse en algunos años más y qué camino tomar, tendrá en claro cuáles son sus prioridades, qué cosas debe hacer y qué debe evitar de acuerdo a lo que pretende llegar. Verá con claridad que hay asuntos que simplemente entorpecen su vida y que debe desechar lo antes posible para dar lugar a otras.

Sólo debe tomar la decisión ferviente de hacerlo, y creer en usted y en sus capacidades. Creer que puede, que alcanzará lo que se proponga, todo ello es fundamental. Decida también que ha llegado el momento de la renovación, de efectuar el giro que espera para su vida.

Para definir nuestros objetivos financieros, es de vital importancia establecer con exactitud hacia dónde queremos ir. Para ello es importante mirar dónde estamos parados y reflexionar, para saber si nuestro camino actual es el correcto o si debemos cambiarlo. Ahora es su turno, considere y elija que es lo que quiere.

7 Grandes mentiras que te mantienen en la pobreza

Hay un grupo de ideas falsas que se interrelacionan en el área del dinero y de la riqueza. Están **en todas partes**, son reforzadas continuamente en los medios, y son transmitidas como un virus de persona a persona. Implantadas en la niñez, viven en el fondo de su mente como un subprograma de computación sin que usted lo sepa.
¡Cuando padece esta infección, es imposible que se haga rico!
Vamos a explicar esto inmediatamente…

Gran Mentira #1: **La gente rica se enriqueció porque son deshonestos.**

Toda mi vida quise ser rico: tener la libertad financiera para poder pasar mis días haciendo lo que me gusta, con la gente que quiero y en los lugares que me hacen feliz.

Pero durante muchos años yo creía que sólo podía tener éxito en los negocios a costa de alguien más. Y como buen cristiano, no podía hacerlo.

Durante los primeros treinta y cinco años de mi vida, creía que Dios no quería que yo tuviera dinero… que no había suficiente para todos… o que la única forma de subir la escalera del éxito era pisando a otro. Yo no tenía ni idea de que estas creencias limitantes eran comunicadas en forma sutil a mi subconsciente y reforzadas subliminalmente cientos de veces al día.

Nunca se me ocurrió pensar que había una razón por la cual la gente rica era presentada como egoísta, tacaña y corrupta en los medios, en el salón de clase, en la iglesia, y en la cultura popular. Y nunca puse en tela de juicio la lógica subyacente, la cual es: *"Como la existencia de riqueza está limitada por el suministro de recursos físicos (tierra, petróleo, gas, minerales, etc.) Adquirir más de lo que te toca es incorrecto y egoísta…"*

Así es que me entretenía viendo a la gente rica intrigante y egoísta en los shows de TV como *Dallas, Dinastía y A Christmas Carol.* Y me cautivaba ver las payasadas de los medios acerca del escándalo de Patty Hearst y el juicio de OJ Simpson. **Todo esto orquestado para complacer la noción subconsciente ampliamente aceptada de que el dinero es malo y que los ricos viven en complicaciones y en la maldad.**

La idea de que la riqueza es finita, y de que el aumento del dinero para uno resulta en la reducción del dinero de otro parece lógica a simple vista, pero es burdamente falsa. **¡Nada podría estar más alejado de la verdad!**

¿Quiere pruebas? Considere lo siguiente… En los años sesenta, setenta y ochenta existía preocupación por el exceso de población, ¿correcto? Hasta en los países más ricos, las autoridades nos prevenían acerca de que el crecimiento de las ciudades agotaría la tierra de cultivo disponible para alimentar a la población. Han pasado varias décadas y ya no se oye hablar mucho del aumento de la población, ¿verdad?

¿Por qué? La razón es muy simple. En 1967 se necesitaba 27 kilómetros cuadrados de tierra para alimentar a una sola persona. Esa es un área del tamaño de un pueblo de 40,000 habitantes. Actualmente, la tecnología ha reducido esa cifra a sólo 2 kilómetros cuadrados. Y preste atención… Existe ahora la ciencia que permite reducirla a sólo 36 metros cuadrados (el área de la superficie de una casa pequeña).

Cualquiera creería que esto podría ser noticia de primera plana, pero no es así. Los periódicos sólo informan más malas noticias, cosa que coincide con las creencias de escasez que dominan a la sociedad. En realidad, los avances de la tecnología y el sistema de libre empresa están *incrementando* continuamente el suministro de recursos. ¡Los recursos naturales del mundo son virtualmente ilimitados!

Dios nos hizo a su imagen y semejanza, con una inteligencia creativa capaz de producir una cantidad infinita de cosas que necesitamos. ¿Quiere más pruebas? En 1972, el Club de Roma, un grupo de funcionarios de gobierno y otros intelectuales de veinticinco países pronosticaron que con el crecimiento de la población mundial al 2% anual el mundo agotaría su oro para 1981, el mercurio para 1985, el estaño para 1987, el zinc para 1990, el petróleo para 1992, mientras el cobre y el gas natural para 1993.

De acuerdo con su muy difundido informe *"Los Límites del Crecimiento"*, para el año 2100 el mundo estaría condenado a la extinción. La única solución era tomar medidas drásticas para reducir el crecimiento de la población. Lo que el Club de Roma subestimó ampliamente fue el poder de la inteligencia creativa para aumentar la eficiencia con la cual buscamos, extraemos, procesamos, transportamos y usamos las materias primas. Esto sin mencionar nuestra sorprendente habilidad para descubrir nuevos y mejores recursos con los cuales trabajar. ¿Comprende por qué le digo todo esto? ¿Está comenzando a captar el punto?

Si usted quiere un pedazo más grande de pastel, no hay por qué mentir, robar o engañar. ¡Prepárese otro pastel! Esta es la verdad. La mayoría de la gente cree que debe lograr la riqueza principalmente para su propio beneficio. Pero esta es una visión demasiado estrecha. Dios quiere enriquecerlo porque un aumento en las finanzas de USTED casi siempre representa un incremento aún mayor en la economía de la sociedad. Así es que, ¿por qué a tanta gente le gusta ver a los ricos pintados como infelices, superficiales y deshonestos? **La razón es simple. Les da a ellos una excusa para su propia falta de iniciativa.** Ellos pueden pregonar que la razón por la cual no son ricos es porque no quieren rebajarse para poder serlo. ¿Entiende ahora, por qué esta creencia torcida acerca de la riqueza, sabotea sus propios esfuerzos para conseguirla?

En realidad, las circunstancias de su vida permanecerán siempre acordes con las creencias de quién es usted… de lo que es capaz de hacer y de las recompensas que merece. Hasta que *identifique las ideas falsas que sin darse cuenta ha llegado a aceptar* acerca de qué tipo de persona necesita ser para volverse rico, la abundancia le eludirá y no podrá alcanzarla.

*Gran Mentira #2: **Usted tiene que vender su alma para hacerse rico.***

Hay sistemas de creencias en lo profundo de su psique que están influyendo en las circunstancias exteriores de su vida. Hasta ahora, usted seguramente no estaba consciente de ello. Uno de los operativos más insidiosos dentro de estos sistemas es la noción muy divulgada de que se tiene que vender el alma para hacerse rico. Y la creencia que corona todo, que: "los pobres son por naturaleza, honrados y de buenos principios".

Compruebe la forma ingeniosa en que esta idea es reforzada sutilmente en toda la sociedad y cómo le roba la iniciativa. **El cine, por ejemplo:** ¿Quiénes son los héroes nobles y de buenos principios *(y quiénes son los villanos corruptos e inmorales)*, en las películas populares como Titanic, Lord of the Rings, Harry Potter, Spiderman, La Guerra de las Galaxias y en casi todas las películas populares?

Analice la película *Spiderman*, por ejemplo; Peter Parker es un huérfano que está al cuidado de sus amorosos Tío Ben y Tía May. Ellos son más pobres que las arañas, ¿Por qué? Porque el Tío Ben *(un hombre inteligente y amable, con sólidos principios morales)*, ha sido echado como un saco de papas podridas de su trabajo de electricista, después de 35 años de servicio… gracias a un despiadado y poderoso patrón. Imagínese. La autoestima del pobre Peter al comienzo de la historia es casi nula. Él es demasiado tímido hasta para hablarle a la chica de a lado a quien admira. El sueña con "M.J." noche y día, y finalmente se tropieza con ella en el pasadizo cuando estaba sacando la basura. Intercambian algunas palabras. Ella parece estar interesada en él, pero justo cuando las hormonas de Peter comienzan a activarse… ¿qué ocurre?

Un chico *rico* y engreído aparece en un auto deportivo. La chica grita de gusto y deja al pobre Peter botado como una bolsa de basura y salta al auto del chico arrogante. Los niveles de testosterona de Peter caen en picada, y él vuelve a sentirse miserable e indigno. Más adelante, en la película conocemos al padre de su amigo Harry, el industrial Norman Osborn, apodado Duende Verde. Está podrido de dinero y no tiene ningún tipo de principios.

Estas películas ganan cientos de millones de dólares porque la gente se identifica con los personajes desgraciados, atropellados y víctimas como Peter Parker. Y les encanta ver todo lo que represente a los ricos como egoístas, superficiales y deshonestos, ¡hasta malvados! No es una conspiración de Hollywood, sólo se trata de que los productores de películas han aprendido que si quieren una película taquillera, tienen que confirmar las creencias que la gente tiene.

36

El problema es el siguiente: Cuando uno está expuesto repetidamente a estos personajes estereotipados en las películas, revistas, TV y en las noticias, lo están programando sistemáticamente para aceptar la pobreza, la impotencia y la escasez.

¿Qué tiene que ver esto con hacerse RICO? Todo. ¡Literalmente es la clave de todo! Permítame hacerle una pregunta importante: ¿Qué es lo que tiene la mayor responsabilidad del estado actual de su nivel de prosperidad? ¿Su empleo? ¿Su educación? ¿Su experiencia? ¿Las personas que conoce?

Si su respuesta fue: "SÍ", a alguna de estas preguntas, quiero contradecirle. Quiero demostrarle que una fuerza más profunda que el conocimiento, que la circunstancia o que la oportunidad, es la responsable. Y que su porcentaje actual de prosperidad NO cambiará hasta que lo entienda y se enchufe en esta fuente de poder ilimitado.

La verdad acerca de usted.

La cantidad de riqueza que tiene es exactamente la cantidad de riqueza que cree que debe de tener. Su actitud inconsciente hacia el dinero, hacia lo que usted vale y lo que merece, es la que le da las órdenes, y su parte consciente es la que las cumple, y las lleva a cabo sin chistar. Poco importa que sus actitudes inconscientes se basen en hechos reales o en ficciones, como usted las cree, son válidas, ellas controlan todos sus actos, sentimientos, conducta y hasta sus habilidades.

Por eso es tan importante examinar despiadadamente sus creencias, para reemplazar aquellas que destruyen su autoconfianza y su valor, con otras que le hagan sentir orgulloso de quién es usted y de lo que puede contribuir. **NO tiene que vender su alma para hacerse rico. Dios quiere que sea rico en todo** (en salud, en amor, paz espiritual y en **ABUNDANCIA MATERIAL**), porque el aumento de su riqueza, significa el aumento de la riqueza de todos.
"¡Cuando sube la marea, hace subir a todos los botes!" Por su-

puesto que no va a oír buenas noticias como esta en los medios de comunicación, porque los periodistas que las informan tienen hijos escuálidos. La gente con pequeños cerebros lavados sólo está feliz cuando llueve. Se conforman con la idea de que los ricos se hacen más ricos y que los pobres se hacen más pobres. Puede ser cierto en algunos países oprimidos o devastados por la guerra, pero en general es absurdo.

Todo lo que debe de hacer es comparar lo que los chicos tenían antes y lo que tienen ahora para ver lo ridículo que es ese concepto. La verdad es que usted posee el PODER de lograr CUALQUIER meta que acepte que está a su alcance desde su inconsciente. Si no le satisface su realidad actual, tiene el poder para cambiarla. Quiero ayudarle a comprender esta profunda verdad con todos los poros de su ser, de modo que pueda hacerse RICO, tal como Dios lo quiso.

La gran mentira # 3: **El dinero hace que la gente buena actúe mal.**

Un martillo puede usarse como arma asesina o puede usarse para construir una casa. ¿Uno se convierte en mala persona por comprar un martillo? Por supuesto que no… **Uno puede ser un asesino patológico o una persona muy útil, y el martillo no tiene nada que ver con la diferencia.** Bueno, es lo mismo con el dinero. Es sólo una herramienta y tal como un martillo, puede usarse para destruir o para crear. Intelectualmente, sabe que esto es cierto. Pero el intelecto es sólo una pequeña parte en usted.

Su psique está compuesta de tres partes: En la superficie está la parte intelectual "pensante", esta es la parte que adquiere información, toma decisiones y determina las acciones que quiere realizar, decide y fija metas, hace planes y los lleva a cabo **por sí sola, sin embargo, le falta el poder para lograr el éxito.**

Un poco más profunda está la parte sensitiva. Aquí descansa su poder.

38

Sólo cuando sus pensamientos son activados por sentimientos de confianza, autoridad y de virtud, es que puede avanzar continuamente para el logro de sus metas.

Más recóndito aún, está la parte de su consciente activo. Esta es su dimensión espiritual. La conecta con el Infinito y **controla sus reservas ilimitadas de poder y de energía.**

Durante las horas en las que uno está despierto, nuestra parte pensante está interactuando constantemente con la dimensión espiritual. Estas interacciones son las que activan los sentimientos.

No es por falta de conocimiento, habilidad u oportunidad que hasta ahora la riqueza se le ha escapado. Es debido a que cuando su dimensión espiritual cree en mentiras insidiosas como: "el dinero hace que la gente buena actúe mal". Surge en nuestro interior un conflicto cada vez que queremos aprender nuevas habilidades y hacer cosas con la intención de ganar más dinero. Cuando pensamos y comenzamos a actuar en formas que puedan traernos más riqueza a nuestra vida, emergen los sentimientos de duda, temor y pequeñez. Estos sentimientos negativos pueden ser tan fuertes que causen literalmente que sea eliminado mental y emocionalmente. Por lo menos causan que, sin darse cuenta, sea usted mismo quien sabotee sus proyectos y se retire a su zona de cómoda protección ante la primera señal de adversidad.

*La gran mentira #4: **Es noble o espiritual ser pobre.***

Su subconsciente es como una computadora, su principal función es la integración de sus ideas. Su mente consciente es el programador. Cuando somos niños, la mente consciente todavía no está lista para examinar en forma crítica las ideas a las que está expuesta. Las cosas se aceptan como verdades y se permite que a uno lo programen. Nuestro destino es entregado así al poder de las ideas que ni sabemos que ya hemos aceptado.
Una de las más destructivas es la idea de que el dinero y la espiritua-

lidad no se pueden mezclar. Con esta programación instalada, uno no puede evitar crearse ideas de pequeñez y falta de valor cuando se enfrenta al mundo. De una forma u otra, su computadora le da una impresión cada hora del día, y si esa impresión está llena de conflictos y confusión acerca del valor del trabajo que está haciendo, ¿cómo puede sentirse feliz, realizado y exitoso?

Piense en eso: si usted fue a la iglesia de niño y aprendió que había nacido lleno de pecado y que el único camino hacia la salvación es a través del sufrimiento… ¿qué posibilidades hay de que crezca orgulloso de lo que hace para tratar de progresar en la vida?

Peor aún; **vive su vida en base a las impresiones de su computadora que no puede leer.** Usted no sabe si la programación es cierta o falsa, correcta o incorrecta, si le lleva al éxito o a la destrucción, o si es que sirve para sus propios propósitos o para alguna fuerza extraña y desconocida.

El resultado, inevitablemente es la duda de sí mismo, el temor y el sentido de culpa que socavan su entusiasmo, destruyen las facultades de su imaginación, desalientan su iniciativa y alientan la dependencia. ¿Quién gana con esto? ¡Por supuesto que usted NO!

Este proceso es tan sutil que puede pasar toda su vida esclavizada a él y no darse cuenta de su presencia.

*La gran mentira #5: **Si tú te sacrificas en el mundo material, Dios te dará prosperidad verdadera en la otra vida.***

Veamos si esto ha quedado claro: un Dios amoroso crea al hombre y luego lo castiga generación tras generación con eterna tortura, ¿simplemente por haber venido al mundo, así nomás? Luego, ¿si el hombre se arrodilla y reza bastante, dice muchos "Avemarías" y envía suficiente dinero al Vaticano, Dios salva a este ser humano, de nada menos que de Su propia ira?

40

Si a uno le enseñan de pequeño que ha nacido culpable en un mundo quebrado y que mientras más culpable e indigno se sienta, mayores son sus probabilidades de salvación, **esto puede arruinarle toda su autoestima.**

Si usted iba a la escuela dominical o catecismo cuando era niño, tal vez piense que ya ha dejado atrás esas tonterías, pero todavía se encuentra tomando decisiones que lo conducen a personas y situaciones que implican sufrimiento, sacrificio y obediencia ciega, mas no tiene idea de por qué. Las emociones son la clave de la impresión y para los niños menores de siete años, las emociones son la fuerza central.

Cuando somos niños aprendemos la gran mayoría de nuestro saber. Para cuando tenemos siete años, ya se ha realizado la mayoría de nuestras conexiones dentro del cerebro, entre esas conexiones están los sistemas de creencias comunicadas en la escuela dominical. Estas impresiones entonces se graban en el subconsciente, y son activadas por diversos estímulos a los que está expuesta la mente consciente. De esta forma, cuando uno sale al mundo, estas sub-rutinas se echan a andar en el trasfondo en forma automática sin que lo sepamos.

Piense en los mensajes subliminales a los que estuvo expuesto de niño:
 Si es mujer, es persona de segunda categoría…
Tenemos que sufrir aquí en la Tierra para demostrar nuestro merecimiento del más allá. Allí es donde recibirá todas las cosas buenas…

¿Para quién son "útiles" y "formativas" estas ideas? Lavándoles el cerebro a sus seguidores para que crean que Dios quiere que sean pobres y humildes aquí, en el plano material, y que la salvación sólo puede llegar mediante el sufrimiento y el sacrificio, cuando la Iglesia Católica ha llegado a ser la más grande potencia financiera y la mayor acumuladora de riqueza y de propiedades.

La verdad que esperan que nadie nunca descubra. Usted no es una oveja, mejor dicho un borrego. Vino a este mundo a cumplir un propósito divino… Tiene talentos únicos y una forma única de expresarlos. Hay algo que puede hacer mejor que nadie en el mundo entero. **¡Y el mundo quiere y necesita su contribución única!** Cuando esas necesidades están alineadas con la expresión creativa de sus talentos, esa es la chispa que crea el aumento de la abundancia en la sociedad, y ¡el aumento de la riqueza en usted! Su riqueza estará en proporción directa a la abundancia que está contribuyéndole al mundo. **¡Y el trabajo así se convierte en juego!**

Por otra parte –*si se encuentra fuera de alineación*-, si está entregando su vida a cambio de dinero en una forma tal que no le produce GOZO y satisfacción… **Es sólo otra manifestación de la programación basada en el sentimiento de culpa, del temor y la escasez que le instalaron en la niñez.** *Dios lo quiere rico en todos los sentidos de la palabra: en cuerpo, en mente y en espíritu.*

La gran mentira #6: ***El dinero es la raíz de toda la maldad.***

Cuando era pequeño vendía dulces y chicles, y una de mis actividades favoritas era contar mi dinero a final de la semana. Mi madre me decía que contar el dinero como yo lo hacía me convertiría en un tacaño, no le gustaba ver cómo me brillaban los ojos cuando contaba mi dinero.

¿De dónde salen las ideas tan tontas como esa? De la Iglesia, por supuesto. En el libro de Timoteo, Pablo escribe: "…pues el amor al dinero es la raíz de todo tipo de maldad". ¿Qué oportunidad tiene alguien de adquirir riqueza, hasta que haya logrado identificar la presencia de esta malintencionada mentira en su mente, y la haya remplazado con la poderosa verdad? Por favor no me malentienda, no estoy diciendo que la religión sea mala. Yo creo que el verdadero mensaje de la religión es de amor y de abundancia. Lo que ocurre es que los fundamentalistas han tomado por asalto y han distorsionado ese mensaje para su beneficio egoísta.

42

El dinero fluye en forma natural a quienes crean la abundancia.
Por ejemplo, Bill Gates. La gente que vive pensando en la escasez detesta a Bill Gates y es enemiga de Microsoft. Los gobiernos alimentan este tipo de actitud de escasez a través de sus cacerías de brujas anti monopolios. Pero mire cuál es la abundancia que han traído al mundo sus ideas, su energía y su pasión:

La PC ha creado una revolución en la industria, reduciendo los costos, mejorando la calidad y aumentando la variedad de mercadería que existe en el mercado... El resultado ha sido una explosión de nuevos dispositivos que hacen más fácil la vida, dejándole a la gente más tiempo libre, libertad para escoger y mejorar la calidad de su tiempo... Ya hemos visto cómo la agricultura ha sido impactada por la tecnología; gran parte de esa eficiencia e innovación ha sido debida a la PC.
Sin la PC, no habría Internet. Y sin el Internet y su capacidad de acercar a la gente virtualmente en vez de que sea físicamente, los gases del efecto invernadero serían aún mucho mayores.
La PC también ha mejorado dramáticamente la eficiencia y el nivel costo-beneficio de las fuentes de energía alternativa, tales como la energía eólica y solar, reduciendo la dependencia del mundo a los combustibles fósiles.
La reducción de la dependencia de los combustibles fósiles tiene el efecto de aliviar las tensiones entre el Oeste y las naciones árabes, eliminando el riesgo potencial de guerra y la pérdida de vidas humanas.

Estas son sólo unas cuantas rápidas observaciones. La PC ha mejorado espectacularmente la vida del ser humano en tantas formas que la lista podría fácilmente llenar todo un libro. ¿Puede notar una tendencia aquí? Todos estos efectos secundarios desafían la creencia popular que dice que los recursos del mundo son fijos, y que una tajada más grande para ti significa una más pequeña para mí, y viceversa.

El mundo es en realidad un lugar de abundancia desbordante, a la disposición de cualquiera que quiera darle algo de valor a sus semejantes gracias a su inventiva y capacidad de innovar. Sin dinero, esto sería imposible. **¿Eso convierte al dinero en algo malo?** El dinero es bueno. El amor al dinero es bueno, porque amar al dinero es honrar el valor para crear, el cual Dios nos puso en la Tierra.

La gran mentira #7: **Los ricos tienen mucho dinero, pero sus vidas están arruinadas. Ser rico no vale la pena.**

¿Ha oído alguna vez la expresión, "tal vez no seamos ricos, pero lo menos somos felices"? Permítame traducirla… *"Alégrate de ser pobre. Eso significa que eres una buena persona, con la conciencia limpia, y puedes ser feliz, porque los ricos son vanos, superficiales e infelices."* Dígame si los medios de comunicación no le machacan esta idea día tras día con un desfile de historias acerca de gente famosa que está en clínicas de rehabilitación, que sufren de anorexia, tratan de suicidarse y cambian de pareja como quien cambia de zapatos. La gente de los medios de comunicación y los editores, tal como sus primos, la gente de cine y de TV, todo ellos saben que un artículo periodístico, una historia o un libro, mientras esté más de acuerdo con las creencias populares, más le gusta al público. Pocas personas quieren oír hablar de gente rica normal, equilibrada y que hacen el bien. Eso no vende.

De esta manera usted ha sido condicionado para poner fronteras a sus ambiciones. Toda esta programación subconsciente hace que acepte una visión limitada de quién es, y de lo que es capaz de hacer. ¿Quiere ampliar su riqueza y sus logros? ¿Quién no quisiera eso? Pero sus creencias básicas son que la gente rica no puede ser feliz. Quiere de forma desesperada lograr el éxito, pero su subconsciente le recuerda que quiere caerle bien a los demás, ser una buena persona, quiere ir al cielo cuando se muera. Y como es más fácil que un camello entre por el ojo de una ajuga que un rico en el Reino de los cielos, mejor seguimos siendo pobres.

Hace tiempo escuché esta ilustración de dos hombres: Ambos estaban en el negocio de la computación, y tenían el mismo nivel de educación. Cuando hablaban parecían inteligentes. Y yo sabía que los dos provenían de clase media. Si no los hubiera conocido, no habría podido saber cuál de ellos tenía más éxito. Pero yo los conocía, sabía que uno estaba fracasando en su negocio y apenas podía pagar sus cuentas. Y el otro era un esforzado millonario.

La paradoja me chocó. Comencé a buscar las razones por las cuales algunas personas parecen atraer la prosperidad sin hacer mayor esfuerzo, mientras que otras se esfuerzan para permanecer pobres toda su vida. Y eso me hizo ir más allá de las respuestas usuales… Me llevó a comprender que todos nosotros tenemos una capacidad de éxito mucho mayor de lo que podemos imaginar, y que lo único que nos impide aplicarla son nuestras propias creencias acerca de quiénes somos y qué merecemos.

La única diferencia que existe entre un hombre rico y uno pobre es que uno de ellos tiene actitudes positivas acerca del ser rico y el otro no. Uno ve el crear riqueza como un medio de traer al mundo el aumento de la abundancia, mientras que el otro, secretamente observa eso como algo que se opone a la felicidad.

Yo sé que el dinero no compra la felicidad, pero sí lima las asperezas de la vida y puede evitar mucha infelicidad. Yo creo honestamente, que es mucho más fácil ser feliz cuando se tiene suficiente dinero para pagar el alquiler, cuidar a los hijos y comprar comida nutritiva para la familia. Si está luchando por traer más riqueza a su vida, usted debe entender algo importante:

¡No es su culpa! Recuerde que: *Sus padres bien intencionados, sus maestros y otras figuras con autoridad le han programado con ideas falsas sobre cómo funciona el mundo.*
Hasta ahora, mucho de lo que ha escogido y de las decisiones que ha tomado se han basado en estas falsas ideas.
Su situación financiera actual es lo que le sucede en forma natural a CUALQUIERA que crea lo que le han programado a creer, y ha tomado el mismo tipo de decisiones que usted, según sus creencias. Cuando descubre y se opone a estas ideas falsas que le han estado deteniendo, cuando comienza a basar sus decisiones en la VERDAD sobre cómo funciona el mundo en realidad y sobre cuál es su verdadero lugar en él. Entonces

habrá dado el GRAN paso para crear su vida perfecta. ¡La vida que Dios quiere que viva!

¿Cuánto dinero quiere?

Dígale a la vida cuánto es lo quiere y en qué plazo lo quiere, y firme su contrato con ese detalle y su compromiso de cumplirlo. Exprese cuánto es lo que usted pretende obtener. Tal como lo hace alguien que comienza a desempeñarse en alguna empresa, con contrato de por medio y sabiendo qué cifra ganará, este es su acuerdo económico más importante, el que ha elegido. Un contrato donde lo más importante es su persona, donde los resultados y el trabajo serán para usted.

Apunte alto, fije una meta que sea un desafío, haga crecer su autoestima, crea que puede y se merece esa cifra. Por lo general nos ponemos objetivos, más bien, bajos, porque en realidad pensamos en esa cifra como nuestro valor y lo que estamos capacitados para ganar, es el límite mental lo que nos impide llegar a mayores metas, porque nuestra cabeza asegura que es eso lo que valemos y lo que podemos alcanzar, y no más.

Establecer en forma clara un objetivo que sea un desafío, activará en usted todos sus recursos para alcanzar esa meta en su vida. Trabajará sabiendo que debe cumplirla usando cuanto recurso esté a su alcance, lo que no sucedería de haber establecido una meta fácilmente alcanzable o ninguna de ellas. Luchará de forma estratégica y concentrando sus recursos en ella.

Lo primero es poner por escrito su objetivo, es el primer paso hacia la consecución y el compromiso de alcanzarlo. Decidir su objetivo pone en claro el qué, y comenzará a trabajar en el cómo, cambiando lo que haya que cambiar. ¿Qué lo acerca y qué lo aleja de su objetivo?, para saberlo debe tener muy en claro el mismo, sólo a partir de entonces podrá elegir a diario qué es lo que lo ayudará a avanzar y cuál puede ser un obstáculo en su carrera.
Escribir las cosas nos dará una clara idea de qué es lo que queremos

MIGUEL RAMÍREZ

a ciencia cierta, ya sea sólo un poco más de dinero, o grandes sumas. Es importante destacar que no es necesario saber desde un comienzo en qué ganaremos ese dinero, con escribir los objetivos está bien para el inicio, el resto comenzará a develarse poco a poco en el camino. A medida que avance se dará cuenta de los cambios que hay que producir en su diario vivir, al saber cuánto desea ganar, observará sus actuales circunstancias para ver qué es lo que debe modificar para lograr su éxito.

Entonces, definir su meta, aclarar su objetivo, con qué trabajará y cómo se desarrollará. Motivos claros, deseos profundos y una actitud mental adecuada lo llevarán hacia donde desea ir. La mente se concentra en la meta que ahora es precisa y definida, tiene fecha y números exactos. El definir su propósito lo pondrá en movimiento. Al fijar nuestra meta sabemos dónde estamos, donde queremos ir y con ello, podemos en consecuencia, trazar el plan. Hacer todo esto nos proporciona un enfoque, así dejamos de perder tiempo y energía yendo hacia otras direcciones. De lo contrario, sino sabe a dónde va tampoco sabrá qué camino tomar.

La falta de objetivos claros y compromiso con ellos es el simple motivo por el que no se logran. Indague con aquellos que conozca y que sepa que desean mejorar su situación financiera preguntándoles qué cantidad de dinero esperan ganar durante el año, serán menos los que le precisarán cifras (si es que lo hace alguno), y serán precisos aquellos que tienen una comprensión más clara de cómo funcionan las cosas en lo que al dinero respecta.

A la hora de poner sus objetivos por escrito y decidir cuánto es lo que quiere ganar, la cifra de dinero que coloque le estará diciendo cuánto cree usted que vale, le dice qué es lo que cree que puede lograr. Si le parece que no puede alcanzar más, piense que hay quienes en días logran cifras millonarias, por lo que no es imposible pensar en números algo más elevados de lo que nos dicta las limitaciones de nuestro pensamiento. En ocasiones, nuestra propia imagen es demasiado baja, por lo que los resultados que obtenemos son acordes a ello. No subestime su verdadero valor, no planifique ingresos por debajo de lo que usted realmente puede lograr.

Si su propia imagen es pobre y adolece de confianza, lo más probable es que sólo se anime a establecer como cifra para alcanzar, una cantidad que no sea un verdadero desafío, y es que en realidad, sus propios límites los asocia con la valoración que tiene de sí mismo. Expanda esos límites, amplíe ese objetivo. Ponga una cifra que esté un poco más allá de lo que usted cree que puede lograr, pero no tan lejos que vea a la misma como menos que inalcanzable. Propóngase una meta, y divídala en una serie de objetivos escalonados que irá alcanzando para pasar al siguiente y lograr lo que se ha propuesto.

- ¿Cuánto tiempo utilizará para la concreción de su meta?
- ¿Quiere lograr algo, pero está dispuesto a realizar el esfuerzo?
- ¿Está dispuesto a comprometerse para alcanzar dicha cima?

Mantenga siempre y a pesar de todo, una visión de éxito, vea claramente sus objetivos a corto, mediano y largo plazo, para los próximos días, para dentro de uno, dos, cinco, siete y diez años. Establezca con claridad qué es lo que espera y confíe en que lo logrará. Trabaje concentrado en su objetivo y no permita que nada lo distraiga. Si permite un lugar para las dudas y los temores, éstos dominarán su mente, desplazando a los pensamientos positivos, atentará contra sus objetivos, y las posibilidades de fracaso aumentarán de forma notoria.

Muchos de quienes leen estas líneas abandonarán sus intentos de llegar a la prosperidad por algunas frustraciones que encuentren en el camino, otros en cambio, comenzarán a transitar un nuevo camino en sus vidas para lograr dentro de algún tiempo su objetivo financiero. Esa es la diferencia entre quienes logran sus metas y los que no, la persistencia en sus compromisos. Debemos estar dispuestos a trabajar por ello, si pretendemos obtener algo deberemos invertir nuestro tiempo y esfuerzo. Todo lo permanente y satisfactorio requiere de empeño y dedicación, usted tiene la última palabra.

48

Estableciendo metas monetarias

Ya que decidió de manera definitiva y consciente la cantidad de dinero que quiere y el plazo en que lo va a adquirir, comprométase entonces con lo ya establecido, y las maneras para lograrlo comenzarán a aparecer en su camino.

Si uno quiere un millón de dólares, apunta a eso, si quiere poseer un yate, apunta hacia eso, no podemos llegar a un lugar que no sabemos cuál es. Primero elegimos hacia dónde vamos y qué obtendremos, tan claro como sea posible, y luego si comenzaremos a transitar el camino para su ejecución.

Todo es más fácil cuando se sabe a dónde se quiere ir. Ayúdese estableciendo cuanto desea, sólo así podrá obtenerlo y sabrá que lo ha hecho. Comience a trabajar hoy mismo, no hay tiempo que perder, de esta manera habrá dado un paso muy importante.

- ¿Quiere dinero?
- ¿Cuánto?
- ¿Mucho?
- ¿Pero, qué es exactamente mucho para usted?
- ¿Sabe claramente qué cantidad quiere?

La ventaja de escribir sus deseos, es que esto le permitirá analizar día a día qué hacer para avanzar hacia esa meta, también le hará reflexionar si su trabajo es útil para lo que está interesado en alcanzar o si necesita cambiarlo, o quizá si debe planificar su propia empresa o sólo generar un ingreso extra al que posee actualmente.

El no saber a dónde ir, provocará, obviamente, que no llegue nunca. La falta de metas claras es lo que hace que muchos no obtengan resultados.

Que sus planes sean siempre a plazos, es decir, primero planifique para este año, para este mes, o incluso para la semana, no importa si son largos o cortos, lo importante es que siempre se esté exigiendo

49

lo necesario para cumplir con todo lo que se ha propuesto, pues no sólo es la meta financiera sino la serie de objetivos para poder llegar a ella, éstos también deben ser claros y realistas, dije realistas, no fáciles, algo que sepamos que podemos cumplir, pero que desafíe nuestras capacidades.

Una parte básica en todo esto es no desviarnos del propósito, nuestra mente debe pensar en esto día y noche, y mantenernos centrados sin importar cuando los ánimos puedan bajar, la perseverancia nos dará el mapa que nos guiará paso a paso hacia el camino correcto. A estas alturas ya no estamos interesados en si es posible hacer lo que pensamos o no, sino cómo lo haremos. Definir la manera moviliza una serie de resortes internos que de otro modo permanecen siempre inmóviles, ahora está usted en un punto de reconocer oportunidades que antes no veía.

Emprenda el camino por etapas, el hecho de que vaya logrando objetivos progresivamente, le aportará la energía necesaria para continuar avanzando, una sola meta, a largo plazo puede terminar con su motivación por la falta de resultados a corto plazo. Hay una gran meta establecida para un tiempo muy a futuro, pero esta se va formando en objetivos de corto y mediano plazo, es como subir a la cima de un edificio, ascendemos por medio de una escalera, peldaño a peldaño para alcanzar el siguiente piso y luego, el lugar más elevado, nuestra meta establecida. Pequeños pasos que se dan para avanzar en el camino, es una manera de obtener nuevas energías y optimismo, como resultado de objetivos que se alcanzan de manera escalonada.

Tarjeta para el éxito con el dinero

Escriba su compromiso con el éxito financiero en una tarjeta que llevará a todos lados y que leerá cada vez que pueda. Al saber cuánto desea ganar observará sus actuales circunstancias para ver qué es lo que debe modificar para lograr tal objetivo.

Nuestra mente tiende a divagar y a distraerse en cosas que pueden no contribuir con nuestro objetivo, razón por la que cada día debe ser un

50

constante recordatorio el revisar nuestro compromiso, programándonos para actuar con la actitud correcta. Lea su tarjeta cuando inicie el día, le será de utilidad para recordarle cuál es su sueño, para que así cada cosa que emprenda lo haga sabiendo que lo está llevando en la dirección correcta, y para evitar aquello que lo distraiga.

Notará como poco a poco sus lecturas diarias producen cambios en usted, las palabras son poderosas herramientas que pueden producir tremendos resultados en cada uno de nosotros. Pruebe con alguna persona que se encuentre sana y repítale que lo ve algo pálido y decaído, si le reitera esto en varias oportunidades logrará que realmente comience a sentirse y verse mal. Ahora traslade esto a su vida y calcule lo que las repeticiones diarias de afirmaciones positivas pueden lograr, con una buena dosis de fe y convicción.

Quienes realmente estén interesados en lograr la meta que han definido sólo deben poner en práctica estos ejercicios y notarán sus resultados. Habrá a quienes les parezca muy laborioso, en todo caso el obtener grandes sumas de dinero no es para ellos, al menos si no pueden cumplir con este sencillo ejercicio que requiere de una dedicación continua.

Repita cada mañana la lectura de su tarjeta y reitere en sus pensamientos que el día que comienza hará todo cuanto esté a su alcance, invirtiendo cada minuto posible de su tiempo en la dirección elegida y evitando todo lo que sea ajeno a ello. Trabaje con todas sus energías focalizadas y potenciadas, con la confianza de que serán una realidad en poco tiempo y reconociendo que la única persona responsable de que todo eso suceda es uno mismo y nadie más.

Quizás al principio todo esto le parezca algo difícil de pensar, y es por ello que son pocos los que logran lo que se proponen. Actúe con fe y acepte estas leyes con su corazón y póngalas en práctica, a medida que logre lo que se propone le será más fácil confirmar su poder. Cuando usted lanza su pedido toda la naturaleza se pone en movimiento para su realización, hágalo usted hoy mismo y escriba su propia tarjeta para el éxito con el dinero.

Adoptar la actitud mental adecuada

Piense como un rico, siéntase próspero desde hoy mismo, desarrolle una actitud y una forma de mirar a la economía de forma distinta, sienta que usted merece y tiene la capacidad para obtenerlo. Ni siquiera tome sus estudios insuficientes, si este fuera su caso, como algo que le impedirá la concreción de sus objetivos, en todo caso debe prestar atención a una correcta actitud mental.

Debe estar totalmente convencido de que llegará a ser próspero financieramente, debe saber que así será, que se lo merece, que está bien para usted, sólo este tipo de estado lo acercará a la prosperidad y no otro. Si tiene dudas o si cree que no se lo merece o no tiene la capacidad para lograr tal objetivo, simplemente no lo logrará porque usted así lo ha decidido ya internamente.

Si se ve pobre, como alguien a quien se le escapa el éxito y no puede lograr grandes cosas y continua con esa forma de pensar, continuará con los mismos resultados que hasta ahora, ya que su programa le dice que usted sirve sólo para eso, entonces si quiere ser otra persona no dude más y póngase en marcha para cambiar sus pensamientos por los que le permitirán ser mejor y más exitoso.

A veces la falta de confianza en uno mismo o el hacer caso a los habituales comentarios de quienes gustan opinar, hacen que un proyecto perfectamente viable quede sólo como un proyecto que no será más que eso. Sólo la debilidad de carácter permite claudicar ante circunstancias externas. ¿Cree que quienes llegaron a ser millonarios tuvieron todo al alcance de la mano?, de ninguna manera fue así, ellos decidieron como iban a ser las cosas y tomaron las riendas del asunto, actuando con convicción. Habrá cosas que no entienda y de las que dude, es ahí donde debe poner su fe y seguridad para continuar.

52

Razones aparentes para no triunfar encontrará por todos lados, si se piensa mucho en ellas pueden desanimar a cualquiera y sirven de pretexto para la falta de iniciativa personal. Anote los puntos por los cuales cree que sería difícil lograr lo que pretende, hágalo en forma reflexiva y luego lea con detenimiento y tranquilamente cada uno de esos puntos para luego estudiar uno a uno la forma de superarlos.

Lo importante no lo encontrará allí afuera sino en su interior, allí encontrará lo que necesita para revertir, modificar y lograr las cosas. Usted decide cómo deben ser las cosas, no una circunstancia externa, tenga fe y confianza en sí mismo, no se deje desanimar por las complicaciones que puedan presentarse. *Sea persistente, hágale notar al mundo que va a continuar hasta que noten su presencia.*

Debe eliminar totalmente la duda, si sólo deja un espacio abierto aunque sea pequeño, atentará contra el cumplimiento de sus metas. Crea fervientemente en sus objetivos, los mismos que posiblemente antes no pudo alcanzar, ahora las cosas han cambiado, muchas cosas son diferentes, y ha llegado el momento en que sea realidad lo que antes no pudo ser.

Cuando la imaginación y la lógica están en conflicto, la imaginación invariablemente es la que triunfa. Un pensamiento, aun cuando sea falso, puede afectarnos si creemos que es verdadero. Pero cuando aprendemos a distinguir el valor de una idea, nuestra mente recobra o mantiene la calma.

Mark Fisher, en su libro el millonario instantáneo, a través de una historia establece básicamente tres aspectos para hacerse millonario, la primera que menciona es el poder del pensamiento, que realmente cada uno obtiene lo que tiene y lo que realmente desea en base a lo que cree que vale. Al joven de la historia se le da un papel en blanco para que el escriba lo que desea ganar en ese año. Después le enseña el poder de las palabras y cómo las palabras tienen un poder constructivo o destructivo según los patrones aprendidos a través de la vida. Por eso le pide que escriba en una tarjeta lo que realmente quiere ganar, y por ultimo viene la acción, porque hay que actuar conforme a lo que pensamos, afirmamos y creemos. Parece simple pero es la verdadera historia de la prosperidad, y de lograr cualquier cosa. El secreto más grande de todos los logros está en la creencia. *"Al que cree todo le es posible"* - *Jesucristo.*

Si usted tiene fe en que es capaz de conseguir algo, lo conseguirá. La mente inconsciente es la parte oculta de su intelecto, y es mucho más poderosa que su parte visible. Es la que guía toda su vida. Una de las mejores formas de sembrar algo en el inconsciente es la repetición, y es ahí donde entra el poder de las palabras, entre más pronto internalicemos el concepto de la prosperidad en nuestro fuero interior, más rápido estaremos caminando hacia la riqueza.

Cada vez que tú realmente te propones a hacer algo y lo deseas con todas tus fuerzas, Dios mismo se pone de tu lado, pero tus sueños y metas deben ser precisos y concretos para que tu voluntad se encamine hacia el logro y la realización de ellos. ¿Qué te parece esta lista?:

Las siguientes metas financieras en un plazo de cinco años:

1. Una casa valorada en 300.000 Dlls.
2. Una segunda casa en el campo valorada en 150.000 Dlls.
3. Un Mercedes antiguo valorado en 30.000 Dlls.
4. Un BMW nuevo valorado en 50.000 Dlls.
5. No más deudas personales
6. 200.000 Dlls. en metálico y otras inversiones
7. 300.000 Dlls. invertido en propiedades que valgan seis veces más que en el momento de la compra.

Mis objetivos no financieros son:

a. Dos semanas de vacaciones al menos tres veces al año, cada vez que me apetezca tomarlas.
b. Ser mi propio jefe y no trabajar más de 30 horas a la semana.
c. Tener amigos inteligentes y ricos, dedicados a los negocios y al arte.
d. Una mujer cariñosa, encantadora y tener hijos hermosos, permi-

MIGUEL RAMÍREZ

tiéndome disfrutar de una gratificante vida familiar.

e. Una criada y una cocinera que nos liberen de las tareas domésticas.

Para utilizar su mente con eficacia, debe comenzar creyendo en su poder. Tiene que darle una oportunidad. Así que escriba su lista. ¿No cree incluso que no es gran cosa y que se puede obtener fácilmente, si tiene en cuenta el enorme potencial de la mente? ¿No comprende ahora que usted puede conseguir estas cosas tan simples para su vida?

La posesión más grande que tiene el hombre es la libertad. La riqueza da libertad. Y sería bueno para usted que la conociera. Con ella, usted verá cuántas ilusiones se desvanecen. También comprenderá que la auténtica libertad se encuentra en el desprendimiento, que es su forma más elevada. Sólo aquel que marcha con las manos vacías será capaz de cuidar de las rosas eternas. Aun cuando te sugiera que "no creas una palabra de lo que te diga" y quiera que pongas estos conceptos en tu propia vida, voy a pedirte que confíes en las ideas que estás leyendo. No porque me conozcas personalmente, sino porque miles y miles de personas han transformado ya su vida como resultado de los principios que se exponen en este libro.

Y hablando de confianza, esto me recuerda una anécdota que leí hace mucho tiempo: se trata de un hombre que cae en un precipicio, y al ir cayendo todavía tiene el aplomo para agarrarse de una saliente, cuando se va quedando sin fuerzas, comienza a gritar; "¿hay alguien allá arriba que pueda ayudarme?" de pronto escucha una poderosa voz como la de un trueno que dice: "Soy Dios, yo puedo ayudarte, solamente suéltate y confía", entonces él dice: ¿Hay alguien más allá arriba que pueda ayudarme? La lección es sencilla, si quieres pasar a un nivel superior de vida tienes que estar dispuesto a desprenderte de algunos de tus antiguos modos de pensar y de ser, y adoptar otros nuevos. Los resultados a la larga hablaran por sí mismos.

La mayoría de los libros o artículos que tratan el tema de la superación personal ponen al pensamiento como la base fundamental de cualquier mejora personal, profesional, económica, social y espiritual.

Desde libros antiguos como "La ciencia de hacerse rico" de Wallace D. Wattles, "Piense y hágase rico" de Napoleón Hill, hasta otros más recientes como "Los 7 hábitos de la gente altamente efectiva" de Stephen R. Covey, así como el fenómeno mercadológico de "El secreto " de Rhonda Byrne.

En todos estos libros se afirma que la única manera de mejorar cualquiera de los aspectos fundamentales de tu vida es mediante la modificación de tus pensamientos. Por ejemplo, en el libro *Los 7 hábitos de la gente altamente efectiva*; el segundo hábito es *"Empiece con un fin en mente"*, en *La ciencia de hacerse rico,* hay un capítulo llamado: *"Pensar de cierta forma"*, lo cual según el libro es fundamental para lograr el objetivo de la riqueza. En el Libro *Piense y hágase rico* el título lo dice todo, y el libro *El secreto,* se basa en la afirmación de que las personas atraemos las cosas, buenas y malas, a través del pensamiento. Todos estos libros afirman de alguna u otra manera que los pensamientos persistentes en nuestra mente a la larga se convierten en realidad o en materia.

La transformación de los pensamientos en cosas

El proceso de transformación de la manera de pensar en cosas, puede resultar bastante complicado si se desea entenderlo con lujo de detalles, además intervienen cuestiones como la el deseo, autoestima, la fe, la paciencia, los estados de ánimo, la persistencia, el conocimiento, las experiencias, etc. por lo que este variará de forma significativa de persona a persona.

Etapas de la transformación:

1. ¿Cuál es el objetivo que deseas alcanzar?: En *los 7 hábitos de la gente altamente afectiva,* el autor dice que hay que empezar con un fin en mente para alcanzar la mejora en algún sentido, por ejemplo, si tu objetivo es mejorar tu condición física y perder 5 Kg. de peso deberás poner en tus pensamientos imágenes de cómo será tu vida cuando logres tu peso ideal, que cosas diferentes podrás hacer y cuáles serán tus sentimientos al lograr dicho objetivo. Una buena forma de ha-

56

cerlo es imaginar por un momento que ya has alcanzado tu meta, y examinar cuáles son tus sensaciones.

2. El deseo: Los beneficios de alcanzar tu objetivo, así como los sentimientos y tu autoestima mejorada deben impulsarte para desear de manera ferviente alcanzar tu meta. Para lograr que tu fin en mente se convierta en realidad, es necesario que lo desees con todas tus fuerzas.

3. Las nuevas ideas: Tus pensamientos constantes sobre el objetivo así como tu deseo por alcanzarlo ayudarán a generar las ideas para poder realizarlo, además tu mente consciente y subconsciente estarán más atentas a cualquier oportunidad que se presente para lograr tu meta. Por ejemplo, es muy probable que ahora pongas más atención en las personas que hacen ejercicio, en la comida saludable, etc. Por otra parte, tu subconsciente estará trabajando también para enviarte nuevas ideas. Es probable que tengas sueños relacionados con el logro de tu objetivo, incluso tus conversaciones sobre el tema se incrementarán.

4. Las nuevas actitudes y las acciones: Las recientes ideas generadas te empujarán a cambiar tu actitud sobre las cosas, de la misma manera que a actuar de forma diferente. Por ejemplo, si el ejercicio o la actividad física anteriormente te daban flojera, es posible que ahora te entusiasmes con la idea de practicar algún deporte y que pidas información en algún gimnasio o incluso te animes a inscribirte en uno de sus programas.

5. La paciencia y la persistencia: Hay algunos casos que comienzan a ver resultados desde las primeras acciones que tomen al respecto, pero en otros, es probable que tengan que esperar varios días, semanas, meses o incluso años para alcanzar su meta. Debido a esto, es necesario que sea paciente y que recuerde constantemente los beneficios que obtendrá. No se trata de quedarse sentado esperando a que las cosas sucedan por si solas, sino de realizar acciones que le conduzcan a su objetivo y dar el tiempo necesario para ver los resultados de dichos actos. En la búsqueda de tu objetivo hay diferentes etapas que pueden resultar más fáciles o más difíciles. Por ejemplo, puede ser que los primeros días la rutina de ejercicios le parezca muy pesada, por lo que deberá apoyarse en el entusiasmo inicial por lograr su meta, o posiblemente después de dos meses aún no alcance lo que desea y se sienta insatisfecho, pero también es factible que a esas alturas ya haya perdido 3 de los 5 kg. que se había fijado inicialmente. Eso quiere decir que va encaminado a su propósito. ¿No te parece? Es importante que persista y no se deje vencer por el desánimo o la falta de apoyo de otras personas. Piense una vez más en los beneficios que le dejará hacer todas estas cosas.

6. El mantenimiento y la mejora: Después de alcanzar su meta es posible que esté muy contento consigo mismo, se conforme, se relaje y le baje al ritmo. Sin embargo, es necesario que esté consciente de que la mayoría de las cosas requieren mantenimiento: los automóviles, las relaciones personales, la salud y la condición física, los sistemas informáticos, las casas, las maquinarias industriales y claro; cualquiera que sea su logro alcanzado. Para el caso de la pérdida de peso será necesario que continúe con su rutina de ejercicios y con una alimentación sana para poder conservarlo, de otra manera es probable que los kilos que perdió en varios meses los recupere en unas cuantas semanas. Como sabe, es más difícil construir que destruir, así que es importante un programa de mantenimiento para su objetivo y quizás pueda poner ahora un objetivo más alto.

Vivimos en un mundo de dualidades: arriba y abajo, luz y oscuridad, caliente y frio, adentro y afuera, deprisa y despacio, derecha e izquierda, blanco y negro. Estos son solamente unos de los miles de ejemplos de polos opuestos, para que exista un polo debe existir el otro. Por consiguiente, al igual que las leyes "externas" del dinero, debe haber las "internas". Entre las primeras hay cosas como las técnicas empresariales, la administración financiera y las estrategias de inversión, cada una son asuntos esenciales. Pero el juego interior es todavía más importante.

No basta con estar en el lugar adecuado en el momento justo. Tie-

58

ne que ser la persona adecuada, en el lugar preciso, en el momento justo. El hecho es que su carácter, su forma de pensar y sus creencias constituyen una parte fundamental de lo que determina el nivel de su prosperidad. *"Tus ingresos pueden crecer únicamente hasta donde crezcas tú"*.

La inmensa mayoría de la gente sencillamente no posee la capacidad interna necesaria para crear y conservar grandes cantidades de dinero, ni para afrontar el mayor número de retos que acompañan siempre al hecho de tener más dinero y más éxito. Esa, es la principal razón por la que no tienen más dinero.

Un ejemplo perfecto son los que ganan la lotería, las investigaciones han demostrado una y otra vez que, independientemente del tamaño de sus ganancias, la mayoría de las personas que ganan la lotería, al final acaban volviendo a su estado económico original, es decir, a la situación que les resulta cómoda manejar. Por otro lado, a los millonarios que se han hecho a sí mismos, les sucede justo lo contrario. En cuanto pierden su dinero, generalmente lo recuperan en un tiempo relativamente corto. Donald Trump, es un buen ejemplo cuando perdió su cuantiosa fortuna, un par de años más adelante la había recuperado e incrementado. ¿Porque se da este fenómeno? Porque, aun cuando algunos millonarios de los que se habían hecho a sí mismos pueden perder su dinero, jamás pierden el ingrediente más importante de su éxito: ***"la mentalidad millonaria"***

Los termostatos financieros de la mayoría de las personas están para generar miles, no millones de dólares; los de algunas personas están para generar cientos, ni siquiera miles, y los de otras, en la posición de bajo cero: se encuentran completamente congelados ¡y no tienen la más mínima idea del por qué!

La realidad es que la mayor parte de las personas no alcanzan su pleno potencial. La mayoría no son prósperas. Las investigaciones demuestran que el 80% de los individuos jamás disfrutan de la libertad económica que les gustaría poseer, y también el 80% ni siquiera pretenderán ser felices. La razón es sencilla: Es lo que *hay debajo del suelo* lo que crea aquello que está encima de él. Lo que *no se ve* es lo que crea lo *que se ve*. ¿Y eso qué significa? Pues que: *"si quieres cambiar los frutos, tendrás que modificar primero las raíces. Si quieres cambiar lo visible, antes deberías transformar lo invisible".*

Según mi experiencia, lo que no puedes ver de este mundo es muchísimo más poderoso que cualquier cosa que puedas ver. Una de las cosas más importantes que puede llegar a comprender en esta vida es que no vivimos en un único plano de existencia: lo hacemos al menos en cuatro esferas distintas a la vez. Estos cuatro cuadrantes son el mundo físico, el mundo mental, el mundo emocional y el mundo espiritual.

El dinero es un resultado, la riqueza es un resultado, la salud es un resultado, la enfermedad es un resultado. Vivimos en un mundo de causas y efectos. La falta de dinero jamás será un problema. La falta de dinero es meramente un síntoma de lo que está sucediendo por debajo.

Las declaraciones; el poderoso secreto para el cambio:
"Lo que oyes lo olvidas, lo que ves lo recuerdas, lo que haces es lo que entiendes".

¿Qué es una *declaración*? Es simplemente una sentencia positiva que se hace con énfasis, en voz alta.

¿Qué es una *afirmación*? Es una sentencia positiva que afirma que un objetivo que desea alcanzar ya está teniendo lugar.

Acción: debe de emprender todas las acciones necesarias para hacer realidad su intención. Le recomiendo que lea en voz alta cada mañana y cada noche, y si las articula mientras se mira al espejo, eso acelerará aún más el proceso.

60

¿Cuál es su patrón del dinero y cómo se ha formado?

Cada uno de nosotros disponemos de un patrón personal ya grabado en nuestro subconsciente. Quiero presentarle una formula extremadamente importante, ya que es la que determina cómo crea su realidad y su riqueza. La fórmula del "Proceso de Manifestación" y se puede expresar así:

$$P + S + A = R$$

Los pensamientos llevan a sentimientos, los sentimientos llevan a acciones, las acciones llevan a resultados.

Su patrón financiero consta principalmente de toda la información o "programación" que recibió en el pasado, y especialmente de niño, cuando todavía era muy pequeño. ¿Quiénes fueron las principales fuentes de esa programación o de ese acondicionamiento? Para la mayoría de la gente, en la lista se encuentran los padres, los hermanos o hermanas, los amigos, las figuras de autoridad, los profesores, los líderes religiosos, los medios masivos de comunicación y la cultura en la que vivió, por nombrar sólo algunas cuantas. A cada niño o niña se le enseña a cómo pensar con respecto al dinero y a cómo actuar en relación con él.

Estas enseñanzas se convirtieron en condicionamientos, que a su vez se transformaron en reacciones automáticas, las cuales lo dirigen durante el resto de su vida. A no ser por supuesto, que interceda y revise sus archivos mentales referentes al dinero. Para reflejar esto, podemos corregir la fórmula del "Proceso de Manifestación", dejándola de la siguiente forma:

$$PRO + PEN + S + A = R$$

Su programación lo lleva a sus pensamientos, estos a sus sentimientos, sus sentimientos, a sus acciones, y sus acciones a sus resultados. Y, ¿cómo estamos condicionados? Lo estamos de tres formas princi-

pales en todos los ámbitos de la vida, incluido el dinero:
Programación verbal: ¿Qué oía cuando era pequeño?
Modelo de referencia: ¿Qué veía cuando era menor?
Incidentes concretos: ¿Qué experimentó cuando eras niño?

Primera influencia: *la programación verbal.*

Comencemos por la programación verbal. ¿Qué oía en su infancia sobre el dinero, la riqueza y la gente rica? Oyó alguna vez expresiones como: "el dinero es el origen de todos los males, los ricos son avariciosos y mezquinos, los adinerados son malvados, está podrido en dinero, para juntar dinero tienes que matarte trabajando, el dinero no crece en árboles, no puedes ser rico y espiritual, la felicidad no puede comprarse, poderoso caballero es don dinero, los ricos son cada vez más ricos y los pobres cada vez más pobres, no todo el mundo puede ser rico, nunca se puede llegar a todo", y la infame declaración que dice: *eso no es para nosotros.*

Aquí reside el problema: todas las afirmaciones que escuchó sobre el dinero cuando era niño permanecen en su subconsciente como el patrón que está dirigiendo su vida económica. El condicionamiento verbal es extremadamente poderoso. *Cuando el subconsciente debe elegir entre emociones profundamente arraigadas y la lógica, casi siempre ganan las primeras.*

Su condicionamiento subconsciente determina su pensamiento, su pensamiento, sus decisiones, y éstas; sus acciones, que al final determinan sus resultados. Existen cuatro elementos claves para el cambio, cada uno de ellos es esencial en la reprogramación de su patrón financiero. Son sencillos, pero profundamente poderosos.

El primer elemento de cambio es la *conciencia*: no puede cambiar algo a menos que conozcas su existencia.
El segundo es la *comprensión*: entendiendo cuál es el origen de su "forma de pensar", puede reconocer que ésta procede de fuera de usted.
El tercero es la *disociación*: una vez que se da cuenta de que esta forma

MIGUEL RAMÍREZ

de pensar no es de usted, puede separarse de ella, basándose en quién es hoy y dónde quiere estar mañana.

El cuarto elemento del cambio es el *reacondicionamiento:* Tiene que internalizar nuevas formas de pensamiento y nuevos hábitos de conducta.

Pasos para el cambio:

Conciencia: Escriba todas las afirmaciones que oía acerca del dinero, la riqueza y la gente rica cuando eras niño.

Comprensión: Escriba cómo cree que, hasta ahora, han afectado dichas afirmaciones a su economía.

Disociación: ¿Se da cuenta de que estos pensamientos representan únicamente lo que aprendió y no forman parte de su anatomía, ni son usted? ¿Se da cuenta de que en el momento tiene la opción de ser distinto?

Declaración: *"Lo que oí acerca del dinero, no es necesariamente cierto. Decido adoptar nuevas formas de pensar que contribuyen a mi felicidad y mi prosperidad"*

Segunda influencia: *los modelos de referencia.*

El segundo modelo de condicionamiento al que estamos sometidos se denomina "nuestros modelos", Durante su infancia, ¿cómo eran sus padres o sus tutores con respecto al dinero? ¿Uno de ellos o ambos administraban bien su dinero o lo hacían mal? ¿Gastaban mucho o eran ahorradores? ¿Eran hábiles inversores o no invertían? ¿Asumían riesgos o eran conservadores? ¿Había constante flujo de dinero o era muy escaso? ¿Llegaba con facilidad a su familia, o era siempre una lucha conseguirlo? ¿Era causa de alegría en casa o causa de amargas discusiones? Aunque la mayoría de nosotros odiaríamos admitirlo, hay bastante verdad en el viejo adagio que dice: "de tal palo, tal astilla" Insisto puede tener todos los conocimientos y experiencias del mundo, pero si su "patrón" no está programado para el éxito, está condenado a fracasar económicamente. Claro, a menos que cambie ese patrón, y ése es precisamente el objetivo de este capítulo. *Tiene que aprender a obtener una mentalidad correcta.*

Anteriormente mencione que, en lo referente al dinero, la mayoría de nosotros tendemos a ser idénticos a uno o a ambos de nuestros progenitores, pero también existe la otra cara de la moneda: algunos de nosotros acabamos siendo exactamente lo contrario de lo que fueron uno o ambos de nuestros padres. ¿Por qué tendría que ocurrir eso? ¿Le suenan las palabras de ira y rebeldía? Resumiendo, depende simplemente, del enfrentamiento o relación que hubiera mantenido con ellos.

Mucha gente que procede de familias pobres se llena de rabia por eso. En muchos casos salen de casa y se hacen ricos o, al menos, tienen la motivación para hacerlo. Pero hay un pequeño contratiempo, que, en realidad constituye un gran bache: tanto si estas personas se hacen ricas como si se rompen la crisma tratando de llegar a ser prósperas, normalmente no son felices. ¿Por qué? Porque la raíz de su riqueza o de su motivación por el dinero es la ira, el odio, y el resentimiento. Por consiguiente, *dinero* e *ira* quedan vinculados en su mente, y cuanto más dinero tienen (o luchan por conseguir) este tipo de individuos, se vuelven más iracundos.

La razón que tenga para ganar dinero o lograr el éxito es vital. Si su motivación para adquirirlos procede de una raíz no productiva, como el miedo, la rabia o la necesidad de "demostrar lo que vales", el dinero nunca te brindará felicidad.

Tomemos por ejemplo el miedo; Así que, ¿más dinero disipara el miedo? ¡Que más quisiera!, pero la respuesta es absolutamente no. ¿Por qué? Porque el dinero no es la raíz del problema; es el miedo. Lo que es aún peor es que el miedo no es sólo el problema, sino también un mal hábito. Por lo tanto, tener más dinero únicamente cambiara el tipo de miedo que tenemos. Resumiendo, hasta que lleguemos a la raíz de este problema y disipemos el miedo no habrá cantidad alguna de dinero que pueda ayudarnos. Por supuesto, si nos dan a elegir, la mayoría de nosotros preferiría preocuparse por tener dinero y perderlo que por no tenerlo en absoluto, pero ni lo uno ni lo otro son modos de vivir demasiado inteligentes.

Pasos para el cambio:

Conciencia: considere las formas de ser y los hábitos que su padre y su madre tenían con relación a la economía. Escriba de qué modo puede ser idéntico u opuesto a cualquiera de ellos.

Comprensión: escriba el efecto que han tenido esos modelos de referencia en su vida financiera.

Disociación: ¿ve que este modo de ser es sólo algo que aprendió y que no es usted? ¿Se da cuenta de que en este momento tiene la opción de ser distinto?

Declaración: *"Lo que tomé como modelo en torno al dinero era la forma de actuar de ellos. Ahora yo decido la mía".*

La tercera influencia: *incidentes concretos.*

El tercer acondicionamiento principal son los incidentes concretos: ¿Qué experimentó cuando era niño o joven respecto al dinero, la riqueza y los ricos?

¿Cuál era la relación que tenía con casos concretos en donde se estaba involucrando el dinero? Por ejemplo, cuando llegábamos a casa con la lista de libros que nos pedían para la escuela, mi madre se limitaba a decir: "¡pidan, pidan, el pedir no empobrece el dar es el que aniquila!", Así es que la generosidad se asoció a un concepto de pobreza, de aniquilación total. Por el contrario, en casa de mi esposa, siempre respondía su padre con un: "¿tú piensas que el dinero se barre? El dinero cuesta conseguirlo, ¿qué piensan los maestros que somos máquinas de hacer dinero?" Así que para ella si veía que no había, simplemente no pedía, mucho menos gastaba y ese formato trascendió hasta en nuestro matrimonio.

Las estadísticas demuestran que la causa número uno de todas las rupturas de relaciones es el dinero. La razón más grande que hay detrás de las peleas que tiene la gente por el dinero no es el dinero en sí, sino la disparidad de sus "patrones". No importa el dinero que tenga o deje de tener: si su patrón no concuerda con el de la persona con quien está relacionándose, tendrá un reto mayúsculo.

Pasos para el cambio:

Conciencia: tome en consideración un incidente emocional concreto que haya experimentado en torno al dinero cuando era joven, esto debe hacerlo con su socio o cónyuge.

Comprensión: Escriban cómo puede haber afectado este incidente a su vida económica actual.

Disociación: ¿Ven que este modo de ser es algo que aprendieron y que no son ustedes? ¿Se dan cuenta que en el momento presente tienen la opción de ser distintos?

Declaración: *"Libero mis experiencias con el dinero no productivas del pasado y creo un futuro nuevo y próspero"*

¿Para qué está programado su patrón de dinero?

Ahora es el momento de responder la pregunta del millón de dólares: ¿Cuál es su patrón actual del dinero y del éxito, y hacia qué resultados le está llevando su subconsciente? ¿Está programado para el fracaso, la mediocridad o para el éxito económico? ¿Está programado para los apuros o para la holgura, en lo que respecta a las finanzas? ¿Está preparado para trabajar muy duro por el dinero o para hacerlo de una forma equilibrada? ¿Está condicionado para tener ingresos constantes o esporádicos? ¿Estás preparado para tener unos ingresos elevados, moderados o bajos? ¿Estás programado para ganar entre 20,000 o 30,000 dólares al año? ¿Entre 40,000 y 60,000? ¿Entre 75,000 y 100,000? ¿Entre 150,000 y 500,000? ¿O para un millón al año o hasta más? Lo que realmente importa no es la cantidad, sino si está o no logrando su pleno potencial económico.

¿Está programado para ahorrar dinero o para gastarlo? ¿Está programado para administrar bien su dinero o para administrarlo mal? ¿Está programado para escoger inversiones ganadoras o desastres financieros? ***Su patrón de dinero determinará su economía, e incluso su vida personal.***

La mayoría de las personas creen que el éxito de sus negocios depende principalmente de sus aptitudes y conocimientos empresariales, o al menos, de su don de la oportunidad en el mercado. Lamento ser

66

yo quien te diga, pero esas son tonterías: ¡ni en broma! Lo bien o lo mal que te vaya en los negocios es una consecuencia de tu patrón del dinero. Siempre validaras tu patrón.

¿Cómo puede saber para qué está programado su patrón del dinero? Una de las formas más obvias es mirar los resultados. Mire tú cuenta bancaria, mire sus ingresos, mire su fortuna neta. Mire su éxito en las inversiones. Si es gastador o ahorrador. Si es un buen administrador o derrochador del dinero. Observe qué tan duro trabaja por el dinero. Examine cada una de sus relaciones en las que haya dinero de por medio.

"El único medio de cambiar de forma permanente la temperatura de una habitación es programar de nuevo el termostato. De la misma manera, el único modo de cambiar tu nivel de prosperidad económica de (forma permanente) es reprogramar de nuevo tu termostato económico".

67

Por suerte o por desdicha, su patrón personal del dinero y del éxito tenderá a permanecer consigo por el resto de su vida, a menos que lo identifique y lo cambie. Recuerde que el primer elemento de todo cambio es la conciencia: obsérvese a sí mismo, sea consciente, examine sus pensamientos, sus miedos, sus creencias, sus hábitos, sus acciones e incluso sus inacciones. Póngase bajo un microscopio. Estúdiese. Ser consciente es observar su mente y sus acciones de modo que en el momento actual pueda vivir eligiendo verdaderamente, en lugar de ser dirigido por programaciones del pasado.

Ciertamente, la genética puede desempeñar un papel importante y también los aspectos espirituales pueden entrar en el juego, pero gran parte de lo que da forma a quien es usted procede de creencias e información de otras personas, principalmente en su infancia. Tenga presente que sus creencias y sus pensamientos no son lo que es usted, y que no se encuentran necesariamente adscritos en su persona. Por muy valiosos que crea que son, no tienen mayor importancia ni significado que los que usted les das. *Nada tiene significado, excepto el que se le da.*

MIGUEL RAMÍREZ

Declaración: *"Observo mis pensamientos y tomo únicamente en consideración aquellos que me infunden poder"*.

El derecho a ser rico.

- Para vivir una vida plena usted debe ser Rico.
- El objeto de la existencia es el desarrollo.
- El derecho del hombre a la vida significa tener el libre e irrestricto uso de todas las cosas necesarias para su completo crecimiento mental, espiritual y físico.
- No hay nada malo en el deseo de hacerse rico.
- No puedes dar a Dios ni a la humanidad ningún servicio mayor que el que aprovechar al máximo sus posibilidades.

Hay una ciencia para hacerse rico.

- Hay una ciencia para hacerse rico, y es una ciencia exacta.
- La posesión del dinero viene como consecuencia de hacer las cosas de un CIERTO MODO.
- Hacerse rico NO es un producto del medio ambiente. Puedes ser rico en cualquier lugar donde vivas o en cualquier negocio.
- La capacidad de hacer las cosas de CIERTO MODO no está reservada sólo para personas con grandes talentos.
- Hacerse rico no es solamente el resultado del ahorro.
- Hacerse rico no es consecuencia de hacer cosas que otros no logran hacer.
- Enriquecerse es el fruto de hacer las cosas de una MANERA ESPECÍFICA
- Tu puedes ser rico si aprendes a hacer las cosas de una FORMA DIFERENTE

¿Está la oportunidad monopolizada?

- A nadie le pueden robar la oportunidad de ser rico.
- Hay una abundancia de oportunidades para quienes van con la marea, en vez de tratar de nadar en contra de ella.
- Hay suficiente riqueza para todos.
- Todo lo que hay sobre la tierra está hecho de una SUSTANCIA

ORIGINAL, de la que todas las cosas proceden.

El primer principio de la ciencia de hacerse rico.
- La SUSTANCIA ORIGINAL es una SUSTANCIA SIN FORMAR.
- El PENSAMIENTO es el único poder que puede producir la riqueza tangible a partir de la SUSTANCIA SIN FORMAR.
- Para ser rico debes aprender a pensar de CIERTO MODO.
- *Hay una Materia Pensadora de la que todas las cosas están hechas y que, en su estado original, impregna, penetra, y llena los inter-espacios del universo.*
- *Un pensamiento en esta sustancia, produce la cosa que es imaginada por el pensamiento.*
- *El hombre puede formar cosas en su pensamiento y, si impregna lo que piensa en la SUSTANCIA SIN FORMAR, puede conseguir que la cosa que él imagina sea creada.*

Aumentando la Vida.
- Cada ser vivo debe pedir continuamente la expansión de su vida.
- Debemos enriquecernos, para que podamos vivir más y mejor.
- El deseo de Dios es que sea rico porque así Él puede manifestarse mejor en usted.
- No quiere enriquecerse para vivir ávidamente, ni para la satisfacción de deseos animales.
- No desea ser adinerado únicamente para disfrutar de placeres mentales.
- No anhela tener solvencia económica únicamente para el bien de otros.
- Quiere enriquecerse para poder alimentarte y estar alegre; para poder rodearse de hermosas cosas, ver tierras distantes, nutrir su mente y desarrollar su intelecto; para poder amar a las personas y hacer cosas amables, para ser capaz de jugar un buen papel para ayudar al mundo a encontrar la verdad.
- La SUSTANCIA INTELIGENTE (DIOS) hará cosas para usted, pero no le quitará las cosas a alguien para dárselas.
- Debes deshacerte de la idea de la competencia.
- Necesita crear, no competir por lo que ya está creado.

69

- No tiene que quitarle nada a nadie.
- No es necesario que se maneje con negocios turbios.
- No tiene que engañar, o aprovecharse.
- No va a dejar ningún trabajo para ganar menos de lo que ganas.
- No debe codiciar la propiedad de otros, o mirarlo con ojos envidiosos; ningún hombre tiene nada que usted no pueda tener igualmente, y eso sin quitarle lo que ese hombre tiene.
- Debe convertirse en un creador, no en un competidor; va a conseguir lo que quiera, pero de tal modo que cuando lo consiga, cada uno de los otros hombres tendrá más de lo que tiene ahora.
- Nunca mire el suministro visible; mire siempre a la riqueza ilimitada en la SUSTANCIA SIN FORMAR, y sabrá que la riqueza le llega tan pronto como pueda recibirla y usarla.

¿Cómo llega la riqueza a ti?

- Para ser rico es necesario llevar a cabo transacciones con otras personas.
- Debe dar a cada hombre más de lo que tomas de él.
- De a cada hombre más en valor de uso, de lo que tomas de él en valor efectivo.
- Dar más valor en uso significa dar un mayor valor en beneficios a la otra persona de lo que tomas de ella en valor efectivo.
- Debe mantener la imagen mental de la cosa que desea obtener y moverse hacia ella.

Gratitud.
- Para obtener riqueza debe relacionarse de un modo armonioso con la Inteligencia sin formar.
- El proceso de ajuste y reconciliación se resume en una palabra: GRATITUD.
- Muchas personas permanecen en la pobreza por falta de gratitud.
- Para recibir riqueza debe estar cerca de la Fuente de la riqueza.
- El canal de comunicación con Dios (la Fuente de la Riqueza), es la Gratitud.
- Agradece SIEMPRE por LO QUE YA TE HA SIDO DADO.
- La GRATITUD aumenta la FE que es necesaria para enriquecerse.

Cambiando la manera de pensar a: CIERTO MODO.

• Debe formarte una imagen mental clara y definida de lo que desea.
• Lo que necesita es saber lo que quiere, y anhelarlo con la suficiente fuerza para mantenerlo en sus pensamientos.
• Debe tener el objetivo de realizarlo.
• Debe tener una FE invencible de que lo que desea que sea suyo.
• Manténgase agradecido de la misma forma que lo estará cuando haya conseguido sus sueños.
• Viva como si ya tuviera lo que deseas.

Algunas precauciones y conclusiones finales.

• MUCHAS personas se mofarán de la idea de que hay una ciencia exacta para hacerse rico; sosteniendo la idea de que el suministro de riqueza es limitado. Pero eso no es verdadero.
• Si las personas poseen una MENTE QUE AVANZA, tienen FE en que ellos pueden hacerse ricos y progresan con el OBJETIVO fijo de hacerse adinerados, nada podrá mantenerlos en la pobreza.
• Cuantos más hombres se enriquezcan dentro del nivel competitivo, será peor para los otros; cuantos más se enriquezcan dentro del nivel creativo, será mejor para los otros.
• La salvación económica de las masas sólo puede ser lograda consiguiendo un gran número de personas que practiquen este método científico para hacerse ricas.
• Esto mostrará a otros el camino, y los inspirará con un deseo de vida verdadera, con la fe en que esto pueda ser logrado, y con el propósito de lograrlo.
• Manténgase dentro del nivel creativo. Cada vez que caiga en los viejos caminos del pensamiento, corríjase al instante; ya que cuando está con la mente competitiva, pierde la cooperación de la MENTE DEL TODO.
• No se preocupes por las dificultades que encontrará en el futuro. Haga perfectamente bien el trabajo de hoy.
• Nunca hable de sí mismo, de sus asuntos, o de algo más de un modo desalentado o desalentador.
• Nunca admita la posibilidad de fracaso, o hable de una manera que deduzca el fracaso como una posibilidad.
• Jamás se exprese de las veces en que todo fue difícil, o de condicio-

nes de negocio dudosas.

- Los tiempos pueden ser difíciles y los negocios dudosos para aquellos que están en el nivel competitivo, pero nunca puede ser así para usted; es decir, puede crear lo que quiera, y estar por encima del miedo.

- Cuando otros tengan tiempos duros y negocios pobres, usted encontrará sus más grandes ocasiones.

- Entrénese para pensar y considerar el mundo como algo que se está haciendo, que está creciendo; y tener en cuenta de lo que parece que está mal sólo como algo que está sin terminar de desarrollarse.

- Hable siempre en términos del avance; no hacerlo es negar su fe, y negar su fe significa perderla.

- Nunca se permita sentirse decepcionado; usted puede esperar tener una determinada cosa en un cierto tiempo, y no conseguirla cuando estaba previsto, y esto le parecerá un fracaso. Pero si cumple con su FE, encontrará que el fracaso es sólo aparente.

- Continúe actuando de un CIERTO MODO, y si no recibe aquella cosa, recibirá algo tanto mejor que le dará cuenta que, lo que parecía un fracaso, es realmente un gran éxito.

- Cuando se tiene un fracaso, es porque no se ha averiguado lo suficiente; siga, y una cosa más importante de la que buscaba seguramente le llegará.

- Examine este método. Hágalo su compañero constante hasta que haya dominado todas las ideas que contiene. Mientras se va estableciendo y afirmando en esta FE, haría bien en dejar una parte de las recreaciones y el placer, además de alejarse de sitios donde las ideas van en desacuerdo con las mostradas aquí.

- No lea la literatura pesimista o conflictiva, ni entre en discusiones sobre el asunto.

- Pase la mayor parte de su tiempo libre en la contemplación de su visión, cultivando la GRATITUD, y en la lectura de este método.

- Él contiene todo lo más importante que tiene que conocer de la ciencia de hacerse rico.

72

1. Usted vive en un mundo con un promedio de 80% de pensamientos negativos. Desde este instante puede abandonarlo y hacerlo un mundo mejor con fe y esperanza.

2. Desde ahora está capacitado para iniciar una nueva vida positiva. Vida que quedará en su subconsciente como su vida natural impregnando con la fuerza, todo su ser físico y mental.

3. Es capaz de hacerlo. Realmente puede lograrlo. Inténtelo ahora, llevando consigo no tan sólo pensamientos positivos, sino que una vida positiva fruto de esa forma de pensar.

4. El pensamiento positivo afecta todo lo que hace, impregna de elevadas vibraciones todo lo que le rodea. Sólo trabaja en su beneficio y en el de los demás, dado que en el reino de la mente lo positivo atrae a lo positivo y rechaza a lo negativo.

5. Cuántos en el planeta desearían estar en su lugar. Sea agradecido con lo que tiene, y desde lo que es y tiene, inicie el cambio hacia algo mejor, pues siempre habrá adelante nuevos logros para su crecimiento. La vida positiva se inicia ahora, ya, desde donde uno está.

6. Use dos palabras mágicas: PUEDO y QUIERO. Puedo ser mejor. Quiero ser mejor.

7. Use una frase fascinante: SOY CAPAZ. Yo soy capaz de ser mejor y lograr éxito en mis metas positivas, para la nueva vida que desde ahora iniciaré.

8. No hay edad para el cambio, la ciencia ya lo ha demostrado. Siempre siente que su edad de mayor producción y capacidad está 20 años más allá de la que ahora tiene, y actúe así, pues su cerebro crecerá, nuevos circuitos se activarán y cada día más inteligente será. No olvides que la edad para China y Japón, es sabiduría. Sin importar sus años, tiene una vida por delante y esa vida es importante.

9. Pida a lo interno ayuda para iniciar el cambio y comenzar desde este instante a vivir una vida positiva, aprendiendo el arte del buen pensar, pensando cada día más y más cosas optimistas.

10. Quien no comete errores es un ser que no sabe vivir, es un ser estancado en la vida. Sólo quien intenta ser mejor, vivir mejor y aprender más, comete errores. De cada desliz se saca una lección positiva, cada falta es una enseñanza que nos permite avanzar.

11. Quien no aprende a perdonar, dificulta su camino. Perdonar deja una sensación de libertad maravillosa.

12. El mejor lugar del planeta está donde usted se encuentra en este momento, en ese lugar puede hacer un cielo de un infierno sólo con su actitud mental positiva.

13. Elimine la duda, el temor, la ansiedad y la preocupación. No lo olvide: El cáncer es curable, lo que mata es el temor al cáncer. Toda meta lógica es alcanzable, lo que lo impide es la duda. Es capaz de lograr desde ya el cambio, lo que lo limita es la ansiedad y la preocupación. Borre de su mente la duda, el temor, la ansiedad y la preocupación.

14. Condicione su mente subconsciente con pensamientos positivos conscientes. En la medida de su fe a sí mismo, de su fe en las herramientas que DIOS le dio, y créalo, fueron las mejores, comience a usar esas herramientas y los resultados le sorprenderán.

15. Las herramientas son sus propias ideas, y nadie puede ayudarle a pensar o a no pensar por usted.

16. Asuma desde ya su responsabilidad de qué es lo que ha pensado.

17. Acepte el compromiso de qué será lo que piense desde ahora.

MIGUEL RAMÍREZ

18. Nada gana con sentirse superior a otros. Pero sí gana con sentirse superior a usted.

19. La única guerra es consigo mismo. El único rival es su espejo. La única persona a la que debe vencer está enfrente de usted. Venza eliminando con el pensamiento positivo reiterativo la preocupación. Gane aumentando su autoestima y su valor personal. Venza asumiendo su presente y su futuro.

20. Es capaz de lograrlo.

21. Es importante pues es un hijo de DIOS, en transitoria misión de perfeccionamiento por su forma física, en la que NADA negativo puede tocar lo sutil que realmente es. Sólo lo positivo toca su alma, y lo hace permitiéndole crecer y evolucionar.

22. Nada sucederá en su vida mientras no lo quiera, y una vez fijada esa idea en su subconsciente, no hay límite para la meta que uno se programe.

23. Establezca metas elevadas y comience a vivir una vida que le permita alcanzarlas. Metas nobles y que por ningún motivo puedan dañar a otro. Sí puede lograrlo. Tan sólo de usted depende si lo logras o no.

24. La enfermedad puede ser un obstáculo para el cuerpo, pero no para la voluntad y la capacidad de emitir buenos pensamientos.

25. Ante cada problema, relájese, piense que es capaz de solucionarlo, elimine la ofuscación. Repita una y otra vez que lo solucionará, y la solución llegará. No pierda el tiempo ni la energía en problemas menores, esos se van solos sin problema.
26. Cada dificultad es una oportunidad que la vida le da para su personal desarrollo. Si logra aceptar este enfoque, cada dificultad será fácilmente superada.

27. Cuando se prepara para lograr lo mejor, la fuerza interior actúa más allá del tiempo y del espacio, con el fin de que tenga eso que ha buscado.

28. Al despertar, sea agradecido por haber despertado, piense y crea que será un buen día para usted, y que mañana lo será aún mejor. Mírese en el espejo y vea sus ojos resplandecientes y su aspecto radiante. Use frases de auto apoyo. Hágalo todos los días.

29. Las cosas que ya son, imagínelas como quisiera que fueran mejores. A su familia imagínela mejor, su trabajo también. Es decir, VISUALICELOS mejor, cerrando los ojos y viendo lo que desea, transformado de lo que ahora es. Vea el futuro en un mundo superior. Hágalo con fe, tiene el poder para lograr que ese futuro sea mejor. Su mente es más poderosa de lo que ha imaginado. No la ha sabido usar. No importa, ahora la usará sabiamente.

30. Si persevera y es constante en sus anhelos, los logrará dado que es capaz. No hay límites ante usted, esos los pone usted mismo. Amplíelos desde ya, cada día más.

31. Como ejemplo tiene a Napoleón. Era el número 42 de su clase en la Academia Militar. Pregúntese cuántos monumentos y libros se han destinado a ese número 42, y si existe alguno de los otros 41 que en esa academia eran considerados superiores a Napoleón que sea recordado. Él tuvo fe, visualizó, creyó y logró una meta, que no entraremos a comentar si fue o no noble, sino a valorar lo que la mente pudo lograr. Partiendo de la base que sus metas serán justas, lógicas y nobles, sin importar en el lugar en que ahora se encuentre, pues ese es precisamente el mejor lugar para iniciar el cambio positivo en su vida, triunfará de la misma forma. José fue el hijo número once de Jacob, y llego a ser el primero, porque siempre creyó en lo bueno, en lo positivo, en Dios, y llegó a hacer realidad todos sus sueños.

32. Vive en un mundo negativo, toma la decisión de hacerlo positivo.

33. Está en un mundo con presagios de caos, tome la decisión de pensar en un mundo mejor.

34. Prepárese para mañana trabajando bien hoy.
35. Mire más allá de las estrellas, observando primero lo que le rodea, y luchando por mejorarlo, solo usted puede lograrlo.

36. Pese a todo lo negativo, que es externo, puede llevar una vida positiva buscando apoyo en lo interno. San Agustín al momento de morir dijo: *"Toda mi vida busqué a Dios fuera y estaba dentro de mí"*.

37. Dentro de usted está la mente consciente que es la fuente de los pensamientos, los que únicamente usted puede manejar. Está su mente subconsciente que es la depositaria de la fuerza que nos llega desde el alma, y que rige la vida y nos permite vivir, fuerza que conscientemente con los pensamientos puede aprender a programar. Use los pensamientos de manera tal que le permitan ser el mejor programador de su subconsciente. Use la fuerza interior con el fin de tener una mejor vida exterior y colaborar a lograr un mundo mejor.

38. PUEDE HACERLO. ES CAPAZ. ES IMPORTANTE. DECIDA YA, HÁGALO AHORA, E INICIE EL CAMBIO.

77

Capítulo 3

PRINCIPIOS PARA OBTENER UNA MENTALIDAD CORRECTA HACIA EL DINERO

"Los pensamientos son frustrados donde no hay consejo; Mas en la multitud de consejeros se afirman". Pr . 15:22

Con respecto a este punto quiero mencionarte algunos principios de cómo piensa la gente rica; para que usted pueda apropiarse de estos principios y poder aplicarlos en su vida diaria, especialmente en la económica, porque debe tener la mentalidad correcta si realmente quiere prosperar en medio de la crisis.

El primer paso para poder pensar del modo que lo hace la gente rica es saber cómo piensan ellos. Los millonarios piensan en forma muy diferente a los pobres o a como lo hace la gente de clase media. Ven de manera diferente el dinero, la riqueza, incluso a ellos mismos, y a los demás, podemos decir perfectamente que también ven distinto cualquier otro aspecto de la vida.

Para empezar: déjame hacerle algunas advertencias: en primer lugar, de ningún modo, forma o manera pretendo degradar a la gente pobre, ni quiero dar la impresión de que no me compadezco de su situación. No es que crea que las personas ricas sean mejores que las pobres. Simplemente son más ricos. Al mismo tiempo quiero asegurarme de que capte el mensaje, de modo que voy a hacer las distinciones entre ricos y pobres lo más extremas posibles, para una mejor comprensión.

En segundo lugar: cuando hablo de gente rica, pobre y de clase media, a lo que estoy refiriéndome es a la *mentalidad*, a lo distinto que piensan y actúan, más que a la cantidad de dinero que posean o al valor que tengan para la sociedad.

En tercer lugar: estaré generalizando "cantidad", entendiendo que no todos los ricos, ni todos los pobres son como yo los estoy describiendo.

En cuarto lugar: en general; no siempre estaré refiriéndome a la clase media específica, puesto que la gente de clase media posee comúnmente una mezcla de mentalidad rica y pobre. De nuevo mi intención es que tome conciencia de dónde encaja en la escala, y piense más como los ricos si quieres crear riqueza.

En quinto lugar: puede dar la impresión de que varios de los principios que se exponen en esta sección tratan más de hábitos y acciones que de modos de pensar. Recuerde: nuestras acciones proceden de nuestros sentimientos, que se derivan a su vez de los pensamientos. Por consiguiente toda acción "rica" está precedida por una forma de pensar "rica".

Finalmente voy a pedirle que se proponga ¡a dejar de hacer lo correcto! Lo que quiero decir con esto es que se predisponga a dejar de hacerlo "a su manera". ¿Por qué? Porque "su manera" es la que le ha traído exactamente lo que tiene en este momento. Si quiere más de lo mismo puede seguir haciéndolo a su manera. Sin embargo, si aún no es rico, tal vez ya sea hora de que vaya considerando una manera distinta, especialmente una que proceda de alguien que sea muy rico y que haya encaminado hacia la riqueza también a otras miles de personas. Depende de usted.

Principio #1: *La gente rica piensa: "yo diseño mi vida". La gente pobre piensa: "la vida es algo que me sucede."*

Si quiere crear riquezas, es imprescindible que tenga la creencia que usted está al volante de su vida, especialmente de la financiera. ¿Se ha fijado alguna vez en que habitualmente es la gente pobre que gasta una fortuna jugando a la lotería? Claro, todo el mundo quiere ganar la lotería, e incluso la gente rica juega por diversión de vez en cuando. Pero, en primer lugar, no se gastan la mitad de su sueldo en las apuestas y billetes de la lotería y, en segundo lugar, ganar la lotería no constituye su principal "estrategia" para crear riqueza.

No puede culpar a la economía, ni al gobierno, ni al mercado bursátil, ni a su agente, ni a su empleador, mucho menos a Dios. Porque eso es eludir su responsabilidad dentro de su patrón de riqueza. Para este tipo de personas el problema es cualquier persona o cosa, excepto ellos. Quejarse es absolutamente lo peor que podría hacer por su salud y su economía. ¡Lo peor! ¿Por qué? Porque aquello en lo que se concentra se expande. Cuando se está quejando se convierte en un imán viviente para la desgracia. ¿Se ha fijado alguna vez que los que se quejan tienen generalmente una vida dura? Parece que todo les va mal.

Otros más se justifican con frases como: "el dinero no es realmente importante". Déjame expresarlo sin rodeos: cualquiera que diga que el dinero no es importante ¡no tiene un céntimo! La gente rica comprende la importancia del dinero y el lugar que este ocupa en nuestra sociedad.

Amigos: el dinero es extremadamente importante en las áreas que funciona, y extremadamente poco importante en las que no, y aunque el amor puede hacer girar el mundo, está claro que no vale para pagar el edificio de un hospital, una iglesia o una casa. Tampoco proporciona alimento a nadie.

La culpa, la justificación y las quejas son como las pastillas: no son otra cosa que reductoras del estrés. Alivian el estrés del fracaso. Piénselo. Si alguna persona no estuviera fracasando de algún modo, ¿tendría necesidad de culpar, de justificarse o de quejarse? La respuesta obvia es NO.

¡No existe ninguna víctima que sea rica! ¿Qué saca la gente de ser víctima? La respuesta es atención.

Cómo usar la voluntad

- No apliques tu voluntad a nada que este fuera de ti.
- Es un error exponer tu voluntad a otros para que hagan lo que deseas.
- Para hacerte rico, sólo tienes que usar el poder de tu VOLUNTAD sobre ti mismo.
- Usa tu voluntad para Pensar y Hacer las cosas correctas.
- No estudies ni pienses sobre la pobreza.
- El pobre no necesita de la caridad; necesita de la inspiración.
- Si quieres ayudar a los pobres ¡Vuélvete Rico! y sé un ejemplo para ellos.

Más allá del uso de la voluntad

- No te distraigas de tu objetivo.
- No hables de tu pasado o de cuando tuviste problemas financieros.
- No leas a los autores pesimistas que dicen que todo se va al diablo.
- El mundo no se va al diablo; el mundo va hacia Dios.
- Brinda toda tu atención a la riqueza; no hagas caso a la pobreza.
- El amor, la salud, el respeto y todos los demás valores positivos se desarrollan mejor donde no existen carencias.
- No puedes servir a Dios y al hombre más eficazmente que siendo rico, es decir, si te enriqueces por el método creativo y no por el competitivo.
- No necesitas utilizar ningún otro método que no sea el referido aquí para hacerte rico.
- *Hay una MATERIA PENSADORA de lo cual todas las cosas están hechas y que, en su estado original, impregna, penetra, y llena los inter-espacios del universo.*
- *Un PENSAMIENTO, en esta sustancia, PRODUCE la cosa que es imaginada.*
- *El hombre puede formar cosas en su pensamiento y, al imprimir su*

pensamiento sobre la SUSTANCIA SIN FORMAR, puede causar que la cosa que él piensa sea creada. Para hacer esto, el hombre debe pasar de lo competitivo a la mente creativa; él debe formar una clara imagen mental de las cosas que él quiere, y el mantener esta imagen en sus pensamientos con el PROPÓSITO fijo de conseguir lo que él quiere, y la FE firme en que él conseguirá sus metas, cerrando su mente a todo lo que puede tender a cambiar su propósito, debilitar su visión, o apagar su fe. Y, además de todo esto, ahora veremos que él debe vivir y actuar de un CIERTO MODO.

Acciones: Tome la determinación de jamás quejarse por considerarse víctima de las circunstancias o personas, tampoco justificarse, y mucho menos culpando a otro por su situación financiera. Recuerde que el poeta Amado Nervo decía: "veo al final de mi rudo camino, que yo fui el arquitecto de mi propio destino" Tome de una vez por todas, el control de su vida financiera.

Principio #2: La gente rica juega el juego del dinero para ganar. La gente pobre juega el juego del dinero para no perder.

Los pobres juegan el juego del dinero a la defensiva en lugar de a la ofensiva. La meta de la gente verdaderamente rica es tener una riqueza y abundancia enormes. No sólo algo de dinero, sino montones. Y, ¿cuál es la gran meta de la gente pobre? "tener lo suficiente para pagar las cuentas pendientes… y hacerlo puntualmente ya sería un milagro" cuando su intención es tener lo suficiente para pagar las cuentas, eso es exactamente lo que obtendrás: justo lo suficiente para pagar las cuentas pendientes y ni un céntimo más.

La gente de clase media, al menos, va un paso más adelante… lástima que sea un paso de hormiga. Su gran meta en la vida resulta ser también su palabra favorita: solo quiero "comodidad". Odio tener que darte la noticia, pero hay una enorme diferencia entre estar cómodo y ser rico. De hecho, la gente que económicamente solo esta cómoda, por lo general en el restaurante decide mirando la parte derecha de la carta: la parte del precio.

En resumidas cuentas: si la meta que tiene es estar cómodo económicamente, lo más probable es que jamás se haga rico. Pero si su meta es ser rico, lo más probable es que acabes estando inmensamente cómodo.

"Si aspiras a las estrellas alcanzaras cuando menos la luna"

Acciones: Anote dos objetivos económicos que demuestren su intención de crear abundancia, no mediocridad ni pobreza. Escriba metas para tus:
• Ingresos anuales.
• Fortuna neta: Haga que estas metas sean alcanzables en un tiempo realista, pero al mismo tiempo acuérdese de "aspirar a las estrellas"

Principio #3: *La gente rica se compromete a ser rica. La gente pobre desearía ser rica.*

Pregunte a la mayoría de las personas si quieren ser ricas y lo mirarán como si estuviera loco "por supuesto que quiero ser rico", le dirán. La verdad, sin embargo, es que la mayoría de la gente no quiere en realidad ser rica. ¿Por qué? Porque tienen en su subconsciente un montón de archivos negativos de riqueza que les dicen que hay algo en ser rico que no está bien. Y tienen pensamientos similares a estos:

• ¿Y si luego pierdo todo? Entonces sí que sería fracasado.
• Nunca sabría si le gusto a la gente por mí mismo o por mi dinero.
• Estaré en la banda impositiva más alta y tendré que pagar muchos impuestos.
• Es demasiado trabajo.
• Mi salud se resentiría.
• Mis amigos y familiares me criticarían.
• Todos van a querer que les de dinero.
• Podrían robarme.
• Podrían secuestrar a mis hijos.
• Es demasiada responsabilidad. Tendré que administrar todo ese dinero. Tendré que entender sobre inversiones. Tendré que pre-

ocuparme por las estrategias impositivas y la protección de mis activos, y tendré que contratar contables y abogados caros, eso sí que es un rollo.

La razón número uno por la que la mayoría de la gente no obtiene lo que quiere es porque no sabe lo que quiere.

La gente rica es totalmente franca en cuanto a decir que sí quiere riqueza. Ellos son firmes en sus deseos. Están completamente comprometidos a hacer dinero. Mientras sea legal, moral y ético, harán lo que haga falta para tener holgura.

Siempre obtenga lo que quieres: lo que quiere subconscientemente, no lo que dice que quiere. Dicho de otra manera; si no está obteniendo la riqueza que dice que desea, es muy probable que sea porque, en primer lugar, subconscientemente no quiere en realidad riqueza o, en segundo lugar, porque no está dispuesto a hacer lo que haga falta para crearla.

Exploremos esto más a fondo. Existen, tres niveles de lo que se denomina querer. El primer nivel es el de: *"quiero ser rico"*. Esto, dicho de otra forma: "si me cae llovido del cielo, lo seré". El segundo nivel de querer es el de: *"elijo ser rico"*. Esto implica decidir convertirse en una persona pudiente. Elegir constituye una energía mucho más fuerte y va a la par con la responsabilidad de crear su realidad. Elegir es mejor, pero no lo mejor. El tercer nivel de querer es el de: **"me comprometo a ser rico"**. La definición del verbo comprometerse es: "dedicarse sin reservas". Esto significa no retener absolutamente nada, dar el cien por ciento de todo lo que tienes para obtener riqueza. Este es el camino del guerrero: no hay excusas, no hay ningún "pero" que valga, ningún "quizás", ningún "tal vez"... Y el fracaso no es una opción. El camino del guerrero es simple: *"Seré rico o moriré en el intento"*

¿Apostaría su vida a que antes de diez años será rico?
Ese es el nivel de compromiso al que me refiero. El hacerse rico no es un paseo por el parque, y cualquiera que le diga que sí, o no tiene

ni idea o le falta un poco de integridad. Hacerse rico requiere enfoque, valor, conocimientos, y pericia, requiere el cien por ciento de su esfuerzo, una actitud a prueba de todo para no rendirse nunca y, por supuesto una disposición mental de rico. También debe creer en lo más profundo de su corazón que puede crear la riqueza y que la merece absolutamente.

Si no estás completa, total y verdaderamente comprometido a crear riqueza, lo más probable es que no la consigas.

¿Está dispuesto a trabajar dieciséis horas diarias? La gente rica sí. ¿Está dispuesto s trabajar los siete días de la semana y a renunciar a la mayoría de sus fines de semana? La gente rica sí. ¿Está dispuesto a sacrificar ver a su familia y a sus amigos, y renunciar a sus actividades recreativas y pasatiempos? La gente rica sí. ¿Está dispuesto a arriesgar todo su tiempo, su energía y su capital inicial sin ninguna garantía de devolución? La gente rica sí.

Durante un tiempo que uno espera que sea corto, pero que a menudo es largo, los ricos están dispuestos a hacer todo lo que he mencionado en el párrafo anterior. ¿Usted lo está?

Resulta interesante observar sin embargo, que una vez que se compromete, el universo, y Dios mismo harán hasta lo imposible para apoyarte. Mientras no estemos totalmente comprometidos habrá indecisión, existirá la posibilidad de echarse para atrás y habrá siempre ineficacia. En relación con todos los actos de iniciativa (y de creación), hay sólo una verdad elemental, cuya ignorancia mata innumerables ideas y planes espléndidos: *"en el momento en que uno se compromete firmemente, la providencia se pone también en movimiento"*. De la decisión surge todo un caudal de sucesos que provoca todo tipo de incidentes imprevistos a nuestro favor, produce encuentros casuales y causales, y trae la ayuda material que nadie había soñado encontrar. En otras palabras el universo le prestará su ayuda, le guiará, le apoyará e incluso creará milagros para usted. ***Pero primero ¡debe comprometerse!***

Actuando de CIERTO MODO.

- El hombre no debe sólo pensar: su acción personal debe complementar su pensamiento.
- Debes actuar de un CIERTO MODO, para que puedas apropiarte de lo que es tuyo cuando te llegue.
- Cuando las cosas te alcancen, estarán en las manos de otros hombres, quienes pedirán un equivalente por ellas.
- Sólo puedes conseguir lo que es tuyo dando a otro hombre lo que es suyo.
- A través del pensamiento, las cosas que quieres son traídas; mediante la acción la recibes.
- Lo que sea que tu acción deba ser, es evidente que debes actuar AHORA, no en el pasado o futuro.
- Pon tu mente entera en la acción presente.
- No te molestes en cuanto a si el trabajo de ayer estuvo bien hecho o mal hecho: haz bien el trabajo de hoy.
- No intentes hacer ahora el trabajo de mañana: habrá mucho tiempo para hacerlo cuando llegue el momento.
- No intentes, por un medio oculto o místico, actuar sobre la gente o las cosas que están fuera de tu alcance.
- No esperes un cambio de ambiente, antes de actuar: consigue un cambio de ambiente mediante la acción.
- Puedes así, actuar sobre el entorno en el que estás ahora, o hacer que seas transferido a un mejor medio.
- Mantén la FE e intenta una visión de ti en un mejor ambiente, pero actúa en tu marco actual con todo tu corazón, con toda tu fuerza, y con toda tu mente.
- No pierdas tiempo en soñar despierto con un castillo de arena; mantén la visión de lo que quieres, y actúa AHORA.
- No te pongas en la búsqueda de alguna cosa nueva para hacer, o alguna extraña, insólita, o notable acción para hacerla funcionar como un primer paso hacia hacerte rico. Es probable que tus acciones, al menos por ahora, serán aquellas que has venido ejerciendo desde hace algún tiempo; pero estás por comenzar a realizar estas acciones de un CIERTO MODO que, seguramente, te hará rico.
- Si has sido contratado en algún negocio y sientes que no es el ade-

cuado para ti, no esperes hasta entrar al negocio correcto para empezar a actuar.

- No te sientas desalentado, ni te arrincones a lamentarte porque te sientes desplazado. Ningún hombre ha sido tan desplazado que no haya podido encontrar el lugar justo, y ningún hombre estuvo alguna vez tan complicado en el negocio incorrecto, como para no poder entrar en el negocio correcto.

Acción Eficiente.

- Debes usar tu pensamiento como se te ha explicado, y comenzar a hacer TODO lo que puedes en donde estás en este momento.
- Puedes avanzar sólo si eres más grande que tu actual lugar; y ningún hombre es más grande que su lugar presente si deja sin hacer cualquier trabajo que pertenezca a ese lugar.
- Cada día puede ser cualquiera de dos cosas: un día exitoso o un día de fracasos; y son los días exitosos los que te consiguen lo que quieres.
- Si cada día es un fracaso, nunca podrás enriquecerte; mientras que, si cada día es un éxito, no puedes dejar de enriquecerte.
- Haz, cada día, TODO lo que pueda ser hecho ese día. Hay, sin embargo, una limitación o requerimiento de lo anterior que debes tener en cuenta.
- No debes trabajar demasiado, ni precipitarte a ciegas en tu negocio en el esfuerzo de hacer la mayor cantidad de cosas en el menor tiempo posible. No debes intentar hacer hoy el trabajo de mañana, ni hacer el trabajo de una semana en un día.
- No es realmente la cantidad de cosas que haces, sino la EFICACIA de cada acción por separado, la que cuenta.
- Cada acto puede ser, en sí mismo, un éxito o un fracaso.
- Cualquier acción puede ser eficaz o ineficaz.
- Cada acto ineficaz es un fracaso, y si pasas tu vida haciendo actos ineficaces, tu vida entera será un fracaso.
- Si todos tus actos son ineficaces, cuantas más cosas hagas será peor para ti.
- Pero por otra parte, cada acto eficiente es un éxito en sí mismo, y si

cada cosa de tu vida es eficiente, tu vida entera DEBE SER un Éxito.

- La causa del fracaso es hacer demasiadas cosas de una manera ineficaz, y no hacer bastantes de una manera eficiente.
- Verás que esto es una propuesta evidente: si no realizas ningún acto ineficaz, y produces un número suficiente de actos eficientes, te volverás rico.
- Ahora, si es posible para ti hacer que cada acto tuyo sea eficiente, comprobarás una vez más que la adquisición de la riqueza está reducida a una ciencia exacta, como las matemáticas.
- El asunto reside entonces, en preguntarse si puedes hacer de cada acto por separado un éxito en sí mismo. Y eso es algo que tú seguramente puedes lograr.
- Puedes fabricar que cada acto sea un éxito, porque TODO el poder está trabajando contigo; y TODO el poder no puede fallar.
- Cada acción puede ser fuerte o débil; y cuando alguna es fuerte, estás actuando de ese CIERTO MODO que te hará rico.
- Puedes tener actos fuertes y eficientes si mantienes tu visión mientras los realizas, y si pones el poder completo de tu FE y PROPÓSITO en él.
- *Hay una MATERIA PENSADORA de lo cual todas las cosas están hechas y que, en su estado original, impregna, penetra, y llena los inter-espacios del universo.*
- *Un pensamiento, en esta SUSTANCIA, PRODUCE la cosa que es imaginada.*
- *El hombre puede formar cosas en su pensamiento y al imprimir su pensamiento sobre la SUSTANCIA SIN FORMAR, puede hacer que la cosa que él piensa sea creada.*
- Para hacer esto, el hombre debe pasar de lo competitivo a la mente creativa; él debe formar una clara imagen mental de las cosas que él quiere, y hacer con FE y un OBJETIVO, todo lo que puede ser hecho cada día, haciendo cada cosa, por separado, de la forma más eficiente posible.

Acciones: Escriba un párrafo corto explicando por qué exactamente es importante para usted crear riqueza. Sea concreto.

Póngase de acuerdo con un familiar o amigo que esté dispuesto a apoyarle. Dígale a esa persona que desea evocar el poder del compromiso con la finalidad de crear un mayor éxito. Póngase la mano en el corazón, mirando a esa persona a los ojos y repita la siguiente afirmación:

"¡Yo _____ (su nombre) me comprometo a convertirme en millonario antes de _____) (fecha)!"

Pídale a su amigo que afirme: "Yo creo en ti, y Dios estará contigo". Después diga: "Gracias".

Escríbala en una tarjeta que sea parte de su tarjeta millonaria. Para que siempre la tenga consigo y la lea, y la afirme todos los días, hasta llegar a la meta.

Principio #4: *La gente rica piensa en grande. La gente pobre piensa en pequeño.*

La ley de ingresos dice: "Se te pagara en proporción directa al valor de lo que tú te des, según el mercado". Es importante saber que hay cuatro factores que determinan su valor en el mercado: *la oferta, la demanda, la cantidad y la calidad*. El factor que representa el mayor reto para la mayoría de las personas es la cantidad.

¿Cómo quiere vivir su vida? ¿Cómo quiere enfocar el juego? ¿Quiere jugar en las grandes ligas o en las pequeñas? ¿Va a jugar a ser grande o a ser pequeño? Usted elige. La mayoría de las personas eligen jugar a ser pequeñas. ¿Por qué?, en primer lugar, por el miedo: les asusta terriblemente el fracaso y todavía les da más miedo el éxito. En segundo lugar, la gente juega a ser pequeña porque se siente pequeña. Se siente indigna. No se siente lo bastante buena o lo bastante importante para ejercer una autentica influencia en la vida de otras personas.
Pero escucha esto: su vida no se trata solo de usted. Es muy importante la aportación que hace a la vida de los demás. Trate de vivir fiel a su misión y a su razón de estar aquí en este planeta, en esta nación, en esta ciudad, en este momento. Intente añadir su pieza del rompe-

cabezas al mundo. Hacerse rico debe implicar un valor añadido a la vida de otras personas. Buckminster Fuller, dijo: *"la finalidad de nuestra vida es añadir valor a la gente de esta generación y de las siguientes"*

¿Sabe cuál es la definición de empresario? *"Es la persona que soluciona problemas a la gente obteniendo por ello una ganancia"*. Así es que un empresario no es otra cosa que un "solucionador de problemas". La consecuencia derivada de ello es que a cuanta más gente ayudas, más "rico" se volverá: a nivel mental, emocional, espiritual y definitivamente económico.

No se equivoque: todas y cada una de las personas de esta palanca tienen una misión. Si usted está viviendo ahora mismo es porque todavía existe una razón, un objetivo, un propósito. A Richard Bach, en su libro *Juan Salvador Gaviota*, se le pregunto: "¿cómo sabré cuando he completado mi misión?" y respondió: "Si sigues respirando es que aún no has terminado".

En su libro *Volver al Amor*, la autora Marianne Williamson lo expresa de la siguiente manera: *"Eres hijo de Dios. Que juegues a ser pequeño no sirve al mundo. Nada hay de iluminado en encogerte para que otros no se sientan inseguros en tu presencia. Todos fuimos hechos para brillar, como brillan los niños. Nacimos para manifestar la gloria de Dios que llevamos dentro. Esa gloria no está sólo en algunos de nosotros, está en todos. Y al dejar brillar nuestra propia luz, inconscientemente damos permiso a otros para hacerlo también. Al liberarnos de nuestro miedo, nuestra presencia libera automáticamente a otros".*

Es hora de dejar de necesitar y empezar a liderar. Es hora de compartir sus dones en lugar de guardarlos o de fingir que no existen. Es hora de que empiece a jugar el juego de la vida a lo "grande".

Piensa en grande y elije ayudar a miles de personas.

Acciones: Anote los que crea que son sus "talentos naturales". Habilidades o cualidades que tenga. Se trata de cosas que siempre le hayan salido bien, como algo natural. Escribe también como y donde puedes utilizar la mayor cantidad de esos dones en tu vida y, especialmente en la laboral.

Anote como puede solucionar los problemas a diez veces más personas de las que abarca ahora en su empleo o negocio. Debe dar al menos con tres estrategias distintas.

Principio #5: *La gente rica se centra en las oportunidades, la gente pobre se centra en los obstáculos.*

Los ricos ven oportunidades. Los pobres ven obstáculos. Los ricos ven crecimiento potencial. Los pobres, pérdida potencial. Los ricos se centran en las recompensas. Los pobres en los riesgos.

Llegamos a la vieja pregunta del vaso: "¿esta medio lleno o medio vacío?" Aquí no estamos hablando del pensamiento positivo. Estamos hablando de su perspectiva habitual del mundo. La gente pobre toma decisiones basándose en el miedo. Su principal disposición mental es: "¿Y si no funciona?", y con mayor frecuencia con la premisa: "No va a funcionar".

La gente rica confía en tener éxito. Generalmente cuanto más grande es la recompensa, mayor es el riesgo. Y si no hay riesgo no hay recompensa. Estar dispuesto a arriesgar no significa necesariamente que estés dispuesto a perder. La gente rica asume riesgos con *base*. Esto significa que investigan, preguntan, averiguan y toman decisiones basadas en la información y hechos sólidos.

Los pobres aunque afirman que están preparándose para cuando llegue la oportunidad, lo que generalmente hacen es a*ndarse con rodeos:* están muertos de miedo, vacilando durante semanas, meses e incluso años enteros, y para entonces la oportunidad, generalmente desaparece.

No habrá suerte alguna – ni ninguna otra cosa que valga la pena – que se ponga en su camino a menos que adopte alguna forma de *acción.* Para tener éxito a nivel económico debe hacer algo, comprar una cosa o poner algo en marcha, y cuando lo hace, ¿es la suerte, es el universo

92

o Dios mismo que le apoya para que tenga el valor y el compromiso de meterse en ello? No importa cómo le llame, pero sucede. Dios quiere que usted prospere.

Puesto que los ricos se centran en las oportunidades que hay en todo, estas abundan para ellos. Su mayor problema es manejar todas las increíbles posibilidades de ganar dinero que ven. Por otra parte, puesto que los pobres se centran en los obstáculos que hay en todo, estos abundan para ellos, y su mayor problema es manejar todos los increíbles obstáculos que ven.

Aquello en lo que se enfoca determina lo que se encuentra en la vida. Céntrese en las oportunidades y eso es lo que encontrará. Céntrese en los obstáculos y eso es lo que hallará. Si quiere hacerse rico, enfóquese en ganar, en conservar y en invertir su dinero. Si quiere ser pobre, haga lo contrario y gaste su dinero. Prepárese lo mejor que pueda en el mejor tiempo posible y pase a la acción; después, vaya corrigiendo en el camino.

Tírese al ruedo, nunca sabe por dónde va a salir el toro. *La acción siempre derrota a la inacción.* Enfóquese en las oportunidades por encima de los obstáculos.

Acciones: Entre en el juego. Piense en una situación o proyecto que haya querido poner en marcha. Olvide cualquier cosa que haya estado esperando. Comience ahora desde donde se encuentres y con lo que tenga.

Practique el optimismo hoy: reformule como una oportunidad cualquier cosa que alguien diga que es un problema o un obstáculo.

Céntrese en lo que tiene, no en lo que no tiene. Haga una lista de diez cosas que hay en su vida por las que pueda estar agradecido y léala en voz alta. Después léala cada mañana durante los próximos treinta días. Si no aprecia, ni agradece lo que tiene, no obtendrá nada más.

Principio #6: La gente rica admira a otra gente rica y prospera. A la gente pobre le molesta y le cae mal la gente rica y próspera.

Los pobres miran a menudo el éxito de otros con resentimiento, con celos y con envidia, los critican con frases como: "Tienen tanta suerte…" O murmuran entre dientes: "Esos ricos estúpidos". Debe tener presente que si su visión de la gente rica es *mala* de cualquier modo, forma o manera, y quiere ser una *buena* persona, jamás podrá ser rico. Es imposible. ¿Cómo puede ser algo que desprecia profundamente?

Es increíble comprobar el resentimiento e incluso la absoluta rabia que mucha gente pobre alberga hacia los ricos. Como si creyesen que los ricos los están haciendo más pobres. ¿Es porque están en la ruina por lo que les molestan los ricos, o es porque les molesta la gente rica por la que están en la ruina? Recuerda que las opiniones, al entrar en tu mente, no son ni buenas ni malas, correctas e incorrectas, pero desde luego, al entrar en su vida pueden influir tanto positiva como negativamente en su felicidad y en su prosperidad.

No tiene que ser perfecto para hacerse rico, pero si es necesario que reconozca cuando su forma de pensamiento no resulta estimulante para usted o para los demás.

Permítame que le diga que, el 98% de cada cien hombres y mujeres ricos de América son honrados. Por eso son ricos. Por eso se les confía el dinero. Por eso mantienen grandes empresas y encuentran a toda la gente que necesitan para trabajar con ellos.

Predicamos en contra de la codicia en el púlpito, y empleamos los términos: "cochino dinero" de forma tan extrema que los cristianos se forman la idea de que, tener dinero es malo para cualquier hombre. El dinero es poder. ¡Y debería ambicionar razonablemente poseerlo! Debería porque puede hacer un mayor bien con él que sin él. Es con dinero como se imprimen sus biblias, como se construyen nuestras iglesias, como se envía a nuestros misioneros y como se paga a nuestros predicadores… Yo digo, pues, que debería tener dinero. Si puede llegar a ser rico honradamente, es su religioso deber hacerlo. Es un error espantoso por parte de estas piadosas personas pensar que, para ser piadosos, deben ser terriblemente pobres.

De todos los atributos necesarios para hacerse rico, hacer que los demás confíen en usted debe estar en los primeros puestos de la lista. Eso significa que para volverse rico es muy probable que mucha, mucha gente deba confiar en usted, y también es muy probable que para que esa gente le tenga confianza, tenga que ser totalmente digno de ella.

¿Cómo ha de hacer para obtener éxito en cualquier cosa? Debe tener las siguientes características mínimas en su carácter: positivo, centrado, fiable, decidido, persistente, trabajador, enérgico, bueno con los demás, comunicador competente, medianamente inteligente y experto en, al menos, un área o un tema concreto.

Según mi experiencia, las personas más ricas que conozco son las más agradables. También son las más generosas. No estoy diciendo que los pobres no sean generosos ni agradables. Pero puedo afirmarle con toda seguridad que la idea de que toda la gente rica en cierto modo es mala; no es otra cosa que ignorancia.

El hecho es que albergar resentimiento hacia los ricos es una de las formas más seguras de permanecer en la ruina. Somos criaturas de hábito, y para vencer este o cualquier otro hábito necesitamos practicar: en lugar de albergar resentimiento hacia la gente rica, me gustaría que practique el sentir *admiración* por ellos, ejerza la *bendición* para con la gente rica y ejecute el *amor* hacia la gente rica. De este modo inconscientemente sabe que cuando se vuelva rico otras personas le admiraran, le bendecirán y le amaran en lugar de maldecirlo con el mismo resentimiento que ahora usted puede albergar hacia ellos.

Bendiga aquello que quiera, si ve a una persona con una hermosa casa, bendiga a esa persona y bendiga esa casa. Si ve a una persona con un bonito coche, bendígale y también a su coche. Si ve a una persona con una familia encantadora, bendígala y bendiga a esa familia.

Debe decir: admiro a la gente rica, bendigo a la gente rica, amo a la gente rica y yo también voy a ser una de esas personas ricas.

Acciones: Bendiga aquello que quiera. Dese una vuelta en coche o compre revistas: mire casas bonitas, autos lujosos y lea sobre negocios prósperos. Bendiga lo que le guste de todo lo que vea, y también a quienes lo posean o a las personas involucradas en ello.

Escriba y envíe una carta breve o un correo electrónico a alguien de quien sepas (no tienes que conocerlo personalmente) que es sumamente próspero en cualquier terreno, diciéndole cuanto le admira y le honra por sus logros.

Principio #7: La gente rica se relaciona con personas positivas y prósperas. La gente pobre se relaciona con personas negativas y sin éxito.

Aquellos que tienen éxito consideran a otras personas prósperas como una oportunidad de motivación. Las ven como modelos de los que pueden aprender. Se dicen a sí mismos: *"si ellos pueden hacerlo, yo también puedo"*. Como te mencione anteriormente, tomando modelos de referencia es una de las principales maneras en las que aprendemos.

Las personas ricas agradecen que otros hayan tenido éxito antes que ellas, de tal modo que ahora tienen un patrón para seguir que les hará mucho más fácil el alcanzar su propio éxito. Por consiguiente, el modo más rápido y fácil de crear riqueza, es aprender exactamente como se juega el juego de los ricos, que son maestros del dinero. Es lógico: si usted emprende exactamente las mismas acciones y la misma disposición mental, es muy probable que obtenga los mismos resultados.

Al contrario de los ricos, cuando los pobres oyen de la prosperidad de otras personas, a menudo los juzgan, los critican, se burlan de ellos y tratan de rebajarlos a su propio nivel. ¿Cómo puede aprender de alguien a quien rebaja, o inspirarse en alguien que menosprecia?

¿Y si las personas más cercanas a usted, no están interesadas en su crecimiento personal e incluso le critican por ello? En primer lugar, no se moleste en tratar de hacer que las personas negativas cambien. Eso no le corresponde. Lo que sí le corresponde es utilizar lo que ha aprendido para mejorar tu vida. Sea el modelo de referencia, sea prospero, sea feliz y entonces tal vez, (y subrayo tal vez) verán la luz en usted y querrán un poco. En segundo lugar tenga presente el segundo principio: *"todo sucede por una razón y esa razón está ahí para ayudarme"* Si, es mucho más difícil ser positivo y consciente cuando estás entre gente y circunstancias negativas, ¡pero esa es tu prueba! Al igual que el acero se endurece con el fuego. Si puede permanecer fiel a sus valores mientras otras personas de su entorno están llenas de dudas e incluso de palabras de condena, crecerá más rápido y fuerte. Recuerde que ***"nada tiene significado, excepto el que nosotros le damos"***.

La gente rica no se apunta simplemente al club de campo para jugar golf: lo hace para establecer contacto con otras personas influyentes. Hay otro refrán que dice: *"lo importante no es lo que sepas, sino **a quién conozcas"**.* En lo que respecta, así es. Resumiendo: *"Si quieres volar con las águilas, ¡no nades con los patos!".* Yo procuro relacionarme únicamente con personas positivas y me alejo lo más rápido que puedo de las negativas.

Me encanta escuchar la disposición mental de los campeones, y para mi cualquiera que haya llegado a las finales de cualquier campeonato en cualquier deporte es un campeón. Su actitud cuando ganan es: "Ha sido un gran esfuerzo de todo el equipo. Lo hemos hecho bien, pero todavía nos quedan cosas por mejorar". Trabajar duro tiene su recompensa. También me gusta su actitud cuando pierden: "es un partido. Volveremos a la carga; simplemente vamos a olvidarnos de este y a centrarnos en el próximo. Vamos a repasar y a corregir los errores para mejorar. Vamos a hacer lo necesario para ganar".
La gente rica se junta con ganadores. Mi mejor consejo es este: si de verdad quiere tocar a un millonario. ¡Conviértase en uno! Comience a cambiar sus pensamientos e ideas y comience a declarar: "Imito a la gente rica y próspera" "Me relaciono con gente influyente y adinerada" *"Si ellos pueden, yo puedo".*

MIGUEL RAMÍREZ

Acciones: Vaya a la biblioteca, librería o al internet, o por lo menos al último capítulo de este libro y lea varias biografías de alguien que sea o que fue extremadamente millonario. Utilice su historia para inspirarse, para aprender estrategias de éxito concretas, y lo más importante, para copiar su disposición mental.

Apúntese a un club de alta categoría, ya sea de tenis, de salud, de negocios o de golf. Mézclese con gente rica en un entorno opulento. Pero si de ninguna manera puede permitirse ahora apuntarte a un club de estos, tome café o té en el hotel con más clase de su ciudad. Acomódese en ese ambiente y observe a los clientes, fijándose en que no son nada diferentes a usted.

Identifique una situación o una persona negativa en su vida. Retírese de esa situación o de esa relación. Si se trata de alguien de la familia, opte por estar menos tiempo con su compañía.

Deje de ver "telebasura" y manténgase alejado de las malas noticias.

Principio #8: La gente rica está dispuesta a promocionarse ella misma. La gente pobre piensa de forma negativa en lo referente a la venta y la promoción.

El hecho de sentir contrariedad ante una promoción constituye uno de los mayores obstáculos para el éxito. La gente que tiene problemas con todo lo que sea venta y promoción, por lo general está sin blancas. ¿Cómo puede crear grandes ingresos en su propio negocio si no está dispuesto a hacer saber a la gente de su existencia o la de su producto o servicio? Incluso como empleado, si no está dispuesto a promocionar sus virtudes, alguien que sí lo esté pasará rápidamente por encima de usted en el escalafón de la empresa.

Existen varias razones por las que la gente tiene un problema con la promoción o la venta. El primero, puede que haya tenido una mala experiencia en el pasado con personas que se promocionan a su costa de forma inadecuada o tal vez se sintió víctima de una venta "agresiva". En segundo lugar, es posible que haya vivido una experiencia desagradable al tratar de vender algo a alguien y ser totalmente rechazado por esa persona. En tercero, su problema podría proceder de la programación de sus padres. A muchos de nosotros se nos dijo que es de mala educación ensalzar lo propio; pero en el mundo real, en lo referente a negocios y dinero, si no ensalza lo de usted le garantizo que nadie lo hará.

Los ricos están dispuestos a ensalzar sus virtudes y su valía ante cualquiera que tenga a bien escucharlos, y de ser posible que quiera hacer negocios con ellos. Finalmente, hay personas que sienten que lo referente a la promoción está *por debajo* de ellas. En este caso, el sentimiento es que si la gente quiere lo que tiene, deberá encontrarle de algún modo y venir a usted.

Los ricos casi siempre son excelentes promotores. Pueden y están dispuestos a promocionar sus productos, sus servicios y sus ideas con pasión y entusiasmo. Es más, son expertos en envolver su valía de modo que resulte extremadamente atractiva. Si piensa que hay algo de malo en eso, entonces prohibamos el maquillaje a las mujeres y deshagámonos de los trajes para los hombres, todo eso no es más que "envoltorio".

Robert Kiyosaki, autor del libro: *"Padre rico, padre pobre"*, señala que toda empresa, incluida la de escribir libros, depende de la venta. Puntualiza que a él se le reconoce como autor de *superventas*, no como autor de súper *escritura*. Lo primero deja mucho más dinero que lo segundo.
Las personas ricas son, por lo general, líderes, y todos los grandes líderes son grandes promotores. Para ser un líder debe tener de forma intrínseca, seguidores y partidarios, lo que significa que tiene que ser experto en vender, inspirar y motivar a la gente para que se haga partícipe de su visión. Hasta el presidente de los Estados Unidos de América ha de vender continuamente sus ideas al pueblo, al Congreso e incluso a su propio partido para que éstas sean puestas en práctica.

Resumiendo; cualquier líder que no pueda o no quiera promoción, no tendrá ese cargo durante mucho tiempo, ya sea en la política, los negocios, los deportes, la religión e incluso como padre o madre. Recuerde que, ¡los líderes ganan mucho más dinero que los seguidores! Si cree que lo que tiene para ofrecer puede ayudar verdaderamente a la gente, es su deber hacer que se entere el máximo número de personas posible. De este modo no solo ayuda a la gente, sino ¡se hace rico!

Tiene que aprender a declarar: *"Promociono mi valía con pasión y entusiasmo"*

Acciones: Dele un valor del 1 al 10 al producto o servicio que actualmente está ofreciendo. (O que está planeando ofrecer). Si el resultado de su evaluación está entre 7 y 9, haga las correcciones oportunas a su producto y/o servicio para aumentar su valor. Si es menos de 6, deje de ofrecer ese producto o servicio y empiece a representar algo en lo que verdaderamente creas.

Lea libros, estudie, escuche audios y CD's, y haga cursos sobre mercadotecnia y ventas. Conviértase en experto en estos dos campos hasta el punto de poder promocionar su valía con éxito y con el cien por ciento de integridad.

Principio #9: La gente rica es más grande que sus problemas. La gente pobre se minimiza ante los problemas.

Tal como le decía anteriormente, hacerse rico no es un paseo por el parque: se trata de un viaje lleno de curvas, desvíos, obstáculos, conflictos y problemas. El secreto del éxito no es tratar de evitar los problemas, ni de deshacerse de ellos, tampoco acobardarse ante ellos. La fórmula es que usted crezca de tal forma que todos sus problemas sean mucho más pequeños.

Mientras esté respirando, siempre habrá algo en su vida que podamos llamar problemas u obstáculos. Lo importante, no es el tamaño del problema, sino es tu propia medida. Recuerde que su mundo exterior

100

es sólo un reflejo de su mundo interior. Y nunca olvide que una cosa es ser grande y otra muy diferente ser agrandado. Si tiene un gran problema en su vida significa que está siendo una persona muy pequeña.

No permitas que ningún problema u obstáculo te saque o te desvié de tu prosperidad, ni de tu felicidad.

Cuando más grandes sean los problemas que pueda resolver, mayor será el negocio que pueda manejar, cuanto mayor sea la responsabilidad que pueda asumir, a más empleados podrá dirigir; mientras más clientes tenga, más dinero podrá manejar, y en última instancia más riqueza podrá administrar. *Sencillamente, no puede tener más dinero del que tu contenedor es capaz de almacenar.* Por lo tanto, debe crecer para ser un contenedor muy grande y, de ese modo, no sólo pueda contener más riqueza, sino también atraerla más. Tiene que aprender a conquistarse a usted mismo. Aprenda a promocionarse. Debe de saber venderse lo mejor posible, porque entonces estará reconociendo realmente su valor.

Si se conviertes en un experto en manejar y resolver problemas y superar cualquier obstáculo, ¿Qué puede impedirle alcanzar el éxito? La respuesta es: *¡nada!* Y si nada puede detenerlo, se vuelve imparable, y si se vuelve imparable, ¿Qué opciones tiene en la vida? La respuesta es: *todas* las opciones. Si es imparable, cualquier cosa y todas las cosas se encontrarán a su disposición. Usted simplemente, las elige y ¡es suyo! Eso es libertad.

Debe aprender a declarar: "Yo soy más grande que cualquier problema, porque Dios me da la capacidad para hacerlo. Puedo manejar cualquier obstáculo y superarlo".

Acciones: Cuando enfrente cualquier adversidad tiene que aprender a decir: "puedo manejar este problema, este es un obstáculo más que voy a superar, una vez más voy a ver la mano del Todopoderoso obrando a mi favor".

Escriba un problema concreto que esté enfrentando en este momento, y ahora enumere por lo menos diez acciones concretas que le ayuden a resolverlo. Esto le hará pasar del problema a la solución. Recuerde: no hay problema u obstáculo por muy grandes que sean, que no tengan una o varias soluciones.

***Principio #10:** Los ricos son excelentes receptores y contenedores. Los pobres son malos receptores y peores contenedores.*

Si tuviera que establecer con certeza la razón número uno por la que la mayoría de la gente no alcanza su pleno potencial económico, seria esta: *"la mayoría de las personas son malas receptoras"*

Existen varias razones por las que las personas son malas receptoras. Primeramente; muchas personas se sienten indignas y no merecedoras. ¿De dónde procede esta baja autoestima? De nuestro acondicionamiento, en la mayoría de nosotros procede de oír muchas más veces la palabra negativa "no", que la afirmación positiva "sí". Incluso si nuestros padres fuesen increíblemente alentadores, muchos de nosotros terminamos con el sentimiento de no poder estar continuamente a la altura de sus elogios y de su "norma no escrita, la cual establece, simplemente, que si hace algo mal sería o debería de ser castigado". Y hoy en día, sin embargo, el castigo podría adoptar la forma de: "Te has portado mal, así es que no hay dinero para ti", esto explica por qué hay personas que limitan sus ganancias y por qué otras sabotean su prosperidad.

Ahora hacerse rico para demostrar que vale, puede que no le haga de lo más feliz, así es que es mejor que se dedique a crear riqueza por otras razones. Pero lo importante es que tenga presente que su sentimiento de falta de mérito, no le impedirá hacerse exitoso. No hay nadie que venga y le ponga un sello de "valioso" o "sin valor". Lo hace usted mismo. Usted se lo inventa. Usted decide y determina si va a ser valioso. *Si usted dice que es valioso, lo es. Si dice que no es valioso, no lo es. De cualquier modo, vivirá dentro de su propia historia. Así de sencillo.*

102

Si un roble de treinta metros de altura tuviese la mente de un ser humano negativo, ¡solamente crecería tres metros de altura!, modifique su historia, es mucho más rápido y barato. Simplemente invéntese una historia nueva y más productiva, y viva en ella.

Me gustaría orar por usted, si puede arrodillarse y vestirse elegantemente sería una oración especial: "Por el poder y la autoridad que Dios me ha conferido, yo te unjo como *"una persona muy valiosa"* a partir de este momento y para siempre jamás, en el nombre de Jesucristo, Amén".

La segunda razón fundamental es que no saben recibir: *"si no está dispuesto a recibir, está arrancando de usted a quienes quieren darle"*. Es muy sencillo; "si no está dispuesto a recibir la parte que le corresponde, esta se irá a otra persona que si lo esté" esa es una de las razones por la que los ricos se hacen más ricos y los pobres más pobres: no porque sean en absolutos más valiosos o merecedores, sino porque están dispuestos a recibir, mientras la mayoría de la gente pobre no lo está.

Ahora le pido que haga esta oración especial: "Dios eterno y sobreabundante de todo bien, poder y riqueza, si hay algo grande y bueno que esté llegando a alguien que no esté dispuesto a tomarlo, ¡mándamelo a mí! Yo estoy abierto y dispuesto a recibir todas tus bendiciones. Gracias"

¿No cree que sería mucho más efectivo que creara riquezas para usted y entonces puedas ayudar al mayor número de personas desde una posición de fuerza en lugar de debilidad, y de riqueza en lugar de pobreza? Hágase muy rico y después ayude a la gente que no tiene la oportunidad que usted tuvo.

Recuerde esto: *el dinero únicamente potenciará los rasgos de su carácter*, si es mezquino, le ofrecerá la oportunidad de serlo más; si es amable y generoso le dará la oportunidad de ser aún más benévolo y dadivoso. En primer lugar: deberá cuidarse, tiene que practicar conscientemente cómo recibir lo mejor que la vida, Dios y las oportunidades tengan para ofrecerle. Abra una cuenta para "caprichos", de la que gaste una determinada cantidad de dinero en cosas que le gusten y que le permitan sentirse millonario. La idea de esta cuenta es mejorar su sentimiento de que merece lo mejor y fortalezca su músculo receptor.

Después será bueno que practique el emocionarse y agradecer cada vez que encuentre o reciba algo de dinero. El dinero es dinero, y encontrarlo es una bendición. Si quiere crear fortuna, es absolutamente crucial que esté abierto a recibir. Una vez que expanda su capacidad de recibir, recibirá en grande. Asimismo, una vez que se abra verdaderamente a recibir, el resto de su vida se abrirá.

El modo en que hace cualquier cosa es la manera en que hace todo. Tal como es en un área determinada, es generalmente como es en todas. Si es mal receptor, lo será en todas las áreas. La buena noticia es que cuando se convierte en un receptor excelente, lo será en todas partes, y estará abierto a recibir todo lo que el universo y Dios mismo tienen que ofrecerle en todas las áreas de su vida.

Declare: "soy un excelente receptor. Estoy abierto y dispuesto a recibir enormes cantidades de dinero en mi vida".

Acciones: Cada vez que alguien le haga un cumplido de cualquier tipo, diga simplemente: "gracias".

Cualquier cantidad de dinero que se encuentre o que reciba deberá celebrarlo con entusiasmo y regocijo.
Mímese, al menos una vez al mes, haga algo especial que le guste a usted y a su espíritu.
Principio #11: Los ricos eligen que se les page según los resultados. Los pobres eligen que se les page según el tiempo empleado.

No hay nada de malo en obtener un sueldo fijo, a menos que interfiera con tu capacidad de ganar lo que mereces, el problema es que usualmente interfiere. La seguridad tiene un precio, y el costo es la riqueza.

Vivir apoyándose en la seguridad es vivir basado en el temor. *"Me da miedo no poder ganar lo necesario de acuerdo a mi capacidad; así que me conformaré ganando lo necesario para sobrevivir o estar cómodo"*. En el mundo financiero las ganancias son, generalmente, proporcionales al riesgo.

La gente adinerada cree en sí misma. La gente pobre, no, por eso necesita "garantías". Para hacerse millonario necesitará cobrar en función de los resultados. Los pobres canjean su tiempo por dinero, el problema de esta estrategia es que el tiempo es limitado y al hacer esto está trasgrediendo un principio de la riqueza que dice: *"jamás pongas techo a tus ingresos"*

¿Por qué no se deshace del yugo salarial y pide que se le pague total o parcialmente por su rendimiento? O si no es posible, ¿por qué no trabaja para usted? Entonces sabrá que está ganando exactamente lo que merece. Nunca se va a hacer rico trabajando por un salario convencional. Si va a conseguir empleo, asegúrese de que le paguen por porcentaje. ¡Sino, trabaje por su cuenta!

Creo que toda persona debería tener su propio negocio, la primera razón es que la inmensa mayoría de los millonarios llegaron a hacerse ricos levantando su propio negocio. La segunda razón es que resulta extremadamente difícil crear grandes finanzas cuando en impuestos está pagando casi la mitad de sus ingresos. Cuando posee un negocio puede ahorrar una pequeña fortuna en impuestos desgravando una parte de sus gastos por cosas como su auto, los viajes e incluso su casa. Solo por esta razón ya vale la pena tener su propio negocio.
Declare: *"Elijo que se me pague de acuerdo con mis resultados"*.
Acciones: Si actualmente se halla cobrando un sueldo o salario por horas o por semanas, proponga a su empleador un plan de retribución que le permita cobrar, sobre la base de resultados. Si posee su propio negocio, elabore un plan de retribución que permita a sus empleados, y a sus proveedores, cobrar en base a sus resultados y a los de su empresa.

Si actualmente es un empleado y no le están pagando lo que merece según los resultados que está produciendo, plantéese iniciar su propio negocio.

Principio #12: *La gente rica vive en un mundo de abundancia. La gente pobre en un mundo de limitaciones.*

Los pobres y la mayoría de la clase media viven según conceptos limitantes como: "solamente hay para lo justo, no hay suficiente y no se puede tener todo" Yo sí pienso y creo, desde luego, que sí se puede tener todo lo que de verdad se desea. ¿Quiere una carrera de éxito o una estrecha relación con su familia? ¡Las dos cosas! ¿Quiere concentrarse en los negocios o pasarla bien y divertirse? ¡Ambas! ¿Quiere dinero o que su vida tenga significado? ¡Las dos! ¿Quiere hacer una fortuna o hacer el trabajo que le encanta? ¡Quiero todo eso! La gente pobre siempre elige una de las dos opciones, la gente rica puede tener ambas.

106

De ahora en adelante, cuando se vea enfrentando alguna disyuntiva entre una cosa y otra, la pregunta por antonomasia que debe hacerse es: "¿Cómo puedo obtener ambas?" Esta pregunta cambiará su vida. Lo llevará de un modelo de escasez y limitación, a un universo de posibilidades y abundancia. En ninguna parte es más importante el modo de pensar, para obtener siempre las dos cosas, que en lo referente al dinero.

La gente menesterosa y mucha de la clase media creen que tienen que elegir entre el dinero y los demás aspectos de la vida. Por consiguiente, han racionalizado una postura donde el dinero no es tan importante como otras cosas.

Pongamos las cosas en su lugar: ¡El dinero es importante! Decir que no es tan importante como los demás elementos de la vida, es absurdo. ¿Qué es más importante, el oído o el ojo? Los dos órganos son vitales para el cuerpo.

MIGUEL RAMÍREZ

El dinero es un lubricante que le permite deslizarse por la vida en lugar de tener que ir arrastrándose por ella. El dinero aporta libertad: libertad para comprar lo que quiera y para hacer lo que se le antoje con su tiempo. Las buenas finanzas le permiten disfrutar de lo más exquisito de la vida, le ofrecen la oportunidad de ayudar a otros también. Las personas que son ricas en todos los sentidos de la palabra, entienden que deben tener las dos cosas, al igual que has de tener los dos brazos, los dos ojos, las dos piernas, has de tener el dinero y la felicidad.

La idea de que la gente rica acapara todo el dinero, de forma que no queda nada para nadie es más que ridícula. Yo no soy economista, pero, por lo que puedo ver, no paran de imprimir billetes cada día. Hace décadas que la existencia efectiva del dinero no se encuentra ligada a un bien tangible. De modo que, aunque los ricos tuvieran todo el dinero, mañana habrá más millones disponibles en circulación.

El efectivo no se agota; puede emplear el mismo una y otra vez, durante años y años, y con miles y miles de personas. Haga lo necesario para volverse rico y así poder esparcir más dinero cada día.

Declare: *"Yo siempre vivo en la abundancia, y siempre obtengo las dos cosas"*

Acciones: Cualesquiera que sean las alternativas que se le presenten, siempre pregúntese: "¿Cómo puedo obtener las dos cosas?"
Tome consciencia de que el dinero que se halla en circulación enriquece la vida de todos los que pasa y viaja por cientos de personas, creando valor para cada una de ellas.

Piense en usted como un modelo de conducta para otros, demostrando que puede ser amable, generoso, afectuoso y ¡rico!

Principio #13: *Los ricos se centran en su riqueza neta. Los pobres se centran en lo que ganan con su trabajo.*

La fortuna neta es el valor económico de todo cuanto posee. Para determinar su fortuna neta, sume el valor de todo lo que tiene, incluyendo su dinero en efectivo, sus inversiones, sus acciones, sus bienes inmuebles, el valor actual de su negocio si consta de uno, el valor de su residencia si es de su propiedad, y después reste todo lo que debe. Sus finanzas netas son la máxima medida de riqueza porque, en caso de ser necesario, sus posesiones pueden, como última instancia, ser convertidas en dinero en efectivo.

Los cuatro factores que determinan la fortuna neta son: Ingresos, ahorros, inversiones y simplificación

Los ingresos vienen de dos formas: entradas económicas por trabajo e ingresos pasivos. El primero es el dinero ganado con su actividad laboral, y entre ellos puede contarse el salario o, en caso de un empresario, los beneficios obtenidos de un negocio. Mientras que, los ingresos pasivos son dinero ganado sin que usted trabaje activamente. Trataremos de ellos en unos capítulos más adelante.

Los ahorros son también imprescindibles. Puede ganar dinero a montones, pero si no guarda nada de ese dinero, jamás podrá crear riquezas. Hay mucha gente que tiene un patrón financiero programado para gastar: tengan el dinero que tengan, se lo gastan. Eligen la satisfacción inmediata por encima del equilibrio a largo plazo.
Una vez que ha comenzado a ahorrar una parte decente de sus ingresos, puede pasar a la siguiente fase y hacer crecer su dinero invirtiéndolo. Generalmente cuanto mejor sea invirtiendo, más rápido crecerá su dinero y generará una fortuna neta mayor.

La simplificación: esta va de la mano con los ahorros, e implica crear conscientemente un estilo de vida en el que necesite menos dinero para vivir. Reduciendo su costo de vida aumenta sus ahorros y la cantidad de fondos disponibles para invertir.

Así pues, ¿qué hace falta para que sea económicamente feliz? Si necesita vivir en una mansión, tener tres casas de veraneo, poseer diez

108

autos, hacer viajes anuales por el mundo, comer caviar y beber el champán más exquisito para disfrutar de la vida, está bien, pero reconoce que se ha puesto una meta bastante alta, y le puede costar mucho, pero mucho tiempo llegar a ese punto de felicidad. Pero por otro lado, si para ser feliz no necesita todos los juguetes, probablemente alcanzara su meta financiera mucho antes.

Los pobres y los de clase media practican el juego del dinero sobre una sola rueda. Creen que el único modo de hacerse millonario es ganar mucho dinero. Y si creen eso es sólo porque nunca han estado ahí. No comprenden la ley de Parkinson, que establece: *"los gastos aumentarán siempre en proporción directa de los ingresos"*.

Lo normal en nuestra sociedad es: tienes auto, ganas más dinero y te compras un auto mejor. Tienes casa, ganas más y te da para una casa más grande; tienes ropa, adquieres mejor economía y te la compras más cara, más bonita y de mejor marca. Tienes vacaciones, ganas más dinero así que gastas más en ellas. Claro que hay unas cuantas excepciones a esta regla pero, ¡muy pocas! En general, al aumentar los ingresos, los gastos se incrementan también casi invariablemente. Por eso, los ingresos por sí solos nunca crearán riqueza.

Acostúmbrese a averiguar cuál es su fortuna neta hasta el último centavo. Se trata de un ejercicio que puede transformar su vida financiera para siempre. Recuerde: **aquello en lo que se centra, se expande.**

Busque un asesor financiero o planificador. Un buen planificador puede proporcionarle las herramientas, el software, los conocimientos y las recomendaciones que le ayuden a construir el tipo de hábitos que necesita para producir riqueza.

Debe declarar: *"Me centro en construirme una fortuna neta"*
Acciones: Céntrese en los cuatro factores de la fortuna neta: incrementar sus ingresos, sus ahorros, sus rendimientos de inversión, y reducir sus gastos simplificando su estilo de vida.

Averigüe su capital neto, para ello suma el valor de todo lo que posee (su activo), y reste el valor total de lo que debe (su pasivo). Comprométase a seguir la pista y revisar la situación cada trimestre. En virtud de la ley del enfoque, aquello a lo que le sigue la pista, aumentará.

Contrate a un planificador financiero reconocido o que trabaje con una compañía acreditada y de renombre.

Principio #14: La gente rica administra bien su dinero. La gente pobre administra mal su dinero.

Thomas Stanley, en su libro: "El millonario de al lado", entrevistó a millonarios de toda Norteamérica y escribió sobre quiénes son y cómo obtuvieron su riqueza. Todos los resultados que él obtuvo los podemos resumir en una breve frase: *"Los ricos administran muy bien su dinero"* la gente adinerada administra bien su dinero y la gente pobre lo administra mal.

La única y más grande diferencia entre la prosperidad económica y el fracaso económico está en lo bien que administre su dinero. Es sencillo; para que domine su economía debe administrarla. Los que arguyen: "no tengo suficiente dinero para administrarlo" están mirando por el extremo equivocado del telescopio, en lugar de decir: "cuando me sobre el dinero comenzaré a administrarlo", la realidad es que: "Cuando comiences a administrarlo es cuando te sobrará el dinero" *¡Hasta que demuestres que sabes manejar lo que tienes, no obtendrás más!*

El hábito de administrar el dinero es más importante que la cantidad de dinero que tenga. Abra una cuenta bancaria aparte, a la que llamará: "Mi Cuenta de Libertad Financiera". Ponga en ese fondo el 10% de todo lo que recibas. Este dinero estará destinado únicamente para inversiones y la creación de ingresos pasivos. Este dinero, ¡nunca, nunca se gasta!, solamente se invierte. No importa si ahora mismo tiene una fortuna o prácticamente no tiene nada: lo que importa es que comience inmediatamente a administrar lo que tiene, y quedará estupefacto de lo pronto que obtiene más.

Además de abrir una cuenta bancaria para su libertad financiera, cree un bote de "Autonomía Financiera" en su casa y deposite dinero en él todos los días. Podrían ser diez dólares, cinco, uno o simplemente centavos, hasta el cambio que lleves en el bolsillo. La cantidad no importa, lo que importa es crear el hábito. Lo semejante atrae a lo semejante. El dinero atrae al dinero.

También abra una cuenta que sea para que se divierta. Esta cuenta es para "cuidarle", para hacer lo que normalmente no haría, para las cosas súper especiales, como ir a una noche romántica con su esposa a un restaurant muy lujoso. Ya que uno de los mayores secretos para administrar el dinero, es el equilibrio: por un lado quiere ahorrar el máximo posible para invertirlo y hacer más dinero. Pero por otro lado, necesita también un tiempo de relax y sana diversión. Debe consentirse, que le den un masaje, que adquiera algo que tenga significado para usted. Y ese porcentaje que también puede ser del 10% es para que lo gaste, para que en cierta forma, comience a sentirte rico.

Tus cuentas deben quedar de esta manera:
• Un 10% en su cuenta de Libertad Financiera a largo plazo para invertir.
• Un 10% en su cuenta de formación.
• Un 10% en su cuenta para gastar, es decir, para consentirse.
• Un 10% en su cuenta para donativos. (Diezmo)
• Un 60% en su cuenta para necesidades básicas.

Si administra mal su dinero, nunca va a llegar a ser libre financieramente; ni siquiera con ingresos elevados. Por eso es que hay tantos profesionistas como: médicos, abogados, deportistas e inclusive contadores, que están básicamente arruinados, porque no se trata de lo que entra; lo importante es lo que haces con lo que entra. Todo se reduce a esto: *"O usted controla al dinero, o él lo controlará a usted. Y para controlarlo debe administrarlo bien"*.

Declare: *"Soy un excelente administrador del dinero"*

Acciones: Abra sus diferentes cuentas, gobierne bien su dinero y encamínese hacia la libertad financiera.

Cree su bote de autonomía financiera en su casa y deposite dinero en él todos los días. ¡Comience hoy!

Tenga el dinero que tenga ahora, comience a administrarlo. Esta única acción enviará a Dios y al Universo un mensaje, de que está preparado para recibir más dinero.

Principio #15: *Los ricos hacen que su dinero trabaje para ellos. Los pobres trabajan por su dinero.*

No hay quien lo ponga en duda: es importante trabajar mucho, pero eso por sí solo jamás le va a hacer rico. Hay millones de personas, (no, miles de millones) que se esclavizan trabajando de día y de noche. ¿Son todas millonarias? ¡No! ¿La mayoría es rica? ¡No! ¿Muchas de ellas son pudientes? ¡No! Casi todos están en la ruina o cerca de ella. Por otro lado ¿Quién ocupa las tardes para jugar golf, tenis o para navegar en su velero? ¿Quién anda de compras, y de vacaciones por semanas? *Saber qué hacer con cada dólar, es lo que te permite pasar del trabajo duro al trabajo inteligente.*
Trabajar duro por el dinero, debe ser una situación temporal, no permanente. Los ricos entienden que tienen que trabajar duro y mucho, hasta que su dinero trabaje lo suficiente para ocupar su lugar. Ellos piensan que cuanto más trabaje tu dinero, menos tendrás que trabajar tú. Te repito: *"Primero tu trabajas mucho por el dinero y después dejas que tu dinero trabaje mucho para ti".*

El objetivo del juego del dinero es: *"no tener que trabajar nunca más… A menos que tú elijas hacerlo",* es decir que usted trabaja por elección, no por necesidad. Es muy probable que el estilo de vida que quiera llevar, le vaya a costar dinero. Por lo tanto, para ser libre, necesitará ganar dinero sin trabajar. Resumiendo, llega a ser libre financieramente cuando sus ingresos pasivos son superiores a tus gastos.

Existen básicamente dos fuentes principales de ingresos pasivos. La principal es: "el dinero que trabaja para ti" Aquí se incluyen las ganancias de las inversiones como acciones, bonos del tesoro, mercados monetarios y fondos de inversión inmobiliaria. Y la otra es: "el negocio que trabaja para ti" Por ejemplo: Bienes inmuebles que tiene en alquiler, los derechos de autor de libros, música o software. Registro de ideas, las franquicias, distribuidores o dispensadores automáticos que funcionen con monedas y la mercadotecnia por internet, por mencionarte algunos. No sé si a usted le pasó, pero en la escuela yo no estudié la materia de Ingresos Pasivos.

Para aumentar su riqueza, tiene que aumentar sus pasivos o vivir con menos. Es gracioso, la gente rica tiene mucho dinero y gasta poco, mientras que la gente pobre tiene poco dinero y gasta mucho. Los pobres trabajan a fin de ganar dinero para vivir hoy; los ricos lo hacen para producir efectivo que puedan invertir porque eso pagará su futuro. Los millonarios compran activos, cosas que tengan probabilidades de aumentar su valor; la gente pobre compra gastos, objetos que disminuyen su valor. Los ricos acumulan terrenos; los pobres, más cuentas que pagar.

Las personas influyentes ven cada dólar como "una semilla" que puede plantarse para ganar cien dólares más, que después se podrán volver a sembrar para ganar mil más. Todo se reduce a esto: los menesterosos trabajan mucho y se gastan todo el dinero que ganan, como consecuencia de lo cual tienen que trabajar mucho durante toda su vida. La gente rica trabaja mucho, ahorra y después invierte su dinero de modo que ya no tenga que trabajar demasiado nunca más.

Declare: *"Mi dinero trabaja para mí, y cada vez gana más dinero para mi"*

Acciones: Infórmese. Asista a seminarios sobre inversiones. Lea al menos un libro cada mes sobre este tema, lea revistas financieras.

Cambie el enfoque de las entradas "activas" a los ingresos "pasivos"

Haga una lista de al menos tres estrategias concretas con las que podría crear ingresos sin trabajar, ya sea en el campo de las inversiones o de los negocios.

No espere a comprar bienes inmuebles, compre bienes inmuebles y espere.

Principio #16: *Los ricos actúan a pesar del miedo. Los pobres dejan que el miedo los paralice.*

Las afirmaciones, las meditaciones y las visualizaciones son herramientas maravillosas, y necesarias pero, en mi opinión, ninguna de ellas por sí sola va a traer dinero real al mundo real, para que eso suceda, debe pasar a la "acción real".

¿Por qué tiene la acción una importancia tan fundamental? Porque la acción es "el puente" entre el mundo interior y el exterior.

El miedo, la duda y la preocupación se localizan entre los mayores obstáculos, no sólo del éxito, sino también de la felicidad. Por lo tanto, una de las grandes diferencias entre los ricos y los pobres es que los primeros están dispuestos a actuar a pesar del miedo; mientras los segundos dejan que éste los detenga. Susan Jeffers dice: "***Aunque sientas miedo, hazlo de todas maneras***". Los prósperos tienen miedo, tienen dudas, y preocupaciones, pero que dejan que estos sentimientos los detengan.

No es necesario tratar de liberarse del miedo con el fin de tener éxito. Lo único que tienes que hacer es no dejarte dominar por él. Convertirse en rico no siempre resulta cómodo ni fácil. De hecho, puede ser extremadamente complicado. Pero, ¿y qué?, *"si está dispuesto sólo a hacer lo que es fácil, la vida será dura. Pero si está dispuesto a hacer lo que sea duro, la vida será fácil"*

La única ocasión en la que de verdad está creciendo es cuando se siente incómodo. Nadie ha muerto jamás por la incomodidad y, sin

114

embargo, vivir en nombre de la comodidad y del confort ha matado más ideas, oportunidades, acciones y crecimiento que todo lo demás junto. ¡La comodidad destruye! La felicidad viene como consecuencia de hallarnos en nuestro estado natural de crecimiento y de vivir de acuerdo a nuestro máximo potencial. Recuerde, para desarrollar su potencial al máximo, debe vivir siempre al borde de su caja de seguridad y de comodidad.

Le insto a que practique la acción a pesar del temor, de los inconvenientes, de la incomodidad, incluso pese a que no se sienta de buen humor, practique hasta que sea en usted un hábito.

Entrene su propia mente y mande sobre ella, esa es la habilidad más importante que podrá poseer jamás, tanto en términos de felicidad como de éxito. Tome la decisión de que a partir de ahora sus pensamientos no le dirigen, usted los dirige a ellos. Tiene la capacidad y habilidad natural de anular cualquier pensamiento que no le esté ayudando a lograr sus objetivos en cualquier circunstancia. Recuerde que ningún pensamiento vive en su mente sin pagar alquiler.

Declare: *"Actúo a pesar del miedo y de las dudas. Actúo a pesar de la preocupación, de los inconvenientes y de la incomodidad. Actúo a pesar de que no estoy de buen humor."*

Acciones: Escriba sus tres principales preocupaciones, inquietudes o temores relacionados con la buena economía y desafíela, escriba para cada situación la acción que va a tomar a partir de hoy para vencerlos.

Practique salir de tu zona de confort. Tome de forma intencionada decisiones que le resulten incómodas. Hable con personas con las que normalmente no hablaría. Pida un ascenso en tu trabajo, despiértese una hora antes, haga caminatas para reflexionar.

Albergue únicamente pensamientos que contribuyan a su felicidad y a su éxito. No permita que la voz basada en el miedo le gane la batalla.

Principio #17: *Los ricos tienen espíritu de discípulo. Los pobres piensan y creen que ya lo saben.*

Considero que las tres palabras más peligrosas son: "ya lo sé" ¿Y cómo sabe si realmente sabe algo? Muy sencillo: si lo vive, significa que lo conoce, si no lo práctica, quiere decir que no lo sabe, es decir, que sólo ha oído de ello, ha leído sobre ello, o habla de ello pero no lo domina concretamente.

"Si sigue haciendo lo que ha hecho siempre, continuará obteniendo lo que siempre ha obtenido". Los físicos dicen que nada en el mundo está estático, todo cuanto está vivo permanece en constante cambio. Así mismo toda persona, así como todo organismo viviente: si no crece significa que está muriéndose.

Eric Hoffler dijo: *"Los que están aprendiendo heredarán la tierra, mientras que los que ya saben estarán perfectamente equipados para vivir en un mundo que ya no existe".* Otra forma de explicarlo es: si no continúas aprendiendo, te quedaras atrás, rezagado.

Benjamín Franklin dijo: *"Si piensas que la formación es cara, prueba con la ignorancia".* Seguramente ha oído este refrán en alguna ocasión: *"el conocimiento es poder",* y el poder no es otra cosa que la capacidad para actuar.

La definición de demencia es: *"hacer lo mismo una y otra vez, y esperar resultados distintos".* Si lo que ha estado haciendo estuviese funcionando, ya sería rico y feliz.

El éxito es una habilidad que puede aprenderse, puede educarse para triunfar en cualquier cosa. Si quiere ser verdaderamente feliz, puede aprender a serlo; si quiere capacitarse para ser rico, puede hacerlo. No importa en donde se encuentre ahora mismo, ni desde donde esté empezando, lo que importa es que esté dispuesto a instruirse. Recuerde que: ***"todo maestro fue alguna vez aprendiz"***

El modo más rápido de hacerse rico y de permanecer así, ¡es trabajar en desarrollarse a sí mismo! La idea es cultivarse hasta crecer y convertirse en una persona "próspera" repito: su mundo exterior es un reflejo del interior. Usted es la raíz; sus resultados son los frutos. Recuerde que "se lleva a usted mismo adondequiera que vaya".

Los ricos entienden que el orden para el éxito es: SER, HACER y TENER. Los pobres y de clase media creen que el orden para el éxito es: TENER, HACER Y SER.

La gente pobre y la mayoría de la clase media piensa: "Si *tuviese* mucho dinero, podría *hacer* lo que quisiera y *sería* feliz" Los millonarios entienden: "Si me *convierto* en una persona próspera, podre *hacer* lo que necesito hacer para *tener* lo que quiero, incluido mucho dinero" El objetivo de crear riquezas no es principalmente tener mucho dinero, sino cultivarse para crecer hasta convertirse en la mejor persona que pueda ser. De hecho, ése es el objetivo de todos los objetivos: *cultivarse como persona.*

Otra diferencia clave entre los opulentos y los menesterosos junto con los de clase media es que los primeros son expertos en su campo, la gente de clase media es mediocre en su campo y los pobres son malos en su campo. ¿Quiere un modo totalmente objetivo de saberlo? Mire su sueldo: eso se lo dirá todo. Es sencillo: para cobrar la mejor paga debe ser el mejor.

Sobre el tema del aprendizaje, vale la pena advertir que los ricos no sólo continúan aprendiendo; sino que se aseguran de hacerlo de quienes ya han estado ahí, donde ellos quieren ir, consultan a personas que sean más adineradas que ellos. La gente pobre consulta a sus amigos, que están igual o peor de arruinados que ellos mismos.

Así pues, le aconsejo que ponga toda su atención y energía en formarse continuamente y al mismo tiempo, que sea muy selectivo a la hora de escoger a la persona de la que se va a dejar aconsejar. Si aprende de quienes están empobrecidos, aun cuando sean asesores, preparadores o planificadores, sólo hay una cosa que te podrán enseñar: ¡a estar pobre!

El fondo que tiene reservado para formación, utilícelo específicamente para cursos, libros, CD's o cualquier otro medio que elija para formarse, ya sea a través del sistema educativo formal, de las empresas de formación privadas o de la preparación personalizada e individualizada.

Declare: *"Me comprometo a aprender y a crecer constantemente en todas las áreas de mi vida"*

Acciones: Comprométase en su crecimiento. Cada mes lea al menos un libro, escuche una cinta o CD's educativo o vaya a un seminario sobre el dinero, los negocios y el desarrollo personal. Plantéese contratar a un entrenador o preparador personal que le mantenga alerta. Aplique de nuevo el escribir sus compromisos en una tarjeta para que siempre los lleve consigo y pueda meditar en ellos continuamente hasta que formen parte de sus propios pensamientos y de sus acciones, recuerde que somos seres de hábitos, y una idea se convierte en rutina cuando se lleva a la acción, la cual le llevará a lograr los objetivos trazados con anterioridad.

118

Capítulo 4

EDUCACIÓN FINANCIERA

"Si piensas que la educación es costosa, prueba la ignorancia".
Derek Bok

LA EDUCACIÓN FINANCIERA: es el legado y la herencia más importante que un ser humano pueda recibir. Por tal motivo, en este capítulo, trataremos diferentes aspectos, conceptos y definiciones para obtener una educación financiera básica. Es necesario hacer la siguiente advertencia: todo lo que aquí se escribe se hace con un fin informativo, no necesariamente directivo, ya que usted es el que debe tomar las decisiones más convenientes para invertir y educarse financieramente.

Antes de que haga algo, lo más razonable es saber si ya tiene una educación financiera o no. Por tal motivo debe de conocer las respuestas a las siguientes preguntas.

1) ¿Sabe usted qué es educación financiera?
2) ¿Conoce cuál es la fórmula de los pobres y la clase media que los hace ser más pobres y más clase media toda su vida?
3) ¿Sabe cuál es la fórmula de los ricos que los hace ser más ricos toda su vida?
4) ¿Entiende realmente qué es un ingreso pasivo?
5) ¿Tiene noción de qué es un activo y un pasivo?
6) ¿Conoce la libertad financiera?

Si usted contestó cuatro o más de las preguntas, permítame felicitarlo, pero si no, entonces aquí tiene las respuestas, ya que estaremos tratando de aprender brevemente sobre diferentes temas financieros, algunos serán tratados en capítulos posteriores para una mejor comprensión de ellos.

Educación financiera: Es la capacidad de *hacer y saber* manejar el dinero de manera inteligente para poderlo duplicar, triplicar y hacerlo crecer hasta el infinito como lo hacen los grandes millonarios y filántropos del mundo, para de esta forma tener libertad financiera y poder vivir cómodamente como rico frugal, sin depender únicamente de un salario o de que lo mantengan, y también para redistribuir esa riqueza a los más necesitados, pues dar para poder recibir es un principio milenario.

Es importante educarse financieramente por las siguientes razones:
- Porque sólo con la educación de finanzas podrá alcanzar su libertad financiera y por ende, su independencia económica.
- Le enseña a controlar su dinero, en vez de que éste le controle.
- Porque una persona educada financieramente, es capaz de mantener a toda su familia cómodamente y con lujos, y además le sobra el dinero para obras de caridad.
- Porque podrá comprarse lo que quiera, viajar a donde le plazca, comprarse ropa lujosa, bienes raíces e ir a restaurantes y pedir lo que quiera sin tener que mirar los precios de la carta. Todo esto y mucho más.
- Podrá pagar más impuestos para contribuir al desarrollo de su país.
- Le ayuda a entender cómo funciona el dinero en la vida real para tomar buenas decisiones en las inversiones, las compras, los ahorros y los presupuestos.
- Porque las personas debemos hacernos responsables de nuestro futuro financiero ya que ni la empresa ni el gobierno lo harán por uno.
- Le ayuda a entender cómo funciona el dinero en la vida real para tomar buenas decisiones en las inversiones, las compras, los ahorros y los presupuestos.

120

El secreto de la educación financiera

Es de suma importancia aprender a educarse en las finanzas, tanto que de eso dependerá en gran medida su éxito económico. Debemos conocer el lenguaje del dinero para poder interpretar los mensajes que nos lleguen y en consecuencia saber qué camino seguir. Si en nuestras escuelas se enseñara la educación financiera que necesitamos para prosperar, otra totalmente distinta, sería la situación de muchos de nosotros.

Generalmente no se nos enseña en la escuela el manejo de la economía, y lo que aprendemos nos llega en su mayoría a través de las experiencias prácticas que tenemos a diario con el manejo del dinero, sistema de aprendizaje que puede tener un precio muy alto en errores y equivocaciones. No hay una forma educativa que nos prepare para ello, no se nos instruye en nuestra educación formal como administrarlo y entenderlo, y es por ello que muchas veces fracasamos ante dicha ignorancia.

Nuestros conocimientos financieros son los mismos de quienes se encuentran en la misma situación financiera que nosotros. Si nuestros padres fueron millonarios, seguramente nos transmitieron los conocimientos que ellos tenían acerca del dinero, si no fue así lo que sabemos lo aprendimos por nuestra cuenta, y a base de prueba y error. Es por eso que la mayoría de las familias ricas con el paso de las generaciones son cada vez más ricas, transmiten su cultura en base al dinero de generación en generación.

Llegó el momento de tomar el control de nuestro futuro financiero y dejar de depender de los demás, para ello es fundamental una sólida educación económica, una serie de conocimientos que los ricos se transmiten, y al cuál puede acceder para cambiar su vida y la de sus descendientes. Adquiera sabiduría respecto al dinero, ejercítese y póngalos en práctica, prepárese para alcanzar la prosperidad, y contará luego con la posibilidad de transmitir a sus seres queridos dichas enseñanzas.

Los tiempos son diferentes y sólo una inteligente capacitación para leer nuestros números nos permitirá desarrollarnos financieramente. El mundo está cambiando y es necesario hacernos de las herramientas que nos permitan planificar exitosamente nuestras finanzas, desempeñarnos con éxito en este nuevo mundo requiere de una clara estrategia financiera en nuestra vida. Acrecentar dichos conocimientos y actuar sabiendo que de nosotros depende exclusivamente qué resultados obtengamos en el plano financiero, son factores claves para alcanzar nuestros objetivos.

Adquiera los conocimientos que le permitirán la independencia financiera, comience a dominar sus finanzas sea cual sea su edad, a construir su futuro económico si aún no lo ha hecho, nunca es tarde. Adquiera libros, asista a cursos, busque el consejo de quienes son prósperos financieramente, ayude a reprogramar y preparar su mente con todos los conocimientos que tenga a su alcance y aún más. A medida que crezca nuestra capacitación, disminuirá el riesgo en los emprendimientos e inversiones que realicemos, los conocimientos en el manejo del dinero le brindarán las herramientas para lograr fuentes alternativas de ingresos y para comenzar a generar riqueza.

El dinero tiene vida propia, tanta que si no lo conoce a profundidad le dominará toda su vida, conózcalo y determine su forma de actuar para así controlar sus movimientos. La única manera de conseguir la cantidad de ingresos que desea es saber exactamente de qué se trata y cómo funciona el dinero. Debemos dejar de pensar que el efectivo es algo poco moral y sobre el cuál no vale la pena preocuparse. Solamente conociendo a fondo su funcionamiento logrará los ingresos que desea. Capacítese para saber cómo funciona el dinero y para hacer que trabaje para usted, lo que quizá hasta ahora no haya sucedido, dichos conocimientos le brindarán importantes herramientas para alcanzar la prosperidad.

Jamás solucionará sus problemas financieros si no aprende realmente cómo funciona el dinero, y sino pregúntele a quienes tuvieron alguna vez grandes sumas sin contar con estas bases y luego se encontra-

122

ron a sí mismos inmersos en la ruina financiera. De poco sirve tener grandes flujos de dinero si después no sabe qué hacer con él, la abundancia alguna vez disminuye y lo encuentra a usted en un momento donde sólo recuerda las grandes sumas que alguna vez pasaron por entre sus dedos. Aunque obtenga mayores cifras el desconocimiento acerca del dinero le impedirá saber cómo manejarlas.

Más dinero sin la suficiente educación no soluciona el problema, aprenda para saber cómo funciona y así lo sepa dominar. Lo que la mayoría hace cuando tiene mayores ingresos es sólo endeudarse más, no es la cantidad de dinero, sino su mentalidad y conocimientos las claves para administrarlo y hacerlo producir. Ante el descuido del área financiera no importa cuánto dinero ingrese, nos mantendremos en el mismo lugar sin crecer, sólo la atención detenida nos permitirá administrar inteligentemente el dinero para crecer. Triunfarán y tendrán una posición privilegiada quienes reconozcan su déficit en dichas áreas y comiencen a capacitarse para organizar y optimizar sus finanzas, es necesaria una buena dosis de educación financiera para cambiar el mapa de nuestras vidas.

Deje a un millonario sin nada encima, con sólo unos pocos dólares y seguramente en algunos años más, lo encontrará gozando nuevamente de la prosperidad. Regale una fortuna a quien nunca la tuvo y lo más probable es que con el tiempo su dinero disminuya más que crecer y reproducirse. Es una cuestión de conocimientos, actitud y administración focalizada.

Por lo general, no prestamos atención a nuestras finanzas, sino hasta que se presenta algún problema, no espere a encontrase en conflictos, aprenda a leer sus finanzas, a comprender que nos está diciendo nuestro dinero, a entenderlo y seguirlo de cerca para controlar sus movimientos y luego reproducirlo. Observando de cerca nuestras finanzas detectaremos enseguida cuando algo este mal y podremos corregirlo, evitaremos pérdidas, nuestra economía se mantendrá saneada y podremos crecer, sólo a partir de reconocer el secreto de la educación financiera.

Fórmula de los pobres y clase media: *Ingreso Ganado = Ingreso Gastado.*

Esto significa que dinero que entra a su bolsillo es dinero que de la misma forma sale de su bolsillo. Y toda su vida se la pasa usted ganando y gastando, dejando al final siempre su cartera vacía sin hacer ninguna inversión rentable de la cual pueda vivir sin trabajar. Lo que implica que usted toda su vida trabaja por el dinero.

Formula de los ricos: *Ingreso Ganado = Ingreso Pasivo.*

Esto significa que lo que ganan lo dedican a transformarlo en ingresos pasivos que les permita vivir cómodamente sin tener que trabajar muy duro. Lo que implica que el dinero trabaja para los ricos.

Ingreso pasivo y de portafolio: Es el dinero que se genera o que usted gana de por vida sin tener que trabajar físicamente por ellos de manera permanente. Éste llega a su cuenta sin que usted mueva un sólo dedo y sin cumplir un horario laboral.

Es más, usted puede ganar ingresos Pasivos – Residuales, incluso mientras está disfrutando de su cama, durmiendo plácidamente.
Por los ingresos pasivos o residuales se trabaja mucho una vez, pero se desencadena un flujo de ingresos continuo que durará muchos años o de por vida. Le pagarán una y otra vez por el mismo esfuerzo. ¿No le parece que vale la pena trabajar una sola vez por un ingreso de por vida?
¿O que el Ingreso Pasivo es superior y más rentable que un ingreso activo, como el de un empleo? Recuerde que un empleo sólo le pagan si usted actúa y se presenta a cumplir con su trabajo en un horario establecido.
Ejemplos de Ingresos Pasivos - Residuales:
• Bienes raíces que posea y que tenga en arriendo.
• Capital semilla: Dinero y porcentaje de participación que usted tenga en otras compañías.
• Sistemas empresariales propios: como empresas propias, franqui-

cias, sistemas que funcionan sin su presencia.
- Inversiones bursátiles en la bolsa de valores: rendimiento de acciones, de bonos, de futuros, de opciones, de fondos.
- Inversiones en Divisas.
- Propiedad intelectual, inventos, patentes.
- Obras literarias y musicales.
- Negocios en la Internet:
    - Sitios web automatizados en donde vendas algo.
    - Programas de afiliados o de MLM en la red.
    - Venta de membrecías o de libros en la red.

Activo: *Un activo es algo que pone dinero en mi bolsillo.*
Pasivo: *Un pasivo es algo que saca dinero de mi bolsillo.*

Las personas ricas adquieren activos. Los pobres y la clase media adquieren pasivos pensando que son activos.

Libertad Financiera: Usted es libre financieramente cuando sus ingresos pasivos son mayores que sus gastos.
También se puede definir como el número de días que puede sobrevivir sin trabajar físicamente o sin que alguien más del núcleo familiar trabaje físicamente, pudiendo mantener el estándar de vida.

¿Está usted educado? ¿Sabe que es la Educación?: Una persona educada no es necesariamente alguien que tiene abundancia de conocimientos generales o especializados.
Una persona educada es la que ha cultivado las facultades de su mente de tal manera que puede adquirir cualquier cosa que se proponga o su equivalente sin violar los derechos de los demás.

La riqueza parte de un estado mental: El que quiera hacerse Rico o Millonario, deberá necesaria y obligatoriamente trabajar con su mente. La fuente de todo su poder proviene de su interior y está en su Mente, es decir, en sus Pensamientos.
Todo lo que el ser humano logra o deja de hacer es el resultado directo de lo que piensa. *"Lo que imaginas, crees y visualizas habitualmente*

se convierte en la base de todo lo que experimentas en tu vida". Ronda Bryne.
"Todo lo que la mente humana pueda creer, la misma mente puede realizar". Robert Collier.
"Todo lo que el ser humano logra o deja de hacer es el resultado directo de sus pensamientos". Buda.
"Tal es el pensamiento del hombre, así es el". La Biblia.

Si se cree en la pobreza, será pobre
Si se cree en la riqueza, será rico
Si se cree en el amor, tendrá amor
Si se cree en la salud, será saludable

Como conclusión si usted en el fondo, piensa que no va a convertirse en millonario, pues así será.

Por el contrario si usted sí cree y se visualiza como una persona pudiente, comience a actuar con fe, los medios, y las circunstancias, se irán presentando.

El ser humano es, literalmente, lo que piensa. Cada persona construye sus condiciones de éxito, sus negocios y su destino en virtud de los pensamientos que escoge y guarda en su mente.

Todo lo que se manifiesta en nuestra vida es el resultado de lo que previamente se ha manifestado en nuestra mente. Así que todos nosotros somos: Los arquitectos de nuestro propio destino.

Le sugiero esta lista de libros indispensables para trabajar su mente y ganar dinero:
• "Piense y hágase rico", de Napoleón Hill.
• "La llave Maestra", de Charles F. Haanel.
• "El secreto" de Rhonda Byrne.
• "La ley de la atracción", del Dr. Camilo Cruz.
• "El Millonario instantáneo", de Mark Fisher.
• "Cómo obtener mucho dinero para cualquier cosa que usted desee rápidamente", de Stuart Lichtman.
• "La ciencia de hacerse rico", de Wallace Wattles.
• "Padre rico padre pobre", de Robert Kiyosaki.

- "El cuadrante del flujo de dinero", de Robert Kiyosaki.
- "La Guía para Invertir", de Robert Kiyosaky
- "Estrategias del inversor", de Warren Buffet.
- "Adelantarse a la calle", de Peter Lynch
- "El millonario de al lado", de Stanley.
- "Los Secretos del Forex"
- "Rinoceronte", de Henry Lanskart.
- "El hombre más rico de Babilonia".
- "El ABC de las Finanzas", de Miguel Ramírez.
- "Prosperando en medio de la crisis", de Miguel Ramírez.
- "La Biblia": sobre todo, la Biblia, porque de Dios es el oro y la plata, y Él sabe en dónde está el dinero, así es que hay que aprender de su legado a la humanidad.

Más **libros sobre inversionistas**, como:
- Warren Buffet.
- George Soros.
- Peter Lynch.
- Donald Trump.
- John Slade.
- Alan Greespan.
- Byron Wien.
- Alberto Yilar.
- Jack Grubman.
- Elaine Garzarelli.
- John Templeton.
- Henry Blodget.
- André Kostolany.
- Peter Drucker.
- Bill Gates.

- Robert G Allen.
- Robert Kiyosaki.

Juegos:
- Monopolio.
- Cash-flow para niños y para adultos.

Seminarios y cursos:
- Formación profesional como inversionista: www.programafinanciero.com
- Maestría en inversiones bursátiles: www.capitalesactivos.com
- Introducción a la bolsa de valores de USA: www.capitalesactivos.com
- Inversiones por Internet para no expertos: www.invertirmejor.com
- Los Secretos del FOREX, en: www.forexeducativo.com
- La libertad financiera: www.lalibertadfinanciera.com
- El manejo de las Finanzas Familiares: www.editorialmies.org
- Prosperando en medio de la crisis: www.editorialmies.org

OPINIONES SOBRE EL DINERO

"El dinero no lo es todo, pero en este preciso momento, no se me ocurre otra cosa que realmente me guste más".
"Quizás el dinero no compre la felicidad, pero seguro ayuda a buscarla en lugares más interesantes".

"El descontento es la primera necesidad que lleva al progreso".

Puedo darle una fórmula del éxito en seis palabras: *piense bien las cosas, luego hágalas.*

Desear + Aprender + Actuar = Éxito.

Conclusiones naturales acerca del dinero:

- Si piensa que el dinero NO es importante nunca lo tendrá, o si lo consigue se le irá rápidamente.
- Si relaciona dolor o maldad con el dinero, será muy difícil que lo consiga.
- Si piensa que tener holgura trae problemas, le apartarás de ella sin saberlo.
- Si habla mal de los ricos, jamás serás uno de ellos.
- Si tiene envidia y resentimiento por que otros tienen dinero y usted NO, no tendrá esa misma calidad de vida para usted.
- Si es desagradecido con lo que tiene y se queja constantemente, pues siempre tendrá más de lo mismo.
- Si piensa que es imposible convertirse en rico(a), pues NUNCA lo será.
- Si piensa que trabajar por conseguir muchas finanzas le puede causar estrés y problemas de salud, pues así será.
- Si piensa que es demasiado joven para ser rico(a), pues nunca será un millonario(a) joven.
- Si piensa que la gente rica NO es feliz, entonces nunca estará en su meta serlo.

¿En qué posición del cuadrante del dinero está usted?
(Tomado de Robert Kiyosaki).

I= Usted es un inversionista.
D= Usted es dueño de empresa.
E= Usted es un empleado y ésta es su única entrada de dinero.
A= Usted es un auto-empleado independiente.

Sin duda, todo el dinero está únicamente en los cuadrantes D, e I.

128

Aunque la gran fortuna se encuentra en el I = Inversionista.

¿En qué mercados invertir?:
Primero se recomienda construir ingresos pasivos diferentes a las inversiones bursátiles.
Pero si su deseo es invertir en el mercado de valores o de divisas, todo dependerá del dinero que usted tenga disponible., por tal motivo citaré algunas opciones de inversión de menor a mayor capital, ***pero antes lea la nota legal.***

Nota legal:
Antes de involucrarse en el mundo de las inversiones debe analizar cuidadosamente los objetivos de su inversión, su nivel de experiencia y su disposición a tomar riesgos.
Existe la posibilidad de tener pérdidas parciales e incluso totales de su inversión inicial, por lo tanto no debe invertir dinero que no esté en condiciones de perder.
Como inversionista usted debe estar consciente de todos los riesgos relacionados con el mundo de las inversiones y buscar, en caso de tener dudas, el asesoramiento de un asesor financiero independiente. Lo cual es más recomendable, asesórese antes de invertir.

• **Mercado de compra-venta de divisas:** Se trata de comprar y vender divisas obteniendo un margen en cada operación, se puede iniciar en promedio con $300 dólares. Puede hacerlo usted mismo o abriendo una cuenta manejada a través del mercado Forex. La página oficial es: http://www.fxcmespanol.com, www.forex.com, www.forexeducativo.com

•**Mercado de fondos:** Es invertir recursos en fondos de inversión, fondos de renta fija y variable, fondos mutuos, fondos extranjeros, fondos de pensiones. Dependiendo el riesgo que quiera asumir podrá encontrar diferentes rentabilidades. Puede consultar esta información en casas de inversión y a su asesor financiero. Puede ver un ejemplo en el fondo fidelity investments, que es uno de los más importantes de Estados Unidos: www.fidelity.com otro fondo es el

Quantum Funds, de George Soros, para especuladores de alto riesgo. Otro es el fondo de Merrill Lynch, Asset Managment.

• **Mercado Accionario:** Comprar y vender acciones podría ser un buen negocio, si el mercado está en alza y si usted está bien informado y sabe lo que está haciendo: La bolsa de Nasdaq, el Dow Jones y el S&P 500, pueden ser una buena opción. Pero también puede hacerlo a través de la bolsa de su País.
Nasdaq: www.nasdaq.com Compre QQQ que representa a las 100 empresas de mayor capitalización en el Nasdaq, excluyendo a las compañías del sector financiero.
Dow Jones: www.nyse.com, www.dj.com Compre: DIA. Diamond Trust que representa las 30 compañías del Dow Jones se denominan títulos DIA.
S&P 500: www.standardandpoors.com Compre SPY representa que usted está invirtiendo en cada una de las empresas que forman el S&P 500.

• **Mercado de futuros:** Invierta en productoras de petróleo, de gas y gasolina, cobre, aluminio y oro, y hará fortuna en menos de 6 años, esto obedece a que estos recursos están agotándose en el mundo. Puede ver la compañía más grande de futuros en: www.refco.com

¿Y cuál es el gran secreto de los inversores?:
• En los negocios se gana al entrar y no al salir. Si no sabe cómo salir antes de entrar, no es una inversión, es una apuesta.
• Entrar bien en una inversión es fundamental pero es más común ver inversiones arruinadas por no poder salirse.

¿Y cuáles son los modelos de inversión?:
1. Diferencial de precio.
2. Capital semilla.
3. Captura de valor.
4. Creación de valor.

Diferencial de precio: Consiste en comprar barato y vender caro.

MIGUEL RAMÍREZ

Capital semilla: Usted pone el dinero y otras personas con aptitudes o conocimientos especiales lo convierten en productos o servicios que le generan una ganancia con la que usted se beneficia.

Captura de valor: Es similar al diferencial de precio pero la diferencia aquí es que usted, más que operar entrando y saliendo de un mercado, crea un pequeño monopolio temporal.

Creación de valor: Es un caso similar al capital semilla, con la diferencia de que aquí el capital tiene menos importancia en la ecuación final del negocio. Depende más de la imaginación, las relaciones y la habilidad para estructurar oportunidades.

- Cada negocio tiene un techo o punto máximo de rentabilidad que difícilmente es superado en condiciones normales. El inversor aprovecha la máxima utilidad disponible en un negocio y se sale del mismo para dirigir sus fondos a una nueva oportunidad de ganancia.

- Un inversor no se ata psicológicamente a un negocio, como hace el dueño o empresario y no necesita estancarse en sus ingresos ni pasar por los avatares propios del crecimiento cuando se llega a un punto de resistencia.

¿Que evalúa un inversor inteligente?: El riesgo de la inversión, las ventajas a la entrada, las oportunidades a la salida, la rentabilidad que es la ganancia que logra sobre el capital que invierte y el plazo de la inversión.

¿Y cuál es la inversión ideal?
• Que el riesgo tienda a ser cero.
• Que tenga fuertes ventajas a la entrada.
• Estupendas oportunidades en la salida (Los resultados).
• El 100%, 300%, 500%, 1000%, o más de rentabilidad.
• Que el plazo de recuperar el dinero sea lo más corto posible.

¿Y cuáles son las más afamadas casas de inversión en el mundo?:
- Merril Lynch: www.ml.com
- Bear Stearns: www.bearstearns.com
- Goldman Sachs: www.gs.com

- Berkshire Hathaway: casa de Warren Buffet: www.berkshireha-thaway.com
- JP Morgan: www.jpmorgancazenove.com

¿Y cuál es la regla de oro de la bolsa?:
1. Comprar acciones a precios bajos y venderlas a precios más altos.
2. Dejar correr las utilidades, pero cortar las pérdidas rápidamente.
3. Adherirse a posiciones ganadoras, pero nunca a posiciones per-dedoras.
4. Ir con la tendencia.

¿Y cuál es la estrategia para no perder en acciones?: Poner Stops: Colocar stops u órdenes de venta a su banco cuando la cotización de su título llegue a un determinado nivel de caída. Ejemplo: si compra una acción a 37 dólares ponga un stop en 35 dólares y con esto sólo perdería un 5% de su capital, en caso de que la acción baje.

¿Es posible ganar dinero en el internet?: Ganar dinero en el internet es una realidad que se viene gestando desde hace varios años, hay gente y empresas que vienen haciendo negocios en la red desde el año de 1997.
Como en toda industria hay gente que fracasa, otros ganan muy poco dinero y se conforman y también existen otros mega millonarios del Internet como los dueños de: Google, Amazon, Dell, Mercado libre, EBay, y cientos de emprendedores que hoy viven 100 % del Internet, claro está, después de haber trabajado muy fuerte y de haber pasado la curva obligatoria de aprendizaje que todo negocio demanda.
¿Y por qué digo esto?, porque el dinero no llega caído del cielo, hay que trabajarlo y el Internet no es la excepción a la regla.
Por tal motivo si has tomado la decisión de hacer tus primeros emprendimientos por Internet, tómese las cosas en serio.

En Internet se puede ganar dinero de las siguientes formas:
1. Vendiendo sus propios productos o servicios.
2. Con programas de afiliados: Ideales cuando usted no tiene su propio producto o servicio, entonces la idea es ofrecer el producto o

132

MIGUEL RAMÍREZ

servicio de una empresa y ganar comisiones por cada venta que se logre referir desde su página web o blog, o por email, sin hacer SPAM (correo no solicitado), o por otros medios que usted use para promocionar.

3. Con programas con derecho de re-venta. Estos programas aplican cuando usted compra un producto con licencia para poder revenderlo y facturarlo por su propia cuenta.

Diferencias entre un programa de afiliados y uno con derechos de re-venta:
En un programa de afiliados, usted nunca factura, es decir no cobra el dinero de la venta. Esta labor lo hace la empresa propietaria del programa afiliado, y lo que hacen, es enviarle comisión de venta por cada producto o servicio que desde su código de afiliado se logre vender. Tampoco tienes que despachar o entregar el producto o servicio, esta labor también la hace la empresa propietaria del programa de afiliados.

Lo más indicado para entrar en un programa de afiliados, es que tenga un blog, o página web personal, para poderlo promocionar: Lo que tiene que hacer es crear un blog, que es gratuito en: Wordpress.com o en Blogger.com y empezar a promocionar programas de afiliados, en donde ofrecerá productos y servicios de otros, pero que le pagarán comisiones por cada venta que se logre desde su propio blog o página web personal.

En un programa con derechos de re-venta: Usted es el responsable de facturar y de despachar el producto o servicio. Por lo tanto, usted debe ser responsable de todo el proceso de comercialización.

4. También se puede ganar dinero desde Internet, con sistemas de **multinivel (MLM) o Network Marketing**, pero aquí tendrá que investigar muy bien a la empresa de mercadeo en red que vaya a seleccionar, que realmente exista un producto o servicio **y que no sea un sistema piramidal.** Bueno, esas son las 4 formas que

133

conozco, pero sin duda deben existir otras, infórmese y busque lo que usted desea hacer para ganar más dinero.

Para iniciar un negocio rentable en el internet, se necesita: Tener una actitud mental positiva. Si no tiene confianza en sí mismo, y además en el fondo duda sobre hacer negocios en Internet, o tiene sospechas o inseguridad sobre el gremio del Internet, le sugiero que investigue más, o lo deje así y no haga nada. Es muy crudo pero es la verdad. Todo parte de una actitud mental positiva y lo mejor es su tranquilidad. Además los negocios en Internet, no son para todo el mundo. Recuerde que hay mucha gente que sólo le interesan los negocios tradicionales, y eso es respetable.

Invertir dinero para empezar, sería lo más recomendable, aunque si no tiene también puede empezar, más adelante le explico esa parte. No necesita invertir una fortuna como en un negocio tradicional, pero sí debe contar por lo menos con unos: $ 150 USD, para agilizar más las cosas.

134

Si no tiene dinero también puede empezar, en este caso lo que tiene que hacer es crear un Blog en: Wordpress.com o en Blogger.com y empezar a promocionar programas de afiliados, en donde ofrecerá productos y servicios de otros, pero que le pagarán comisiones por cada venta que logre desde su propio blog.
Dedique tiempo para aplicar lo aprendido. De nada sirve que aprenda conceptos teóricos sobre negocios en Internet, si no los aplica. Se necesita dedicar un mínimo de 20 horas semanales.

Tener un computador y conexión a Internet, preferiblemente con banda ancha.

Conocimientos básicos del Internet: como manejo de los navegadores, un procesador de texto como Office, manejo de cuentas de correo electrónico, Messenger, Skype, etc. Si no tiene esos conocimientos básicos, primero adquiéralos y cuando se sientas listo, actúe y vea por sus primeros negocios en el Internet.

Y para poder recibir sus pagos contar con una cuenta bancaria ya sea una cuenta de ahorros o una cuenta corriente, cualquiera de las dos. O que en su ciudad haya una oficina de Western Unión, pues muchas empresas, pueden pagarle por este medio o por Money Gram.
Y en lo posible abrir cuentas gratuitas de dinero virtual, como: PayPal, Moneybookers.

Y para facilitar más las cosas al momento de hacer sus pagos, contar con una tarjeta de débito internacional, o lo mejor es tener una tarjeta de crédito así sea con un límite bajo.

Aclarando que se pueden hacer varios negocios en la red, sin necesidad de tener Tarjeta de Crédito.

El éxito radica en pensar bien las cosas y luego hacerlas. El poder de la acción es infinito. Si no actúa el dinero NO le llegará del cielo.

Cultive las siguientes cualidades:
Sentir pasión por lo que se hace.
Ser Disciplinado(a).
No rendirse fácilmente.
Ser paciente.

Nota Legal: Los ingresos que genere deberá declararlos, y legalizarse como comerciante virtual en el país donde esté.
Ojo: Si no cumple con todos los requisitos anteriores, lo mejor que le puedo recomendar es que NO lo intente y no se meta a hacer negocios en Internet.
No deseo que pierda su valioso tiempo, y lo peor de todo es que en algunos meses tenga una gran deuda con su tarjeta de crédito y no cuente con el dinero para pagarla.
Tampoco me gustaría que en los próximos meses, me envíen mensajes diciéndome que soy un: ESTAFADOR, porque les vendí la idea de que se podían hacer ricos en la Red sin necesidad de ser un experto en marketing de Internet o en un nicho de mercado.

Por favor entienda que estos negocios en Internet no son un sistema de hacerse rico en corto tiempo, sin hacer nada, y sin invertir dinero y tiempo.

Compromisos:
- Estas oportunidades de negocios, radican en que se haga a sí mismo un compromiso que se basa en: Invertir tiempo, esfuerzo y dinero.
- Que entienda y comprenda la ley universal que dice que entre más doy de mí y más ayudo, más recibiré.
- Otro compromiso importante es que por lo menos le dedique a su nuevo negocio, unas 20 horas por semana.
- Y por último entender que se requiere de capital inicial de mercadotecnia para el éxito de cualquier negocio.

Utilizando la educación financiera, puede tomar las siguientes decisiones

Espero que al terminar de leer este libro, regrese a este capítulo para revisar sus decisiones y declaraciones que hará ahora y en el transcurso del estudio de todos los textos. Márquelas, estúdielas, pero sobre todo practíquelas:

Declare:
He decidido que yo creo, puedo, debo y merezco ser rico: Soy yo el que tomo el control de mi vida y de mi éxito financiero, y NO un jefe de empresa, que me dé órdenes, y me diga cuánto valgo yo, ni que me imponga un sólo precio por mi trabajo. Yo admiro a la gente rica. Yo estoy en el apasionante juego del dinero para ganar, mi deseo es crear abundancia. Oportunidades lucrativas siempre aparecen en mi camino.

He decidido dar para poder recibir. He decidido que el dinero es muy importante para mí porque me da la libertad para llevar el estilo de vida que deseo. He decidido ayudar a otros a que obtengan su libertad financiera, pues dar para poder recibir es un principio milenario de la educación financiera.

136

Capítulo 5

EDUCANDO A LA FAMILIA

"¿Andarán dos juntos, si no estuvieren de acuerdo?" Am 3:3

Los problemas económicos son la segunda causa de divorcio en el país y el manejo de los recursos, puede ser la gloria o el infierno para las familias. Razón por la que se hace imperioso y pertinente educarnos; ya que tenemos que aprender a trabajar en equipo para prosperar económicamente aun en medio de cualquier crisis.

María Cecilia Meade de Lozano, directora de educación continua de la Escuela de Administración de Instituciones de la Universidad Panamericana, explica que la distribución del dinero debe darse a través de un acuerdo entre cónyuges.

En cuanto a la pareja, expone que es un tema polémico, porque es frecuente que los esposos no decidan de forma correcta la administración de los recursos, tanto en situaciones de abundancia, como de escasez.

Según Meade, los problemas por dinero se pueden identificar desde antes de casarse, ya que cada persona trae su propia cultura y experiencia en cuanto a la administración del capital y cuando se casan muchas veces no empatan.

Por ejemplo, entre marido y mujer es común que alguno de los dos acostumbre a dar regalos de cumpleaños o de navidad a todos sus familiares y amigos, pero en el caso del otro esto no pasa; entonces,

MIGUEL RAMÍREZ

cuando se junta este aspecto tan sencillo, es motivo de un gran conflicto.

Ante esta y muchas otras situaciones, lo que debe privar es una negociación para que se llegue a un consenso de lo que se debe hacer o no con el capital que ingresa al hogar. Para ello, es indispensable que los gastos e ingresos se pongan en papel, y a partir de ahí se decida el destino que se les dará.

Al retomar el caso de los regalos, recomienda que luego de poner sobre el papel los gastos para este fin, se puede llegar a un punto intermedio donde no se le obsequie a todo el mundo, sino más bien a las personas verdaderamente cercanas, con lo cual ahorrarán y se mantendrá la tradición.

En principio, la especialista aconseja realizar una lista de cada uno de los rubros en los que se gasta, ya que ello permite visualizar lo que se eroga y en dónde se desembolsará en el corto plazo, con lo que se definirán las prioridades.

Para superar los conflictos en cuanto al dinero, se sugiere que si los dos trabajan se forme un fondo común para resolver todos los aspectos financieros; una vez que eso ya ocurrió, entonces se recomienda dejar parte del ingreso para que la pareja lo gaste en sus propios objetivos.

Organice su presupuesto: Otros elementos a considerar es que las personas deben tomar a la familia como una empresa en cuanto a finanzas personales se refiere. Deben saber cuáles son sus recursos, en qué los van a invertir y cuáles son las metas.

El siguiente paso será educar a los hijos. Si los pequeños ven que los padres son derrochadores y que no llevan un control del presupuesto, ellos tienen altas probabilidades de seguir ese ejemplo.

Un aspecto para que los niños puedan tener una cultura financiera es darles cierta cantidad de dinero de manera semanal y que ellos se encarguen de administrar sus gastos de la escuela o personales. *"Si logramos que lo hagan de una forma prudente, estaremos en la puerta de conseguir hijos con un buen manejo de recursos".*

La familia también debe tener consciencia social, es decir, no caer en el consumismo y estar consciente de que si bien es posible tener muchas cosas, "si no las empleamos o subutilizamos, seguramente alguien más les podría sacar mejor provecho".

Por ello, también hay enseñar a los pequeños que no hay que comprar sólo por gastar, sino que realmente lo que se adquiera, se necesite y se use.

En el manejo de finanzas familiares es importante visualizar los gastos de manera mensual, anual y de mediano y largo plazo. Al hacerlo se podrá saber cómo va el presupuesto, aunque también hay que considerar qué desembolsos son los que se harán al año, tal es el caso de la tenencia vehicular, impuestos, predial, pólizas de seguros para poder ahorrar y prevenir.

Un adecuado del presupuesto permitirá calcular cuánto se gastará en la carrera de los niños, en la compra de una casa, de un auto o aspectos relacionados con la salud, que no tienen cierta periodicidad y muchas veces son emergencias, porque no se está preparado.

Para tener éxito en la economía familiar se debe tomar en cuenta el momento en el cual se vive, ya que en un hogar sin hijos los factores son distintos.

"El pensar y hacer algo sobre las finanzas nos quitará la angustia sobre el futuro, porque si se trabaja bien desde hoy, mañana seguramente no habrá problemas". Uno de los secretos de la vida es observar y adaptarse a las diferentes etapas. "Y si es época de estudiar, trabajar o formar una familia, pues hay que tratar de sacar el mejor provecho de cada periodo y disfrutarlo".

MIGUEL RAMÍREZ

139

El proyecto de vida debe ir de la mano de un plan financiero.

Productividad en la familia: Otro elemento para que las finanzas sean sanas es la productividad. A nivel país se percibe un rezago considerable, pero también es consecuencia de que no se enseña a los hijos a ser productivos. "Con ello trato de decir que los recursos que se tengan, deben utilizarse de la mejor manera". Hay que tratar de economizar lo más que se pueda.

Para arraigar en los niños una cultura financiera es indispensable enseñarles que el dinero no se obtiene estirando la mano; y hay que insistirles que ellos pueden y deben ganar con su propio esfuerzo.

Por ejemplo diversas actividades en el hogar, hay cosas que pueden hacer como pintar o tapizar su cuarto. Así, los recursos que se tenían destinados para ese gasto se les da a los pequeños, y ellos tendrán más dinero y al mismo tiempo se les enseñará a que pueden ganar su propio salario con cuestiones sencillas y sin descuidar sus estudios.

La sobriedad también es importante en la familia. Los padres deben evitar al máximo hacer gastos excesivos o innecesarios. En este aspecto es como ponerse en el justo medio de las cosas, es decir, no tener excesos, pero tampoco caer en la avaricia.

Precisa que comprar un auto no es sólo por el hecho de tenerlo, sino los usos y los beneficios que traerá, y eso pasa con todos los bienes.

Ninguna sociedad puede funcionar sin dinero, pero en la actualidad se le da un valor primordial, a tal grado, que lo material se convierte en uno de los únicos objetivos en la vida, es decir, para muchas personas quien vale es el que más tiene.

Se tiene que fomentar una cultura financiera, y llevar un adecuado manejo de las finanzas podría parecer complicado, pero resulta más sencillo de lo que parece. Sólo es cuestión de organizarse y dar prioridad a los gastos de primera necesidad.

140

Las finanzas en el matrimonio

Podría apuntarse que uno de los aspectos más desafiantes y complicados de la vida familiar es el hecho de administrar las finanzas familiares. A pesar de que todas las personas desean ser capaces de solventar flexible y adecuadamente a sus parejas, y poder brindarles a sus hijos una vida cómoda y buena; es realmente importante ser realista con respecto a lo que verdaderamente podemos permitirnos teniendo en cuenta nuestras finanzas.

Hoy en día, nos encontramos en una de las etapas que personalmente considero más difícil económicamente para todo el mundo, pero sobre todo para los matrimonios y más aún para aquellos que tienen hijos; ya que este tiempo es de mucha tensión y ansiedad por los aprietos con el dinero a causa de la crisis económica mundial que estamos enfrentando.

Es por esta razón que creo que una de las mejores maneras de lograr que su familia salga a flote durante estos momentos difíciles, es planificando todo de antemano, informándose con anterioridad sobre los costos de todos sus planes y compromisos para comenzar a prepararse con bastante antelación para cuando llegue ese momento.

Esto es trascendental cuando hablamos de ahorrar para la educación de los hijos, ya que los precios de sus útiles y materiales serán cada vez mayores. Con las matrículas escolares en constante aumento, ahora más que nunca es el mejor momento para informarse acerca de los diferentes tipos de planes de inversión disponibles para su familia.

Para esto, es preciso estudiar los conceptos financieros más relevantes que un responsable de familia debe conocer y aplicar con el fin de optimizar los ingresos de su hogar, de manera que pueda administrar sus gastos mensuales, comprando de la forma más económica, utilizando los medios de pagos más convenientes, y conociendo las técnicas de reducción de gastos y ahorro con el objeto de salir adelante ante situaciones de endeudamiento o imprevistos.

Por eso quiero recalcar la importancia de dividir las tareas financieras entre la pareja, puesto que el manejo del dinero es trabajo de los dos. La responsabilidad en el control de las finanzas es una tarea a compartir. El que se especialice en las matemáticas puede ir tomando nota de los ingresos y egresos, y quien tenga cualidades de orden puede recolectar y ordenar todos los recibos y facturas, de manera que el trabajo económico sea en conjunto, ya que el compartir esta responsabilidad puede recompensarle y hacer más equilibrada y satisfactoria la relación con su pareja.

Esto sólo se pudiera lograr si se propone mantener una comunicación abierta con su cónyuge, es importante que comenten e interactúen sobre la filosofía de cada uno para el manejo del dinero. Hablen sobre cómo satisfacer las perspectivas monetarias de ambos, salvando las diferencias. Para esto pueden fijarse metas de forma conjunta. Asegúrense de que las necesidades de cada persona sean satisfechas de la mejor manera posible en virtud de sus capacidades financieras, desarrollando un plan para lograr esos objetivos sin afectar la calidad de vida de ambos.

142

Hay que recordar que las diferencias en el manejo de las finanzas familiares son una de las principales causas de divorcio, por lo que la comunicación, la planificación temprana y las conversaciones francas sobre los asuntos de dinero son clave para la armonía económica. Así como también es elemental el que ambos miembros de la pareja participen con igual peso en las decisiones financieras, sin importar quién sea el proveedor; y si cada uno posee cuentas a controlar y tarjetas de crédito a su nombre, mejor aún, para que de esta forma los dos intervengan en los gastos y consumos.

Mantengan una buena comunicación. Sus planes como pareja deben ser flexibles y se deben reevaluar por lo menos una vez por año, para estar seguros de que aún tienen las mismas metas y que siguen estando cómodos con sus planes y con las acciones necesarias para llegar a esas metas. Si encontraran algo en lo que no pueden ponerse de acuerdo, busquen ayuda profesional antes de que la situación llegue a ser imposible de rectificar.

Las diferencias en el manejo de las finanzas familiares son una de las principales causas de divorcio en Estados Unidos y P.R., pero la comunicación y planificación temprana entre parejas son clave para la armonía económica, según los expertos.

Varias encuestas citan problemas financieros como causa de divorcio, incluida una realizada por City Bank en 2006, que indica que 60 por ciento de los divorciados menciona las discusiones sobre dinero como uno de los principales factores de la separación. Igualmente, de acuerdo con el Programa de Prevención y Mejoramiento de las Relaciones (PREP en inglés), un programa nacional de educación e investigación para el mejoramiento de los matrimonios, el dinero es el tema sobre el que más se discute en la mayoría de las parejas. Sin embargo, el programa enfatiza que el tema sobre el que discuten los matrimonios no es tan importante como la manera en cómo lo discuten, y esto se aplica igualmente para los asuntos financieros.

Las finanzas juegan un gran rol en los divorcios, superadas sólo por (los asuntos) sexuales" como causales de separación, dijo una planificadora y analista financiera de divorcios.

Frente a esto, señaló, "mi consejo es que las personas que están considerando casarse, y los matrimonios, tengan francas conversaciones sobre los asuntos de dinero, desde cómo manejar las cuentas y tarjetas de crédito, hasta cuándo y cómo realizar las grandes compras (del hogar)". Igualmente importante que ambos miembros de la pareja participen con igual peso en las decisiones financieras, sin importar quién sea el proveedor principal. En tal sentido indica que muchas mujeres que no trabajan, o que por razones culturales dejan las decisiones financieras a los esposos, deben tomar un papel más participativo en los asuntos financieros.

"Las mujeres más atemorizadas en los casos de divorcio son aquellas que han dejado todas (las decisiones y acciones financieras) a los esposos por muchos años, creyendo totalmente en ellos y manteniéndose en la oscuridad", esto puede conducir a serios problemas en la eventualidad de un divorcio, porque "el hombre en el que confiaste totalmente puede comenzar a esconder los bienes matrimoniales (cuentas, propiedades, etc.) si ve que se está acercando un divorcio, y esto se ve con frecuencia".

Pero para evitar que los asuntos monetarios se conviertan en foco de problemas matrimoniales, la conversación temprana antes del casamiento sobre los asuntos monetarios es fundamental. Uno de los primeros temas a tratar son las deudas que ambas partes traen por su cuenta a la unión matrimonial.

El Departamento de Familia, cita un estudio que revela que el 66% de los problemas asociados con deudas significativas es uno de los cinco principales obstáculos financieros que afectan a los matrimonios. De modo que uno de los temas que deben tratar las parejas al contraer matrimonio es hacer una evaluación de las deudas acumuladas por cada uno que formarán parte de la economía familiar, y hacer un plan de pago de deudas para eliminar este obstáculo que afectará el crecimiento financiero de la pareja.

Sintonizar los estilos personales de gastos es otra prioridad. Si un miembro de la pareja es "derrochador" y el otro es "controlador", o si uno es "arriesgado" en las compras o inversiones y el otro es "conservador", éstos son temas que mejor se conversan y acoplan tempranamente antes de que sea muy tarde para encontrar soluciones.

Otro aspecto a tratar son las metas comunes y su planificación. Éstas van desde el pago de deudas hasta la compra de autos y casa, el ahorro para la educación de los hijos, los planes para la jubilación, los objetivos de inversión. Qué se quiere, cómo lograrlo, cuándo lograrlo, y cuál es el plan para alcanzar la meta, son preguntas que sirven de puente para discutir cada uno de los objetivos financieros del matrimonio, pero es importante estar en sintonía en cuanto a los valores monetarios básicos incluso desde antes de dar el gran "sí".

Consejos para parejas que no se pueden poner de acuerdo sobre las finanzas del hogar: Para muchos matrimonios es difícil concordar sobre las finanzas del hogar. Por lo general una persona gasta o ahorra más en comparación a su cónyuge o tiene una visión diferente sobre cómo manejar el dinero. Debido a factores como estos, muchas parejas tienen constantes peleas sobre el dinero del hogar. El no poder reconciliar las diferencias sobre el dinero puede causar serios problemas en las finanzas de la casa y dañar su matrimonio.

El ponerse de acuerdo con su pareja sobre lo que es una buena mayordomía financiera puede ser un proceso difícil si no usan las herramientas adecuadas. La frustración de no poder entenderse da lugar a discusiones, peleas, enojo y muchas otras acciones negativas. Lo bueno es que existen maneras en las cuales se pueden evitar las discusiones y llegar a un acuerdo financiero con su cónyuge.

A continuación le queremos dar algunos consejos sobre cómo solucionar las diferencias financieras con su pareja. Estas herramientas están creadas para ayudarle a encontrar un acuerdo financiero que sea de mutuo agrado para usted y su cónyuge.

Busquen a Dios. ¡Qué bueno es saber que cuando tenemos problemas con nuestra pareja, Dios está allí para ayudarnos a resolver esas diferencias que pueden herir el matrimonio! Aunque muchos casados saben esto, pocas parejas oran para que Dios les ayude a llegar a un común acuerdo sobre las finanzas del hogar. A Dios le interesa que en su matrimonio no existan problemas de economía ya que éstos, eventualmente van afectar negativamente al hogar. Como matrimonio tomen el tiempo para orar, leer la Biblia y pedirle a Dios que les ayude a ponerse de acuerdo sobre el mejor uso del dinero. Con la ayuda de Dios ustedes van a lograr ser buenos mayordomos de sus finanzas y su matrimonio se fortalecerá.

Usted ya no es soltero. Normalmente, antes de casarse, las personas ya han establecido patrones financieros y están acostumbrados a manejar el dinero como mejor les parece. Por lo general, usan el dinero sin tener que dar cuenta a otros sobre el estado de sus finanzas personales. Al casarse esto cambia porque ahora "ya no son dos, sino uno". Sus acciones financieras ya no sólo le afectan a usted sino que también afectan a su pareja. Por ejemplo, sus deudas, mal crédito y falta de pago, tarde o temprano afectarán negativamente a su cónyuge. Por lo cual es necesario que cada vez que usted gasta y ahorre, piense que ya no está solo sino que sus acciones financieras pueden afectar positivamente o negativamente a su pareja.

No se compare con otros matrimonios. Algunas parejas tienen problemas en sus finanzas porque viven imitando lo que otros matrimonios hacen. Desarrollan hábitos financieros alrededor de lo que hacen los vecinos, colegas, amistades o incluso familiares. El compararse con otros matrimonios es un error porque cada pareja es única. Factores tales como ingresos, edad, educación, personalidad y varios otros factores hacen que cada matrimonio sea diferente. Por lo cual lo que funciona para un matrimonio puede ser que no funcione para otro. Dicho esto, aconsejamos que en lugar de imitar lo que otros hagan, tomen el tiempo de conocerse como matrimonio. Es importante que usted y su cónyuge sepan cuáles son sus similitudes y diferencias referentes a las finanzas del hogar. Entre más se enfocan en su matrimonio, y no en lo que hacen otros, usted estará mejor preparado para crear un plan financiero que se conforme a las particularidades de su hogar.

Definir prioridades. Como matrimonio deben decidir cuáles son sus metas financieras. Puede ser que su objetivo sea el pagar sus deudas, el comprar un auto, comprar una casa o estar preparados para tener hijos. Incluso quizá su meta como pareja sea el pasar un buen tiempo o viajar. Sin importar cuál sea su meta financiera es importante que hable con su pareja y juntos lleguen a un acuerdo de cuáles van a ser las prioridades financieras en su matrimonio.

Formulen un presupuesto. Evite que en su hogar haya confusión sobre cuánto es lo apropiado o inapropiado de gastar o ahorrar. Hagan planes de gastos, a ahorros, donaciones o inversiones por mes.

146

Al crear su presupuesto, sean razonables; sus metas presupuestarias deben ser alcanzables tanto para usted como para su pareja. El tener un presupuesto le ayudará a evitar confusiones y le dará una mejor idea de cuáles son las obligaciones financieras mensuales que como matrimonio deben cumplir.

No se den por vencidos. Muchas veces las parejas tratan de hacer cambios y llegar a un acuerdo sobre las finanzas pero pronto regresan a tener problemas. Habitualmente esto pasa porque las parejas no cumplen con las metas financieras que se han trazado. Estas personas piensan que ya hicieron el intento de tener un presupuesto o un plan financiero y es algo que no va a funcionar en su matrimonio. Por lo consiguiente se dan por vencidos y regresan a los patrones financieros del pasado. Es importante que usted se dé tiempo. Como matrimonio están aprendiendo a cambiar y a formar hábitos financieros que le ayudarán a alcanzar sus objetivos. Si acaso no pudieron cumplir las metas que se trazaron durante el mes, no se den por vencidos; traten de nuevo al siguiente mes. Puede que al principio no logren todas sus metas pero con el tiempo y la práctica, eventualmente lograrán lo que se han propuesto.

Algunos consejos para mejorar sus finanzas

1. Revise su patrimonio: Reste a todos sus activos (propiedades que usted tiene, incluido dinero) el importe de sus pasivos (lo que debe). Esta operación le dará como resultado una cantidad de dinero, que podría ser su balance familiar. Realice mensualmente este ejercicio y determine poco a poco si las acciones que está tomando lo ayudan a mejorar sus finanzas.

2. Aprenda a organizarse: Es importante mantener en mente que lo principal es pagar las deudas, antes que pretender ahorrar dinero. Identifique hacia dónde va su dinero para después hacer su propio plan de ahorro. Tal vez la deuda que actualmente tiene le cobra un interés bajo y, si su plan financiero se lo permite, tal vez no sea necesario pagar la totalidad de ésta con el fin de no descapitalizarse para que pueda destinar ese dinero a otros rubros, como puede ser el ahorro. Por esto es importante que revise cuidadosamente su situación financiera y se concentre en su propio plan. Decida qué asuntos tienen mayor prioridad y cuáles son más cercanos de alcanzar, o incluso, más urgentes de cumplir.

3. *De ser posible, trate de no gastar el dinero que le aumenten:* o que de alguna manera reciba adicionalmente, tal vez por el pago de algo que le debían, un bono por productividad, su reparto de utilidades, horas extra, gratificaciones, etc., ¡ahorre!

4. *Reserve para las emergencias:* Es muy importante tener liquidez disponible para solventar, por ejemplo, la atención médica imprevista de algún integrante de su familia. De preferencia, procure que este dinero esté invertido en alguna cuenta bancaria que sea segura y de la que pueda disponer de sus recursos en un plazo conveniente para usted y que genere intereses por encima de la inflación.

Consulte también las opciones que le ofrece; Bonos del Ahorro Nacional. Utilice el dinero únicamente para emergencias e imprevistos, esto le ayudará a no convertir "el dinero ahorrado" en "dinero para emergencias".

5. *Es importante que invierta su dinero en un seguro:* Si usted destina y tiene contemplada como parte de sus gastos mensuales, trimestrales o semestrales, y de manera constante, cierta cantidad de dinero para mantener protegido su hogar, la salud de la familia, su auto y sus pertenencias más valiosas, no se verá en apuros económicos en el caso de que llegaran a presentarse los desafortunados sucesos amparados en la cobertura de su seguro. Actualice sus pólizas en el momento necesario, lo inevitable tarde o temprano puede dañar su economía y sus planes financieros.

6. *Cuide los gastos que hace con sus tarjetas de crédito:* de preferencia no firme sus compras con todas las tarjetas que tiene. Utilícelas con mesura y únicamente como un medio de pago para aprovechar

148

el financiamiento que le ofrecen, para esto es importante que pague totalmente su saldo antes de la fecha límite. Nunca las utilice como medio de crédito, a menos de que se trate de una verdadera emergencia. Evite emplearlas compulsivamente, puede ser que se conviertan en un dolor de cabeza y no en un medio de solventar emergencias. Este tema será tratado más explícitamente en otro capítulo. **Tenga sólo las que necesita para satisfacer sus necesidades.**

7. *Abra una cuenta de ahorros o de cheques:* Si no depositan su salario en una cuenta bancaria de nómina, como es muy común actualmente, usted mismo deposite su sueldo y organice el dinero a través de esta cuenta, ello le permitirá no gastarlo todo de una vez, sino que lo podrá administrar de la mejor manera posible.

8. *Estime y analice todas sus posibles fuentes de ingresos:* incluso, busque otras nuevas. Esto le puede sonar a plantearse la posibilidad de emprender un nuevo negocio, de vender lo que ya no utiliza e incluso calcular el monto de su pensión.

9. *Posiblemente usted es la única persona que maneja las finanzas de su familia:* pero si lo hace con algún miembro más, usted deberá siempre saber lo que está pasando con su dinero. No descargue la responsabilidad en otra persona, además, dos cabezas piensan mejor que una.

10. *Camine de común acuerdo con su asesor:* o con quien lleva las finanzas familiares junto con usted, revisen juntos los estados de cuenta, los recibos, los reportes de sus inversiones, los contratos. Esté al pendiente del vencimiento de las pólizas de seguros por si a la otra persona se le olvidan las fechas, etc.

11. *Determine cuánto tendrá en su inversión cuando se retire:* tomando en cuenta el salario que tiene actualmente y suponiendo que éste permanecerá constante, teniendo los incrementos que lógicamente se darán por la situación económica del país. Piense que en el caso de que los precios aumenten, también aumentará su sueldo.

Vea cuánto tiene ya acumulado.

Si hasta el momento su Afore, o su 401K no llevan depositada una gran cantidad de recursos, puede ser porque usted es muy joven o tiene poco tiempo de cotizar en este sistema, por eso debe proyectar la cantidad de su retiro al momento de pensionarse. Consulte su caso particular con el asesor de Afores o de su 401K conociendo los beneficios que le da su sistema de Seguridad Social.

12. Investigue de qué manera puede aumentar el dinero que recibirá en el momento de su pensión: Gracias a las Afores en México el 401K en USA, usted puede depositar, según sus posibilidades, cierta cantidad de dinero de manera voluntaria, lo que aumentará sus recursos llegado el momento del retiro. Usted también puede contratar un seguro de vida total o con un plan de retiro independiente.

13. Verifique sus antecedentes crediticios: para que sepa si es factible obtener un crédito en el momento que lo requiera de acuerdo con sus planes, metas y objetivos. Esto le ayudaría a aumentar su patrimonio en el momento conveniente.

14. Si sus antecedentes crediticios no son muy buenos, entonces trate de mejorarlos: haga los pagos necesarios y esté lo mejor enterado posible de su situación crediticia. Éste es el primer paso para mejorarla.

15. Si usted paga impuestos por su cuenta: es decir, sin la ayuda de alguna empresa donde trabaje como asalariado, manténgase siempre al corriente; recuerde que una declaración fuera de tiempo puede ocasionarle un fuerte desequilibrio en sus finanzas, ya que además de la cantidad requerida para ponerse al corriente, tendrá que pagar multas y recargos acumulados.

16. Haga su testamento: Es muy desagradable, pero no por eso es poco importante. Para asegurarse en vida de que su patrimonio quede en las manos adecuadas. Esto además, evitará que sus seres queridos tengan que realizar largos y costosos trámites. Más adelante hablaremos de este tema en particular, para poder entenderlo mejor.

17. *Mantenga todos sus estados de cuenta:* contratos, pólizas de seguro y otros documentos relativos a sus finanzas y al bienestar de su familia en un lugar seguro y donde su cónyuge pueda encontrarlos en un momento de emergencia. Una buena opción puede ser una caja de seguridad en un banco o una caja contra incendios ubicada en su propia casa. Mantenga a la mano una copia de ellos por si llegara a pasar algo irremediable en el lugar donde estaban guardados, ya que al momento de realizar sus trámites deberá comprobar la autenticidad de sus documentos.

18. *Nunca piense que es inmune a las malas jugadas de la vida:* es muy desagradable pensar en el divorcio o en la muerte propia o la de algún familiar, por ello es mejor que se prepare a tiempo para que usted o su familia puedan enfrentar económicamente dichas situaciones.

19. *Es probable que requiera la ayuda de un experto:* seguramente en estos momentos se está preguntando si podrá manejar todos estos aspectos de un día para otro. Si usted no tiene algún asesor y piensa que lo necesita para que le oriente en la elaboración de su plan financiero, busque a alguien de su confianza y que de alguna manera tenga buenos hábitos monetarios para tomarlos como propios. De la mano de su asesor, usted deberá diseñar su propio plan financiero, que le guíe por el camino correcto para conseguir las metas que se ha propuesto y corregir los errores que hasta la fecha haya cometido.

20. *Haga todas las preguntas que considere convenientes:* asuma que no es un experto y que su intención es mejorar sus finanzas familiares, investigue cómo se maneja todo lo que crea conveniente hacer para realmente mejorarlas. Nunca invierta en algo que no conozca o que no entienda. No es malo preguntar; y si no se siente satisfecho con las respuestas que recibe, o se llegara a sentir incómodo con alguna situación relacionada con quien maneja su dinero, no dude en pedir ayuda y llevar de inmediato su dinero a otro lugar. ¡Buena suerte! Y sobre todo que nuestro buen Dios le ayude.

Patrimonio Familiar

¿Se ha puesto a pensar que la vida da muchas vueltas y que si hoy estamos arriba, por algo fuera o dentro de nuestro control podemos irnos abajo?

¿Qué pasaría si por alguna razón no pudiéramos pagar ese dinero que debemos dado que hubo una enfermedad imprevista, un accidente o una muerte? Los acreedores buscarían cobrarse como sea, y en casos extremos, embargarnos nuestros bienes o incluso nuestra casa. ¿Qué pasa si su marido por alguna problemática se vuelve un irresponsable, y siente que la solución para salir de sus problemas es malbaratar su casa? ¿Qué sucedería con sus hijos y con usted si su pareja muere? Mejor asegure legalmente los bienes familiares registrando el patrimonio familiar.

¿Qué es el patrimonio familiar?: El patrimonio familiar (sin dar una definición legal, pues resulta medio confusa) está compuesto por aquellos bienes que los miembros de una familia ya poseen y que usan para poder satisfacer sus necesidades de vida. Podemos mencionar entre ellos la casa y los muebles de la misma. Si dentro de la casa existe un tallercito, negocio o una parcela de cuyo trabajo se genere el ingreso familiar, también estos se pueden incluir dentro del patrimonio de la familia.

¿Para qué me sirve registrar el patrimonio de mi familia?: El registrar el patrimonio familiar tiene la función básica de proteger a su gente, de darle la seguridad de que contarán, sin importar las condiciones futuras, de sus bienes indispensables para vivir.

El registro del patrimonio familiar: (este sistema es posible en México, para hacerlo en otro país es necesario informarse al respecto, y lo ponemos en este capítulo como un asunto informativo, no directivo).
• Evita que éste pueda ser embargado en caso de que no se puedan pagar las deudas del padre, de la madre o de algún hijo.
• Evita que las propiedades puedan ser mal vendidas por el padre o la madre.

152

• Da seguridad a los dependientes (esposa o hijos) de seguir contando con esos bienes registrados en caso de un divorcio.

¿Cómo registro el patrimonio de mi familia? Habrá que ayudarse de algún abogado, ya que la solicitud se hace ante un juez. Se necesita realizar una lista de cada uno de los bienes que se quieran incluir en el patrimonio familiar, y de ser posible, su valor estimado. Esta lista se presenta ante el juez, quien una vez que la aprueba, deberá mandarse al registro público de la propiedad. La ley bajo la cual se regula el patrimonio familiar es diferente en cada estado. Algunos ponen un tope máximo en el valor de la vivienda, o un tope máximo en la suma del valor de los bienes. Asesórese con el abogado de su elección sobre las limitantes que pudiera haber.

¿Una vez registrado el patrimonio familiar, se puede modificar? Si, ya que puede darse el caso de que se adquieran nuevos bienes y desea agregarlos, o bien que alguno de los bienes registrados ya no sirva y se busque eliminarlo. El trámite siempre será ante un juez.

¿Y si se quiere vender algún bien que está en la lista? NO SE PUEDE VENDER, a menos que se haga una solicitud y se justifique que la venta constituye un claro beneficio para toda la familia. **¿Cuál es la vigencia del patrimonio familiar?** Una vez registrada, la lista de bienes será considerada patrimonio familiar hasta que la pareja se divorcie legalmente y no tengan hijos dependientes.

Si tengo una deuda y registro mi patrimonio familiar. ¿Ya no me pueden embargar mis bienes?: El registro del patrimonio familiar protege los bienes por deudas posteriores al registro, no contra aquellas deudas que ya se tenían previamente. Además, los bienes no pueden estar hipotecados. Así que ya lo sabe, para proteger a usted y su familia contra esos imprevistos del futuro, es una buena idea registrar su patrimonio.
DECÁLOGO PARA TENER FINANZAS FAMILIARES SANAS:

1. Prioriza tus necesidades para comprar lo que realmente necesita tu familia. Cada individuo o familia tiene necesidades propias, por lo que es necesario analizar y ordenar los gastos según su importancia, identificando aquellos que son indispensables. También se aconseja preguntarse lo que se va a comprar, de contado o a crédito, ¿realmente es necesario?

2. Compara precios y calidades con objeto de aprovechar la competencia entre proveedores. La investigación previa es básica para realizar una buena compra, lo que requiere tiempo, con la posibilidad de identificar ofertas o promociones de los artículos a adquirir.

3. Paga a tiempo tus deudas y así evitarás el pago de intereses. Se aconseja liquidar el saldo de las tarjetas de crédito en la fecha que indica el estado de cuenta, para así construir un buen historial crediticio.

4. Ahorra en la medida de lo posible, para obtener un mejor provecho de tus ingresos en el futuro. Fomentar la cultura del ahorro es un trabajo en equipo en el que debe participar la familia.

5. Establece metas realistas para identificar deseos posibles. Se recomienda fijarse un objetivo específico, factible de medir y con una fecha de cumplimiento para alinear el esfuerzo financiero, lo que permitirá tener unas finanzas sanas y no tener sobresaltos.

6. Haz un gasto consciente y evita las compras por impulso. No planear el uso del ingreso puede provocar gastos innecesarios que desajusten las finanzas familiares. Se recomienda llevar cada gasto a nivel consciente, cuestionando si lo que se va a comprar tiene una razón de ser.

7. Utiliza el crédito a tu favor, no adquieras deudas que no puedas pagar. El crédito y las tarjetas de crédito son muy útiles para adquirir bienes o servicios que difícilmente se pueden comprar en efectivo, pero si se utilizan de manera irracional se pueden convertir en un problema.

8. Reduce deudas a fin de no destinar una parte importante de tu ingreso a su pago. Para diseñar una buena estrategia de reducción de deudas es necesario identificarlas y, si es el caso, reconocer que existe un problema.

9. Analiza tus finanzas familiares con objeto de elaborar un presupuesto que te permita cumplir tus metas. Conocer ingresos, gastos, activos, deudas y ahorros permitirá el mejor aprovechamiento de los recursos, los cuales siempre son limitados.

10. Elabora un plan de gastos con la finalidad de ajustar tus desembolsos. Finalmente, es recomendable elaborar un plan de gastos para distribuir los ingresos de forma que se satisfagan las necesidades de la familia.

Cuidando las finanzas familiares

José Ángel y Mónica, después de algunos años de casados decidieron aumentar el número de los miembros de la familia y ella se embarazó. Su vida económica, como pareja de profesionistas jóvenes, estaba prácticamente resuelta: dos buenos salarios, prestaciones, vacaciones pagadas… Gracias a eso, pudieron viajar, conocer restaurantes, ir al teatro y todo tipo de comodidades. Sin embargo, nunca pasó por sus cabezas la opción de ahorrar. Vivían sin problemas económicos, pero probablemente no podrían enfrentar algún imprevisto financiero.

Cuando la familia crece: La llegada del bebé aumentaría, sin duda, los gastos: visitas al pediatra, ropa, medicamentos, pañales... en fin. Puede ser difícil manejar este cambio. Por eso, aquí le ofrecemos algunos consejos, recolectados entre expertos en finanzas y padres de familia organizados y no tan organizados, que ya han pasado por la experiencia. *"Eviten endeudarse"*.

El plástico es tentador. Comprar a crédito hasta te hace imaginarte que no tienes que desembolsar ni un peso por las cosas. "Pero siempre llega el momento de pagar las cuentas y es importante tener cuidado con las tasas de interés. Además, si se están endeudando, quiere decir que gastan más de lo que tienen y es necesario ver la manera de gastar menos". Aún antes de la llegada de los hijos, muchos padres deben enfrentar deudas contraídas. Es importante pagarlas, especialmente las que están sujetas a altas tasas de interés, como las tarjetas de crédito.

"La familia tiene que ceñirse a un presupuesto que le permita ir pagando poco a poco las deudas acumuladas y tratar de ahorrar. No importa cuánto sea, lo importante es aprender a gastar menos de lo que se gana", señalan. Con hijos, los imprevistos nunca faltan.

Ahorrar, aunque sea un poco, parece imposible, pero es imprescindible tratar de aumentar nuestro fondo para emergencias. Es conveniente tener una reserva de dinero. Trate de guardar en su cuenta de ahorros una parte de su sueldo, por más chico que sea el aporte. Nunca olvide el sabio refrán "un peso guardado es un peso ganado". Pero, ¿cuándo es el mejor momento para ahorrar, pensando en el futuro de los hijos? La respuesta según los expertos es simple: hay que ahorrar desde el principio. Puede parecer que hay mucho tiempo por delante cuando el bebé está recién nacido, pero la verdad es que cuando se trata de inversiones, tiempo perdido es dinero perdido.

"Es importante que la pareja empiece este proceso desde temprano porque tienen más tiempo para lograr mejores oportunidades de inversión para la cuenta de ese niño, y los rendimientos crecen también" indican los analistas. Eso suena sencillo, pero una vez que se llega a casa con el recién nacido, ¿cuáles son los pasos a seguir?

"Cuando una pareja tiene un bebé y piensa en abrir una cuenta de inversión para el bebé, debe hacer varias cosas", señala Michael Gabay, de la empresa financiera Merrill Lynch. "Una es pensar en el tipo de inversión que quieren. En segundo lugar, determinar el riesgo que desean asumir dado que tienen un horizonte de tiempo más largo, por lo que se puede tener un portafolio más diversificado". Además, puede ser buena idea contratar un seguro de vida, o tal vez uno de

156

educación. Hay varias opciones en el mercado para distintos bolsillos. Si puede pagar uno, es aconsejable tenerlo, ya que de esa manera protegerá el futuro de su hijo en caso de algunos imprevistos.

Algunas ideas para disminuir los gastos

– Aceptar ayuda de los demás: ropa, muebles, juguetes... en fin. Muchos artículos de segunda mano le pueden ser de gran utilidad y además, ahorrarle dinero. No deje que el orgullo sea un obstáculo al ahorro. Como tampoco debe serlo la romántica, pero no menos absurda, idea de "mi hijo merece lo mejor". Por supuesto que nuestros hijos merecen lo mejor pero en atención, cuidados, cariño y no en gastos innecesarios como la cuna más cara del mercado, o la carriolita importada de España.

– Evaluar si conviene que la mamá siga trabajando: los cuidados del bebé acarrean costos escondidos, como la guardería o una niñera, en caso de que la mamá regrese al trabajo. Por esto, muchas parejas deciden que la mujer deje de trabajar para cuidar al bebé, aunque impacte el presupuesto familiar, ya que a la larga produce ahorros de otro tipo. Hay que reconocer, eso sí, que cada situación es distinta, por lo que es una decisión que debe tomarse en pareja, para que después no haya resentimientos de por medio.

– Otra alternativa es que la mamá o el papá trabajen desde la casa o media jornada, para así equilibrar los ingresos sin descuidar al bebé.

– Pregúntese si hay gastos que se pueden eliminar.

– Elabore una lista con los gastos mensuales y evalúe si hay algunos superfluos. Por ejemplo, hay parejas que gastan mucho saliendo a comer. Es más económico comer en casa o llevar comida a la oficina. Tal vez puede prepararse fruta o ensaladas y que su comida fuerte sea la cena. Además es una buena forma de reunirnos con los nuestros. Otras familias gastan mucho en juguetes; el niño no necesita tener todo lo que desea para desarrollarse bien.

Hablando honestamente:

Aquí le presentamos algunas preguntas e ideas que le ayudarán a identificar sus costumbres financieras y a replanteárselas ya que los hijos –grandes o chicos– aunque suene común, cuestan bastante dinero. Y resulta conveniente tener planeada nuestra economía familiar.

¿Sabe qué porcentaje de su ingreso mensual familiar se emplea en alimentos, salud, servicios, ropa, colegiaturas, renta? Determine qué porcentaje del ingreso familiar representan los gastos ocasionales.

¿Sabe cuánto paga en tarjetas de crédito?
¿Ahorra de su sueldo mensual? ¿Cuánto?
¿Cuánto le representa desembolsar los gastos de su automóvil mensualmente?
¿Es para usted muy importante comer en restaurantes?
¿Está planeando la educación de sus hijos?
¿Tiene inversiones en fondos, acciones, bonos, etc.?
¿Cada cuánto sale de vacaciones y qué tipo de vacaciones prefiere?
¿Cuándo hace compras a qué le da más importancia al precio y a la funcionalidad, a la calidad y al precio, a la marca y a la calidad o solamente a la marca?

Pautas para organizar las finanzas familiares, después de la llegada del bebé: Es importante planear el manejo del dinero con inteligencia para priorizar los gastos que demande el cuidado del pequeño y evitar que el saldo siempre quede en rojo.

Lo primero es dividir las finanzas en tres: prepararse durante el embarazo para prever económicamente las necesidades básicas del pequeño, incluyendo su salud, y dejar una partida de ahorro; segundo, solventar los gastos periódicos que demandará el bebé después de su nacimiento (pañales, leche, ropa, atención médica mensual), así como la canasta familiar; y lo tercero, la previsión hacia el futuro, es decir, planes de financiamiento para pagar los estudios universitarios del nuevo hijo.

"Cuando llega un bebé a una familia todo es alegría. Para que esa felicidad no se apague es mejor proteger al bebé de los riesgos a los que está expuesto, como la muerte de alguno de los padres, quienes; como su principal apoyo, le garantizan que no le falte nada en estos primeros años. Una opción para que el pequeño cuente con los recursos para educación, alimentación y vestuario, entre otros, aun cuando el jefe del hogar se ausente, es el seguro de vida".

Un punto importante en el equilibrio de la economía familiar es hacer sacrificios, contener impulsos, no endeudarse demasiado y ahorrar, pues seguramente habrá gastos adicionales por la llegada del pequeño. "Es el momento de hacer planteamientos drásticos. Si los padres no se preparan financieramente, la situación puede empeorar y se pone en riesgo la estabilidad de la pareja".

Hacer un presupuesto inteligente requiere un poco de dedicación. El presupuesto suele desfasarse por imprevistos y compras impulsivas:
- Los presupuestos fallan porque las personas los hacen ideales. Evite comprar cosas sin saber cómo se van a pagar. Todo debe ceñirse al dinero existente.
- Determinar cuánto se va en gastos fijos (arriendo, vivienda, alimentación, transporte), en posibles imprevistos y dejar una partida de dinero para el ahorro, que en principio es el 10 por ciento del salario.
Sacrificar, de vez en cuando, ciertos gustos (salidas a comer, a bailar, la ropa de moda).
- En lo posible, las parejas no deberían endeudarse para el sostenimiento del bebé. Las deudas tienen límites y, en caso de adquirirse, no deben ser para consumo. Estas no deben ser mayores al 30 por ciento del presupuesto. El nivel de deuda es ajustable según el estilo de vida.
- La tarjeta de crédito no es un ingreso adicional y, a veces, se utiliza para comprar cosas de la canasta familiar. Si existe, debe utilizarse racionalmente.

• Darles afecto a los hijos y pasar tiempo con ellos evita, en el futuro, problemas de comportamiento que requieran la ayuda de un profesional.

Planear ayuda a disminuir los contratiempos. La planeación del primer año es fundamental, de manera que el presupuesto que se reserve y ejecute en este tiempo sea cercano a la realidad. Hay varias maneras de planear responsablemente los gastos. Aquí, algunas ideas:

• *Compras al por mayor.* Existen lugares especializados donde se obtienen pañales y otros productos de aseo e higiene infantil a muy buen precio y en volúmenes.

• *Priorizar gastos y evitar los impulsos.* "Hay que hacer compras necesarias, no con el corazón". La prudencia es sabia y ésta implica establecer prioridades. Visitar los almacenes y decidir en familia qué se compra y qué pueden regalar los demás.

• *Cuidado del bebé.* La pareja debe prever quién se hará cargo del cuidado del niño y, de esta manera, determinar cuál es la mejor opción y qué presupuesto destinar. Si la decisión final es una niñera, hay que seleccionar y entrenar cuidadosamente a la persona escogida.

• *Salud del pequeño.* El tema médico es importante y requiere planeación, de acuerdo con los recursos de los padres. El sistema de salud ofrece planes complementarios, medicinas pre-pagadas y seguros de salud, estos últimos con pólizas que cubren todos los gastos relacionados con la enfermedad o accidente e incluso algunos protegen al bebé de enfermedades congénitas. "Mientras un niño aprende a gatear, caminar o incluso a montar en bicicleta, están propensos a que les ocurran accidentes o tengan percances, que en algunos casos van desde un raspón hasta una fractura y que requieren atención médica". Al elegir cualquiera de los planes propuestos, debe consultarse el bolsillo.

• *Accesorios.* En el mercado existen productos para bebés que cumplen más de una función y son prácticos. "Buscar muebles flexibles y multifuncionales, es decir, que uno solo sirva de cuna, cama y cambiador. Aquí el lema 'tres en uno' es el que brinda mayor economía".

• *Un baby shower básico.* A veces llegan regalos repetidos o innecesa-

160

rios. "Es clave ajustar las peticiones para que los detalles sean útiles", lo mejor en estos casos es hacer una lista de los regalos.

- *Ropa.* Comprar tallas un poco más grandes y no para recién nacidos, pues el pequeño crece con rapidez y algunas prendas se pueden quedar sin usar.
- *Red social, apoyo seguro.* Cuando los padres tienen buenas relaciones con la familia y las personas que los rodean, éstas, sin pedírselo, aportan económicamente a las necesidades del pequeño. Siempre será bienvenido la ropa que regalan los abuelos o el cargador que una amiga de la pareja le trae al infante.
- *Recursos para estudios.* Normalmente, los padres solo piensan en cómo financiar la carrera universitaria hasta que el menor culmine su bachillerato y, en este momento, es posible que no cuenten con los recursos necesarios.

"Los seguros educativos les permiten a los padres garantizarles a sus hijos, desde muy temprana edad la posibilidad de acceder a los mejores centros de educación superior, sin exponerse a los incrementos de los costos; incluso, si alguno de ellos fallece, la compañía de seguros se hace cargo de los costos de la universidad.

- *El bebé no es gasto, es una inversión.* Hay que evitar el estrés por el dinero que deba destinarse a la manutención del pequeño. Cuando se organizan las finanzas, no habrá lugar a desbalances ni 'huecos' presupuestales.

Abuso de crédito pone en riesgo las finanzas familiares: Para garantizar una economía familiar sana, las deudas no deben rebasar el 30% de los ingresos, de acuerdo con un análisis de la Dirección General de Estudios sobre el Consumo de la Procuraduría Federal del Consumidor (Profeco).

En la página de Internet www.profeco.gob.mx, la dependencia da a conocer ese análisis, y ante la cercanía de la época navideña, recomienda a los consumidores que realicen sus compras a crédito sin rebasar su capacidad de pago y el nivel de endeudamiento para que no se afecten las finanzas familiares.

MIGUEL RAMÍREZ

En el ejercicio hecho por la Profeco, se ejemplifica el caso de una persona que tiene un ingreso mensual de 10 mil pesos, con gastos de 8 mil, por lo que su nivel de endeudamiento es del 20%.

Para estimar la capacidad de pago es necesario determinar el ingreso mensual familiar y restarle todos los gastos, de manera que el resultado son los ingresos libres de cualquier obligación.

Los bancos utilizan el concepto de "nivel de endeudamiento" para definir la relación de los pagos de las deudas respecto del ingreso familiar; dicho porcentaje se obtiene al dividir el total de pagos del mes entre el ingreso.

En concordancia, las instituciones de crédito consideran que una práctica crediticia sana es aquella donde el nivel de endeudamiento no rebase el treinta por ciento del ingreso familiar.

De esta manera, compras a crédito sanas son aquellas cubiertas con la capacidad de pago y que no rebasen el nivel de endeudamiento.

La Profeco pone a disposición de los consumidores un planificador que se encuentra en el sitio web, en el apartado Brújula de compra, para programar las finanzas. Este se puede usar como una guía de ayuda.

162

Asimismo recomienda que al hacer compras con tarjeta de crédito o crédito a pagos fijos, el consumidor conozca con precisión la tasa de interés por pagar.

Otro punto es que al realizar pagos a la tarjeta de crédito, se debe considerar que el pago mínimo se ubica en alrededor de 5% del saldo de la cuenta y que de él, entre 2 y 4 por ciento se dirige a cubrir el interés, y el resto, para abono del saldo insoluto, por lo que se sugiere incrementar la cantidad que se paga cada mes y no sólo saldar el mínimo.

También, se propone identificar y reducir gastos superfluos y priorizar las deudas en función de los plazos de vencimiento y el costo más alto.

Un retraso en los pagos genera intereses moratorios y comisiones, lo que aumenta la deuda y afecta negativamente el historial en el Buró de Crédito, así como la posibilidad de obtener nuevos financiamientos.

Una vez que los créditos han sido cubiertos, los expertos en finanzas personales proponen que el consumidor no caiga en la tentación de hacer gastos superfluos o de realizar nuevas compras a crédito y, por el contrario, ahorrar sistemáticamente al menos 10% del ingreso mensual.

Además del planificador para programar las finanzas que se encuentra en la Brújula de compra del sitio de Internet de la institución, la Profeco sugiere utilizar el programa "Quién es Quién" en los Créditos a Pagos Fijos.

En este programa se encuentra información de créditos a pagos fijos, tanto de aparatos electrónicos como de línea blanca, recabada en establecimientos de 21 ciudades del país. Incluye el precio de contado, enganche, monto de pago fijo y número de pagos, como el costo financiero estimado por la Profeco, de acuerdo con la metodología del Banco de México para el cálculo del Costo Anual Total (CAT).

Consejos para evitar endeudamientos:
Al hacer compras con tarjeta de crédito o crédito a pagos fijos, que el consumidor conozca con precisión la tasa de interés por pagar.
Otro punto es que al realizar pagos a la tarjeta de crédito, se sugiere incrementar la cantidad que se paga cada mes y no sólo saldar el mínimo.

¿Qué es un testamento y cuáles son sus tipos?

Su definición general se refiere a un instrumento legal que expresa la voluntad del legítimo propietario o testador, para que una o varias personas determinadas, adquieran el derecho de su propiedad después de su fallecimiento, éstos serán los legítimos herederos de su bien.

Jurídicamente se refiere al acto por el cual una persona dispone de todos sus bienes o parte de ellos para ser distribuidos después de su muerte.

Tipos de testamentos: Los testamentos se pueden otorgar a título universal o particular, también conocido como legado.

Testamentos a título universal: Es cuando transmite a sus herederos la totalidad de sus bienes, derechos y obligaciones en los porcentajes que designe. Basta con que le diga al notario que desea heredar todos sus bienes a una sola persona, que por lo general es al cónyuge, o por partes iguales para los hijos, en caso de que falte el cónyuge.

Testamento a título particular: A esta acción se le llama también legado y consiste en heredar una cosa o derecho particular a una o varias personas. En este caso el legado se hace de acuerdo con las instrucciones específicas del testado, por lo cual es necesario que proporcione los datos precisos de los bienes que desea legar a cada heredero.

Es posible en un testamento reconocer hijos fuera de matrimonio y dejar instrucciones específicas, por ejemplo, sobre la divulgación de documentos o escritos. Las leyes mexicanas contemplan diversas modalidades de testamento, la más usual y la que recomiendan los especialistas es el **testamento público abierto**, el cual se otorga ante Notario Público (funcionario que puede hacer constar la existencia real de un acto jurídico que se realiza ante él, como en el caso del otorgamiento del testamento). Debemos recordar que en México el notario público es un abogado que ha estudiado una maestría para poder ejercer como tal, lo cual es muy diferente en USA, ya que ahí cualquier persona puede ser un notario. Por lo tanto en cada país se tienen que ver los mecanismos correctos y necesarios para poder hacerlo.

164

Esta modalidad le permite disponer libremente de sus bienes, para transferirlos a sus herederos, que pueden ser su cónyuge, hijos, padres, hermanos, algún otro familiar, amigos, otras personas o instituciones de tipo académico, de salud o de beneficencia, etc.

Existen otros tipos de testamentos como:
I. Testamento público cerrado, en este caso el Notario Público dará fe del otorgamiento, conforme a la ley en esta materia. Este tipo de testamento deberá a su vez ser firmado por el testador, los testigos y el

Notario Público, quien además, pondrá su sello. Cerrado y autorizado el testamento, se entregará al testador, y el Notario Público anotará en su libro, denominado protocolo, el lugar, hora, día, mes y año en que el testamento fue autorizado.

II. Testamento Público Simplificado: Puede cambiar de nombre según cada Estado, en este tipo, el Notario Público da fe del acto jurídico en el cual la persona adquiere un inmueble y señala a sus herederos o legatarios en la misma escritura pública de adquisición. Al mismo tiempo, realizará el aviso de testamento y se integrará a la Base de Datos del Sistema Nacional del Registro de Avisos de Testamento.

III. Testamento ológrafo: es el escrito por entero, fechado y firmado de la mano del testador. Suelen exigirse ciertas formalidades como la ausencia de tachaduras a lo largo de todo el texto, para salvaguardar su integridad.

IV. Testamento con ocasión de calamidad pública.

V. Testamento marítimo o aeronáutico.

VI. Testamento militar o asimilado: es el que hacen las personas que gozan del fuero militar, manifestando su última voluntad, sin sujeción a las formalidades del testamento ordinario.

VII. Testamento común o mancomunado: es el que hacen conjuntamente dos personas, disponiendo en un mismo acto de sus fincas a favor de un tercero.

VIII. Testamento mutuo o captatorio: es el que hacen recíprocamente dos personas a favor de la que sobreviva.

IX. Testamento inoficioso: es el que contiene una desheredación o preterición injusta.

X. Testamento vital: Es la manifestación de voluntad anticipada, en caso de que la persona no estuviese con facultades para decidir acerca de su tratamiento médico. Las instrucciones de estos testamentos se aplican sobre una condición terminal, bajo un estado permanente de inconsciencia o sobre un daño cerebral irreversible. En un testamento vital se indica que el tratamiento a practicarse se limite a las medidas necesarias para mantener confortable, lúcido, aliviado del dolor. (incluyendo los que puedan ocurrir como consecuencia de la suspensión o interrupción del tratamiento).

¿Para qué hacer un testamento?

- El testamento es la opción más sencilla, económica e inmediata de distribuir los bienes.
- Un testamento es un acto de amor, porque significa que se preocupó por sus seres queridos en vida. Con ellos se asegura que los suyos reciban su mayor legado, cuando usted ya no este.
- Uno de los principales motivos para testar, es asegurar el sustento de los hijos menores de edad. Le dará la seguridad de que en su ausencia, ellos podrán contar con los bienes que usted decida heredarles.
- Si se trata de estudiantes, a través de un testamento se les puede asegurar económicamente a sus hijos para que puedan terminar con sus estudios o para que tengan un inicio profesional menos accidentado.
- En adultos, el testamento pueden servir como un refuerzo en su posición financiera.
- El realizar un testamento, evita pleitos entre padres e hijos y entre hermanos; así como desavenencias serias entre familiares en segundo o tercer grado que se sienten con derecho a recibir parte de la herencia.
- Tanto a los propietarios como herederos del bien, un testamento les ofrece seguridad jurídica.

¿Qué puedo heredar y a quien debo acudir?

Pueden heredar propiedades inmobiliarias, cuentas bancarias, acciones, obras de arte, autos, muebles, libros y cualquier cosa que tenga un valor económico o estimativo para usted.

Para elaborar su testamento, debe acudir con un Notario Público y manifestarle a quién o a quiénes desea heredar sus bienes y cómo distribuir su patrimonio.

Ya con esta información, el notario redactará un documento, se lo leerá y una vez que esté de acuerdo debe firmarlo; así también deberán firmar el notario y en su caso, los testigos y el intérprete, asentándose el lugar, año, mes, día y hora en que hubiere sido otorgado. Concluido el trámite, se convertirá en una escritura.

166

Hoy en día el hacer su testamento es un procedimiento rápido y los requisitos son muy sencillos de cumplir; generalmente no se requieren testigos, basta con que el testado muestre una identificación oficial, además el costo de este trámite es muy accesible, en promedio varía entre mil quinientos y dos mil pesos. (Unos 75 a 100 dlls.)

En nuestro país, durante el mes de septiembre, se lleva a cabo una campaña para motivar a los mexicanos que no lo han hecho a que elaboren su testamento; es así que los Notarios de la República Mexicana es este tiempo, reducen sus honorarios y amplían su horario de atención al cliente.

¿Qué es una albacea y un tutor en un testamento?

Una albacea es quien será responsable de cumplir su última voluntad. Será quien cuide de sus bienes y les dé el destino que usted haya decidido. Converse con esta persona con anticipación para asegurarse que esté dispuesta a asumir esa responsabilidad. Cuando llegue el momento, el albacea deberá acudir a cualquier notaría de la ciudad en la que usted haya vivido y presentar su acta de defunción y la escritura del testamento. Con esta documentación, el notario indicará los trámites y procedimientos que debe seguir y si es necesario los papeles requeridos para que sus bienes pasen a nombre de sus herederos.

Si la documentación que se presente al notario está en orden, los herederos designados son mayores de edad y no hay conflicto entre ellos, se dará pauta a la preparación de una primera escritura en la que los herederos y el albacea aceptarán lo que usted dispuso.

El notario debe publicar dos avisos de esta primera escritura y posteriormente otorgará una segunda y última escritura llamada de adjudicación, en la que los bienes quedarán a nombre de sus herederos, quienes por su parte finalizan el trámite al firmarla.

La escritura de adjudicación de bienes genera un cargo a sus herederos, impuesto de adquisición, derecho de registro, honorarios y gastos notariales, los cuales en su conjunto representan entre el 5% y el 7% del valor de los bienes inmuebles que se adjudiquen.

¿Qué es un tutor?

Es la persona designada en un testamento cuando se tienen hijos menores de edad; ya que ella se encargará de representarlos, vigilarlos y hacerse cargo de su educación. En ningún caso, el tutor puede disponer de los bienes que se les hayan legado a los menores, a menos que tenga autorización de un Juez de lo Familiar.

¿Qué pasa con mi esposa(o) en mi testamento?

Si está casado por "bienes mancomunados", es mejor que su pareja y usted, realicen su testamento en forma simultánea, aunque en escrituras por separados, contemplando que las voluntades de ambos se "crucen".

De no otorgarse los testamentos en forma simultánea, se corre el riesgo de que la mitad de los bienes que forman el capital de la sociedad conyugal quede intestada.

Si está casado por "bienes separados" y el patrimonio que su cónyuge y usted han adquirido está a nombre de uno de ustedes o la titularidad de los bienes está dividida, cada uno podrá disponer en forma libre de sus bienes o de los derechos de copropiedad, pudiendo ser herederos el cónyuge que sobreviva, los hijos o cualquier otra persona.

¿Qué es y cómo funciona un fideicomiso testamentar?

Esta es una alternativa empleada generalmente por las personas que tienen un patrimonio cuantioso, donde se incluyen activos cuyo valor es variable, como acciones, participaciones en fondos o en empresas, obras de arte y otros bienes. Esta es una alternativa muy viable también, cuando el testador duda que sus herederos puedan administrar exitosamente dicho patrimonio, ya sea por su corta edad o por falta de experiencia. Ante una u otra situación, se decide encargar la administración de su patrimonio a una institución bancaria. Esta institución quien previamente ha cobrado los honorarios fiduciarios pactados, entregará a los herederos los productos del patrimonio invertido en ese fondo.

En un fideicomiso participan el fideicomitente (persona que aporta el patrimonio y es propietaria de los bienes que entrega al fideicomiso); el fiduciario (el banco encargado de administrar el patrimonio) y el fideicomisario, quien recibe los activos que se incluyen en el fideicomiso.

Para llevar a cabo un fideicomiso, debe acudir a una institución bancaria, que en este caso será como la albacea. Un fideicomiso testamentario tiene un costo inicial que va de los cuatro mil a los seis mil pesos. A ello se suma un cobro anual que va entre 1% y 2.5%, sobre el monto de los activos.

Una vez que usted haya aceptado las condiciones, el fideicomiso será responsable de administrar sus bienes o la parte de ellos que usted determine. Mientras viva, puede disponer del patrimonio que haya incluido en este fondo así como también modificar la lista de beneficiarios.

¿Más dudas sobre su testamento?
- Toda persona que tenga la capacidad de obrar y la ley no se lo prohíbe expresamente, puede testar.
- Para realizar su testamento, debe contar con la mayoría de edad.
- Recuerde que debe hacer su testamento en plenitud de sus facultades, ya que si tiene alguna incapacidad cuando lo dicte, el testamento puede ser impugnado.
- No posponga este trámite, hágalo de inmediato, aunque goce de buena salud, pues la vida está llena de imprevistos.
- Si fallece sin haber hecho su testamento sus seres queridos tendrían que hacer frente a un proceso complicado, prolongado y costoso para disponer de sus bienes.
- Si usted no cuenta con testamento, su propiedad será distribuida según las leyes de su estado. Esta ley puede disponer la distribución de su propiedad de manera distinta a sus deseos.
- Una vez hecho su testamento, puede modificarlo en cualquier momento y las veces que sea necesario.
- Usted debe revisar y actualizar su testamento cada vez que se produzcan cambios significativos en su vida, o en la de aquellos nom-

brados en su testamento, por ejemplo: en caso de cambio en el número de herederos, cambio de lugar de residencia, cambio en su situación financiera o cambio en su estado civil.

• Para modificar su testamento, debe acudir a un Notario Público, de preferencia el mismo que hizo la escritura anterior, indicarle los cambios que desea hacer, presentar una identificación, escuchar la lectura del testimonio y firmarlo.

• Si ha hecho varios testamentos, el que se tome en cuenta, será el último.

• Es muy importante que usted conozca las diferentes modalidades en las que tiene la propiedad de sus bienes y cómo éstos cambiarán de manos después de su muerte. Si tiene dudas, consulte un abogado.

• Un testamento no significa cambio alguno en su patrimonio. Mientras viva, puede disponer de todos y cada uno de sus bienes en la forma que más le convenga, ya que mientras no muera sigue siendo el único dueño.

• La escritura del testamento se le entrega a usted, también se envía un aviso al Archivo General de Notarías en el que se mencionan los datos relevantes del testamento, a fin de que registre el trámite.

• Si se le pierde la escritura, puede obtener una copia.

• Recuerde informar a sus familiares dónde guardará el documento, para que puedan localizarlo cuando usted ya no esté.

• Si al momento de su deceso, existiese alguna deuda no cubierta, los bienes que conformen su herencia responderán del pago hasta donde su valor alcance, pues las herencias se reciben "a beneficio de inventario". Si el monto del adeudo supera la suma de los bienes, sus herederos no tendrán la obligación de aceptar la herencia. En cambio, si es menor, podrán saldarlo y quedarse con la cantidad restante.

El arte de presupuestar

"El mes es demasiado largo para nuestro presupuesto. Si tuviese solamente 20 días, el dinero nos duraría lo suficiente." Este es un dilema común que enfrentan miles de hogares al presupuestar sus gastos y manejar su dinero. El manejo eficaz del dinero comienza con metas que uno debe establecer. En esta sección te mostraremos cómo establecer metas financieras personales a mediano y largo plazo y cómo elaborar y trabajar con un presupuesto personal.

¿Qué es la administración financiera?
La importancia del dinero en nuestra forma de vida actual ha originado que se preste mucha atención a cómo se administra el mismo, originando disciplinas que apoyan el estudio de la generación y gasto de los recursos que obtenemos por nuestro trabajo diario, así como las formas de generación de ingresos financieros por medio de inversiones.

Podemos decir que las finanzas son el arte y la ciencia de la administración del dinero, por lo que la administración financiera es una disciplina que nos ayuda a planear, producir, controlar y dirigir nuestra vida económica.

La administración financiera en nuestra vida cotidiana: Similar a una empresa, las familias generan y gastan recursos para conseguir un objetivo financiero y al igual que una organización con fines de lucro, en las familias deberá buscarse la maximización de la utilidad de nuestros ingresos que se verán reflejados en resultados financieros positivos, es decir crecimiento y mayor bienestar familiar.

La administración financiera inicialmente sólo se ocupó en las empresas y debido a la necesidad personal de administrar adecuadamente nuestros recursos se originó la figura del consejero o administrador financiero personal, que en muchas ocasiones se ve en la figura de un agente de seguros o un ejecutivo bancario, no obstante existen asesores dedicados especialmente a esta actividad.

¿En qué consiste la administración financiera?
Presupuestos: En esta actividad se planea nuestra vida financiera, se fijan objetivos para compras y ahorro, se estiman nuestros ingresos, egresos y actividades para controlar los registros contables.

Análisis de oportunidades financieras: Es indispensable conocer las herramientas que harán que nuestro ahorro se convierta en una inversión eficiente, para lo cual debemos estar atentos a lo que el mercado financiero ofrece en esta materia, buscando el menor riesgo con la mayor utilidad.

Manejo del dinero: Contabilizar adecuadamente nuestros ingresos y gastos, así como analizar adecuadamente las formas de mantener un control del dinero, son opciones que se deben buscar al reunir los fondos familiares; una cuenta de cheques, una cuenta de débito o el crédito a través de una tarjeta, deberán analizarse en base a nuestra capacidad económica y objetivos financieros. La disponibilidad de fondos y maximización de intereses son las características que debemos buscar cuando se trata del manejo de nuestro dinero.

Inversiones y activos: Cada compra o inversión debe significar crecimiento en nuestras finanzas familiares. Se deben analizar en función de su productividad financiera, es decir comprar un bien inmueble será más productivo financieramente que adquirir un bien que pueda depreciarse en el futuro. Conocer sobre inversiones nos dará las herramientas para lograr compras de inversión redituables en el tiempo.

Pago de impuestos: Es indispensable conocer las características del pago de impuestos para cumplir ordenadamente nuestra contribución, aprovechando la deducibilidad de los gastos que realizamos en nuestras actividades productivas.

Procuramiento de fondos: Como lo mencionamos anteriormente, el manejo de nuestro dinero también debe considerar los fondos necesarios para cumplir con las obligaciones contraídas como el pago de servicios en nuestro hogar, compromisos personales, satisfactores familiares, colegiaturas y otros gastos. Realizar una buena planeación de los fondos necesarios evitará invertir nuestro dinero sin considerar estos rubros vitales para el funcionamiento de nuestra familia y evitará incumplir con nuestras obligaciones crediticias.

MIGUEL RAMÍREZ

Maximizar utilidades: Este aspecto, no obstante se considera en la forma en que invertimos el ahorro, es importante enfatizar su importancia, ya que manteniéndolo como objetivo será la línea de acción que nos llevará a conseguir nuestros objetivos en el menor tiempo posible. Conocer lo relacionado a la administración de sus recursos, será siempre recomendable para lograr sus objetivos financieros.

¿Qué es un presupuesto?

El presupuesto es un plan de gastos y ahorros. Cuando comiences a establecer tu presupuesto deberás elegir un plazo, estimando los gastos y los ingresos y balanceando los mismos. Tu presupuesto es una herramienta muy valiosa porque:

- Le permite asumir el control de sus finanzas.
- Identifica concretamente todos sus gastos.
- Le ayudará a evitar los gastos impulsivos.
- Le ayudará a decidir lo que puede y no puede comprar.
- Le permitirá llevar un control de la forma en que gasta su dinero.
- Le ayudará a crear un plan de ahorro.
- Le ayudará a decidir cómo se puede proteger contra las consecuencias financieras de eventos imprevistos.

Para establecer un presupuesto mensual debe determinar el monto neto que cobra en forma regular. Si cobra una vez al mes, es fácil: es el monto del cheque que se lleva a su casa. Si no es así, hay que calcular. Posiblemente desee añadir también otras fuentes de ingresos como ingresos por intereses, pensión alimenticia, manutención de los hijos, bonos o aguinaldos rentas y otros pagos. Debe sumar todos estos ingresos también.

Sugerencia: Bono/Aguinaldo, no cuente con ellos para necesidades básicas. Si se ciñe al presupuesto podrás recibir este bono o aguinaldo y depositarlo en su cuenta de ahorro. Si lo hace así, logrará ahorrar más rápidamente y más rápidamente podrá comprar la casa, el auto o cualquier otra cosa que desee.

Segundo paso: Calcule sus gastos

Aquí es donde anota todo lo que le parezca que va a gastar en distintas categorías. Le damos algunos ejemplos de categorías, puede modificarlas para que se adapten mejor a sus necesidades. El siguiente simulador de presupuesto le puede ayudar a elaborar el suyo. No olvide incluir otros gastos que podría tener, y que no están incluidos en el simulador.

La columna "presupuesto" refleja cuánto planea gastar en cada categoría. La columna "gasto real" refleja lo que realmente gasta, que pudiera ser el mismo monto que planeó, o menos de lo planeado. La columna "diferencia" le mostrará la diferencia entre los dos. Si gasta más de lo presupuestado, la diferencia será negativa.

(Si no va a cancelar el saldo total en sus tarjetas de crédito cada mes, asegúrese de llevar un control de los cargos que hace, cuánto paga y cuánto interés se está añadiendo al saldo pendiente en sus cuentas.)

Tercer paso: Calcule la diferencia

Después de crear su presupuesto, tiene que llevar un control de sus ingresos y gastos reales. Esta información le ayudará a entender cualquier "variante presupuestaria", la diferencia entre el monto que proyectó gastar (presupuesto) y lo que realmente gastó (gasto real) en el mes o período.

Sugerencia: Hay diversas maneras de mantener un control de sus gastos diarios Lo puede anotar en una libreta o puede guardar todos los recibos que le den e ingresarlos en su sistema. Tiene que encontrar el método que funcione bien para usted. Le sorprenderá saber cuánto gasta en determinados artículos y cuán poco gasta en otros.

Cuarto paso: Identifique, recorte y ejerza un plan.

Al identificar sus gastos mensuales, es posible que necesite recortar algunos gastos, por ejemplo, tiene que pagar la casa y el supermercado, pero podría pasar sin ver esa película nueva. Tratar de gastar menos es normalmente un mejor punto de partida que cortar del todo un gasto. Se sorprenderá al ver cuánto dinero podrás ahorrar simplemente siguiendo un plan.

174

	Presupuesto ($)	Gasto Real ($)	Diferencia ($)
Ingreso			
Empleo No. 1			
Empleo No. 2			
Otro			
Ingreso Mensual Total			
Gastos			
Gastos fijos	($)	($)	($)
Vivienda (renta, seguro, cuotas de la asociación de condominio)			
Seguro de Auto			
Mensualidad del Auto			
Tarjeta de Crédito			
Gastos flexibles	($)	($)	($)
Ahorros (fondo de retiro, fondo de reserva para emergencias, ahorros)			
Alimentación			
Servicios (agua, electricidad, gas, teléfono, internet)			
Transporte	($)	($)	($)
Transporte Público			
Combustible y Aceite			
Estacionamiento y Peaje			
Reparaciones y Mantenimiento			
Otros	($)	($)	($)
Gastos Médicos			
Diezmos y Donaciones			
Ropa			
Entretenimiento			
Artículos del Hogar			
Artículos Personales			
Matrícula en Escuela			
Gastos de Educación			
Gastos Mensuales Totales			

175

Sugerencia: limite las comidas fuera, lleve su almuerzo al trabajo, recorte una película al mes, compre sólo lo que necesita.

Ejerza su propio plan para recortar gastos

Si su presupuesto es realista y lo usa como guía para sus gastos, estará mejor preparado para las emergencias y otros costos inesperados. También estará mejor preparado para tener un futuro financiero seguro.

Directrices:
El cuadro siguiente muestra algunas directrices generales de los ingresos que suele destinarse a distintos gastos. Si quiere añadir una sección para regalos o para cualquier otro propósito, entonces tienes que restar ese dinero de otra categoría.

Recuerde que puede agregar secciones en el cuadro anterior como gastos en regalos, dependiendo de sus necesidades. Si agrega secciones debe restar el dinero de otra categoría. Sobre todas las cosas recuerde que tiene que ser un presupuesto familiar personalizado.

	18% Transporte	15% Educación y Recreación	10% Vivienda
30% Alimentación	16% Misceláneos / Diezmo	7% Gastos del Hogar	4% Ahorros / Retiro

MIGUEL RAMÍREZ

Hay muchos más temas que hacen falta sobre la educación familiar, pero este es un buen principio, para comenzar con nuestra educación financiera, ya en otro capítulo subsiguiente trataremos un poco más sobre el ahorro y el uso correcto de las tarjetas de crédito.

Prosperando

EN MEDIO DE *LA CRISIS*

MIGUEL RAMÍREZ

Capítulo 6

DINERO E INTERÉS

"Si el dinero no trabaja para tí, tú trabajarás por el dinero".
Miguel Ramírez

Por generaciones la gente ha utilizado el sistema del trueque. Un hombre mantenía a su propia familia proporcionando todas sus necesidades o bien se especializaba en un comercio particular. Los bienes excedentes de su propia producción, los intercambiaba por los excedentes de otros.

En cada comunidad, un gobierno simple había sido formado para cerciorarse de que las libertades y los derechos de cada persona fueran protegidos y que no se forzara a ningún hombre a hacer cualquier cosa en contra de su voluntad por ninguna otra persona, o cualquier grupo de gente.

Éste era el único propósito del gobierno, y cada gobernador era apoyado voluntariamente por la comunidad local que lo eligió.

Sin embargo, el día del mercado era un problema que no podían solucionar. ¿Valía un cuchillo, una o dos cestas de maíz? ¿Costaba una vaca más que un carro?... etcétera. A ninguno se le ocurría un sistema mejor.

Fabián, el orfebre, había anunciado, "tengo la solución a nuestros problemas del trueque, e invito a todos a una reunión pública para mañana".

El dinero: El día siguiente, sobre un gran escenario en la plaza de la ciudad, Fabián explicó a todos el nuevo sistema que él llamó "dinero". Dijo: "El oro que uso en ornamentos y joyería es un metal excelente.

No se deslustra ni se enmohece, y durará muchos años. Fundiré un poco de mi oro en monedas y llamaremos a cada moneda "un dólar"". Él explicó cómo trabajarían los valores, y que ese "dinero" sería realmente un medio para el intercambio, un sistema mucho mejor que el trueque.

Uno de los gobernadores preguntó, "algunas personas pueden encontrar oro y hacer las monedas para sí mismos", él dijo: "eso sería de lo más injusto", Fabián tenía preparada la respuesta.

"Solamente las monedas aprobadas por el gobierno pueden ser utilizadas, y éstas tendrán una marca especial estampada en ellas". Esto parecía razonable y fue propuesto que se le diera a cada hombre un número igual de monedas. "Sólo yo merezco la mayoría," –comentó el fabricante de velas, "todos utilizan mis velas". "No" – dijo el granjero, "sin alimento aquí no hay vida, nosotros tenemos que tener la mayor cantidad de monedas"... y la discusión continuaba.

Fabián los dejó discutir por un rato y finalmente dijo, "puesto que ninguno de ustedes puede llegar a un acuerdo, yo sugiero que cada uno obtenga la cantidad que requiera de mí. No habrá límite, a excepción de su capacidad de devolverlas. Cuanto más dinero cada uno obtiene, más debe devolver al final del año".

Interés: "¿y qué pago recibe usted?", la gente le preguntó a Fabián. "Puesto que estoy proporcionando un servicio, es decir, la fuente de dinero, me dan derecho al pago por mi trabajo. Digamos que para cada 100 monedas que ustedes obtienen, me devuelven 105 por cada año que ustedes mantienen la deuda. Los 5 serán mi pago, y llamaré a este pago: "interés"". No parecía haber otra manera, y además, el 5% parecía poca cantidad para un año.

Fabián no perdió un minuto. Él hizo monedas día y noche, y al final de la semana ya estaba listo. La gente hizo filas para poder entrar en su tienda, y después de que las monedas fueran examinadas y aprobadas por los gobernadores, el sistema comenzó. Algunos pidieron solo unas pocas monedas y se fueron a intentar el nuevo sistema.

Precios, libre competencia y deuda

Precio: Encontraron que el dinero era maravilloso, y pronto valoraron todo en monedas o, dólares de oro. El valor que le pusieron en cada cosa fue llamado: "precio", y el precio dependió principalmente de la cantidad de trabajo requerida para producir el bien. Si tomaba mucho trabajo el precio era alto, pero si era producido con poco esfuerzo el precio era bajo.

Libre competencia: En una ciudad vivía Alan, que era el único relojero. Sus precios eran altos porque los clientes estaban ansiosos de pagar para obtener uno de sus relojes.
Después, otro hombre comenzó a hacer relojes y los ofreció en un precio más bajo para conseguir ventas. Alan fue forzado a bajar sus costos, y luego todos los precios se vinieron abajo, de modo que ambos hombres se esforzaban en dar la mejor calidad con el costo más bajo. Ésta era la libre competencia genuina.

Deuda: Al fin del año, Fabián salió de su tienda y visitó a toda la gente que le debía las monedas. Algunos tenían más de lo que pidieron prestado, pero esto significaba que otros tenían menos, puesto que sólo había cierto número de monedas distribuidas inicialmente. Los que tenían más de lo que pidieron prestado devolvieron lo prestado más 5 adicionales cada 100, pero de todos modos, luego de devolver sus monedas, tuvieron que pedir prestado nuevamente para poder continuar.
Los otros descubrieron por primera vez que tenían una deuda. Antes de prestarles más dinero, Fabián tomó una hipoteca sobre algunos de sus activos, y cada uno salió una vez más a intentar conseguir esas cinco monedas extras que siempre parecían muy difíciles de encontrar. Nadie se dio cuenta, que en el conjunto, el país nunca podría salir de su deuda hasta que todas las monedas fueran devueltas, pero, aunque se devolvieran todas las monedas, estaban siempre esos 5 adicionales en cada 100, que nunca habían sido puestos en circulación. Nadie más que Fabián podía ver que era imposible pagar el interés. El dinero adicional nunca había sido puesto en circulación, por lo tanto a alguien siempre le faltaba.
Era verdad que Fabián gastaba algunas monedas, pero él por sí mismo no podía gastar tanto como el 5% de la economía total del país. Había

millares de gente, y Fabián era solamente uno. Por otro lado, él seguía siendo un orfebre viviendo una vida confortable.

El banco, los depósitos bancarios y préstamos

Banco: En la parte posterior de su tienda Fabián hizo una caja fuerte y la gente encontró conveniente dejar algunas de sus monedas en ella como depósito de seguridad. Él cobraba un honorario pequeño dependiendo de la cantidad de dinero, y la cantidad de tiempo que permanecían ahí. El orfebre daba al dueño de las monedas, un recibo por cada depósito que hicieran.

Cuando una persona iba a hacer compras, no llevaba normalmente muchas monedas de oro. La persona le daba al comerciante uno de los recibos de Fabián, según el valor de las mercancías que deseaba comprar.

Los comerciantes reconocían el recibo como genuino y lo aceptaban con la idea de llevarlo luego ante Fabián y recoger la cantidad apropiada en monedas. Los recibos pasaron de mano en mano en vez de transferir el oro en sí mismo. La gente tenía plena confianza en los "recibos", y los aceptaban como si fueran las monedas de oro.

Después de poco tiempo, Fabián notó que era bastante raro encontrar que alguna persona le pidiera realmente sus monedas de oro.

Depósitos bancarios: Él pensó: "aquí estoy en la posesión de todo este oro y sigo teniendo que trabajar duro como artesano. No tiene sentido. Hay docenas de personas que estarían contentas de pagarme el interés por el uso de este oro, que está depositado aquí y que sus dueños raramente reclaman.

Préstamos: "Es verdad, el oro no es mío pero está en mi posesión, que es todo lo que importa. Ya no necesito hacer más monedas para prestar, pero puedo utilizar algunas de las monedas almacenadas en la caja fuerte".

Un día, un préstamo muy grande fue solicitado. Fabián sugirió, "en vez de llevar todas estas monedas podemos hacer un depósito en su nombre, y entonces le daré varios recibos al valor de las monedas". El prestatario convino, y se fue con un manojo de recibos. Él había obtenido un préstamo, sin embargo, el oro permanecía en la caja fuerte de Fabián. Después de que el cliente se fuera, Fabián sonrió. Podía tener la torta y encima comerla también. Él podría "prestar" el oro y todavía mantenerlo en su posesión.

Los amigos, los extranjeros e incluso los enemigos necesitaron fondos para realizar sus negocios, siempre y cuando pudieran asegurar la devolución, podían pedir prestado tanto como necesitaran. Simplemente escribiendo recibos Fabián podía "prestar" tanto dinero como varias veces el valor del oro en su caja fuerte, y él ni siquiera era el dueño del dinero en ella. Todo era seguro, siempre y cuando, los dueños verdaderos no pidieran su oro y la confianza de la gente fuera mantenida.

Asientos contables: Él mantenía un libro mostrando los débitos y los créditos de cada persona. De hecho, el negocio de préstamos demostraba ser muy lucrativo. Su posición social en la comunidad aumentaba casi tan rápidamente como su riqueza. Él se estaba convirtiendo en un hombre de importancia y requería respeto. En materias de finanzas, su palabra era como una declaración sagrada.

Un sistema bancario, los cheques y los billetes

Sistema bancario: Los orfebres de otras ciudades se hicieron curiosos sobre sus actividades y un día lo llamaron para verlo. Él les dijo qué era lo que hacía, pero tuvo mucho cuidado en remarcar la necesidad de mantener el secreto.

Si su plan fuera expuesto, el esquema fallaría, así que acordaron formar su propia alianza secreta cuando cada uno volviera a su propia ciudad y comenzara a operar como Fabián les había enseñado.

Cheques: La gente ahora aceptaba los recibos como algo tan bueno como el oro en sí mismo, y muchos recibos fueron depositados para mantenerlos seguros de la misma manera que las monedas. Cuando un comerciante deseaba pagar otras mercancías, él escribía simplemente una nota corta dirigida a Fabián en la que le mandaba transferir el dinero de su cuenta a la del segundo comerciante. Le tomaba a Fabián solamente algunos minutos para ajustar los números en el libro. Este nuevo sistema llegó a ser muy popular, y las notas con la instrucción de transferencia fueron llamadas "cheques".

Billetes: Una noche los orfebres tuvieron otra reunión secreta y Fabián les reveló un nuevo plan. Convocaron al día siguiente una junta con todos los gobernadores, y Fabián comenzó: "los recibos que nosotros emitimos han llegado a ser muy populares. Sin duda, la mayoría de ustedes los gobernadores, los están utilizando y los encuentran muy convenientes". Los gobernadores asintieron, estaban de acuerdo, pero se preguntaban cuál era el problema. "Bien", continuó Fabián, "algunos recibos están siendo copiados por falsificadores. Esta práctica se debe parar".

Los gobernadores se alarmaron, "¿qué podemos hacer?", se preguntaban. Fabián contestó, "mi sugerencia es: primero que nada, hagamos que sea el trabajo del gobierno el imprimir nuevas notas en un papel especial con diseños muy intrincados, y entonces cada nota se firmará por el principal gobernador. Las notas las llamaremos "billetes". Los orfebres estaremos felices de pagar los costos de la impresión, pues nos ahorrará mucho del tiempo que pasamos escribiendo nuestros recibos".

Los gobernadores razonaron y dijeron: "bien, es nuestro trabajo proteger a la gente contra falsificadores y su consejo parece ciertamente una buena idea." Acordaron entonces imprimir los "billetes". La idea sonaba bien, y sin pensarlo mucho, imprimieron una gran cantidad de nuevos y flamantes billetes. Cada uno de éstos tenía un valor impreso sobre él $1, $2, $5, $10, $100, etc. Los pequeños costos de impresión fueron pagados por los orfebres.

Los billetes eran mucho más fáciles de transportar y rápidamente fueron aceptados por la gente. A pesar de su popularidad, estos billetes eran usados sólo para el 10% de las transacciones. Los registros mostraban que el sistema de cheques era usado para el 90% de todos los negocios.

184

Reservas de oro, ahorro, crédito y emisión

Reservas en oro: "En segundo lugar", dijo Fabián, "algunas personas han hecho excavaciones y están haciendo sus propias monedas de oro. Sugiero que emitan una LEY, para que cualquier persona que encuentre pepitas de oro deba entregarlas. Por supuesto, serán pagados con billetes y monedas".

Ahorro: La siguiente etapa del plan comenzó. Hasta ahora, la gente le estaba pagando a Fabián por guardar su dinero. Para atraer más dinero a la caja fuerte, Fabián se ofreció a pagar a los depositantes un 3% de interés sobre los depósitos.

La mayoría de la gente creía que él estaba prestando ese dinero a los deudores al 5%, y su ganancia era el 2% de diferencia. Además, la gente no le preguntó mucho, ya que obtener el 3% era mucho mejor que estar pagando para depositar el dinero en lugar seguro.

La cantidad de ahorros creció, y con el dinero adicional en las bóvedas, Fabián podía prestar $200, $300, $400 hasta $900 por cada $100 en billetes y monedas que mantenía en depósito. Él debía ser cuidadoso de no exceder este factor de 9 a 1, ya que una persona de cada diez, le requería retirar el depósito para usar su dinero. Si no hubiera suficiente dinero disponible cuando alguien se lo requería, la gente habría comenzado a sospechar, ya que las libretas de depósito mostraban exactamente cuánto habían depositado.

Más allá de esto, sobre los $900 en asientos contables que Fabián había prestado escribiendo cheques él mismo, podía demandar hasta $45 de interés, (45=5% de 900). Cuando el préstamo más los intereses eran devueltos ($945), los $900 se cancelaban en la columna de débitos y Fabián se guardaba los $45 de interés. Por lo tanto, él estaba más que contento de pagar $3 de interés sobre los $100 depositados originalmente, los cuales nunca habían salido de la bóveda. Esto significaba, que por cada $100 que mantenía en depósito, era posible obtener un 42% de ganancia, mientras la mayoría de la gente pensaba que él sólo ganaba el 2%. Los otros orfebres estaban haciendo la misma cosa. Creaban dinero en el aire, sólo firmando un cheque, lo prestaban y encima le cargaban interés.

Crédito: Es cierto, ellos no estaban haciendo billetes, el Gobierno imprimía los billetes y se los entregaba a los orfebres para distribuir. El único gasto de Fabián era el pequeño costo de impresión. Sin embargo, ellos estaban creando dinero de "crédito", que salía de la nada y le cargaban intereses encima. La mayoría de la gente creía que la provisión de dinero era una operación del Gobierno. También creían que Fabián estaba prestando el dinero que alguien más había depositado, pero había algo extraño: ningún depósito decrecía cuando Fabián entregaba un préstamo. Si todos hubieran tratado de retirar sus depósitos al mismo tiempo, el fraude hubiera sido descubierto.

Emisión: No había problemas si alguien pedía un préstamo en monedas o billetes. Fabián simplemente le explicaba al Gobierno que el incremento de la población y de la producción, requería más billetes, y los obtenía a cambio del pequeño costo de impresión.

Poder adquisitivo y los gurús financieros

Algo está mal: Un día, un hombre que solía pensar mucho fue a ver a Fabián. "Esta carga del interés está mal", le dijo. "Por cada $100 que usted presta, está pidiendo $105 en devolución. Los $5 extra no pueden ser pagados nunca ya que no existen. Muchos granjeros producen comida, muchos industriales producen bienes, y así hacen todos los demás, pero sólo usted produce dinero."

Poder adquisitivo: "Suponga que existimos sólo dos empresarios en todo el país, y que nosotros empleamos al resto de la población. Le pedimos prestado $100 cada uno, pagamos $90 en salarios y gastos y nos quedamos con $10 de ganancia (nuestro salario). Eso significa que el poder adquisitivo total, de toda la población, es $90 + $10 multiplicado por dos, esto es $200. Pero, para pagarle a usted, nosotros debemos vender toda nuestra producción por $210. Si uno de nosotros tiene éxito y vende todo lo que produce por $105, el otro hombre sólo puede esperar obtener $95. (Si el poder adquisitivo total es $205, y uno de los empresarios vende $105, solo quedan $95 en manos de la gente para comprarle al otro empresario). Además, parte de los bienes no pueden ser vendidos, ya que no quedaría más dinero en manos de los consumidores para comprarlos.

Vendiendo por $95, el segundo empresario todavía le debería a usted $10 y sólo podrá pagarle pidiendo más prestado. Este sistema es imposible". El hombre continuó, "Seguramente usted debería emitir $105, esto es 100 para mí y 5 para que gaste usted. De esta manera habría $105 en circulación, y la deuda puede ser pagada".

Gurú financiero: Fabián escuchó en silencio y finalmente dijo, "La Economía Financiera es un tema muy profundo, amigo, toma años de estudio. Déjeme a mí preocuparme por estos asuntos, y usted preocúpese por los suyos. Usted debe volverse más eficiente, incremente su producción, baje sus gastos y conviértase en un mejor empresario. Siempre estaré dispuesto a ayudarlo en esos asuntos".

El hombre se fue sin estar convencido. Había algo mal con las operaciones de Fabián, y el sentía que su pregunta había sido contestada con evasivas. Sin embargo, la mayoría de la gente respetaba la palabra de Fabián. "Él es el experto, los otros deben estar equivocados. Miren como se desarrolló el país, cómo se incrementó nuestra producción, mejor dejemos que él maneje estos temas".

Huelgas y ayuda social

Huelga: Para pagar los intereses sobre los préstamos que habían pedido, los comerciantes tuvieron que elevar sus precios. Los asalariados se quejaron de que los sueldos eran muy bajos (al subir los precios podían comprar menos bienes con su salario). Los empresarios se negaron a pagar mayores salarios, diciendo que quebrarían. Los granjeros no podían obtener precios justos por su producción. Las amas de casa se quejaban de que los alimentos estaban muy caros. Y finalmente algunas personas se declararon "en huelga", algo de lo que nunca se había oído hablar antes. Otros habían sido golpeados por la pobreza, y sus amigos y parientes no tenían dinero para ayudarlos. La mayoría había olvidado la riqueza real alrededor de ellos, las tierras fértiles, los grandes bosques, los minerales y el ganado. Sólo podían pensar en el dinero, que siempre parecía faltar. Pero nunca cuestionaron el sistema bancario. Ellos creían que el gobierno lo manejaba. La situación económica empeoró. Los asalariados estaban seguros de que los patrones estaban teniendo mucha ganancia. Los patrones decían que los trabajadores eran muy vagos y no estaban haciendo honestamente su día de trabajo, y todos se culpaban unos con otros. Los Gobernantes no pudieron encontrar una respuesta, y además, el problema inmediato parecía ser combatir la creciente pobreza.

Ayuda social: El Gobierno emprendió entonces esquemas de beneficencia e hicieron leyes forzando a la gente a contribuir en ellas. Esto hizo enojar a mucha gente, que creían en la vieja idea de ayudar al vecino voluntariamente.

"Estas leyes no son más que un robo legalizado. Sacarle algo a una persona, contra su voluntad, más allá del propósito para el cual se usará, no es diferente de robar".

Pero cada hombre se sentía indefenso y temía ir a la cárcel si no pagaba. Estos esquemas de beneficencia dieron algún alivio en principio, pero al tiempo el problema de la pobreza se agravó nuevamente y más dinero era necesario para la beneficencia. El costo de los esquemas de beneficencia se elevó más y más.

La mayoría de los gobernantes eran hombres sinceros tratando de hacer lo mejor posible. A ellos no les gustaba pedir más dinero de su pueblo (aumentar impuestos) y finalmente, no tuvieron otra opción que pedir prestado a Fabián y sus amigos. No tenían idea de cómo iban a hacer para devolverlo. La situación empeoraba, los padres ya no podían pagar a los maestros para sus hijos. No podían pagar doctores, y las empresas de transporte estaban quebrando.

Servicios públicos, impuestos, deuda pública

Servicios públicos: Uno por uno, el gobierno fue forzado a tomar estos servicios por su cuenta. Maestros, doctores y muchos otros se convirtieron en servidores públicos.

Muy pocos estaban satisfechos de su trabajo en el Estado. Recibían un salario razonable, pero perdieron su identidad. Se convirtieron en pequeños engranajes de una maquinaria gigantesca. No había espacio

188

para la iniciativa personal, muy poco reconocimiento para el esfuerzo, sus ingresos eran fijos, y sólo se ascendía cuando un superior se retiraba o moría.

Impuestos: Desesperados, los gobernantes decidieron pedir el consejo de Fabián. Lo consideraban muy sabio y parecía saber cómo resolver asuntos de dinero. Fabián los escuchó explicar todos sus problemas, y finalmente respondió, "Mucha gente no puede resolver sus problemas por sí mismos, ellos necesitan a alguien que lo haga por ellos. Seguramente ustedes estarán de acuerdo que la mayoría de la gente tiene el derecho a ser feliz y a ser provista con lo básico para vivir. Uno de nuestros grandes dichos es "Todos los hombres son iguales". ¿No es cierto?"
"Bien, la única manera de balancear las cosas es tomar el exceso de riqueza de los ricos y darla a los pobres". Introduzcan un sistema de impuestos. Cuanto más un hombre tiene, más debe pagar. Recojan los impuestos de cada persona según su capacidad, y den a cada uno según su necesidad. Las escuelas y los hospitales deben ser gratuitas para los que no puedan permitírselos".

Deuda pública: Él les dio una larga charla sobre grandes ideales y acabó diciendo: "Oh, a propósito, no se olviden que me deben dinero. Han estado pidiendo prestado por mucho tiempo. Lo menos que puedo hacer para ayudar, es, como una atención para ustedes, que sólo me paguen el interés. Dejaremos el capital como deuda, solo paguen el interés".
Salieron, y sin hacer mucho análisis sobre las filosofías de Fabián, introdujeron el impuesto graduado sobre la renta; cuanto más usted gana, más alta es su imposición fiscal. A nadie le gustó esto, pero, o pagaban los impuestos o iban a la cárcel.
Los nuevos impuestos forzaron a los comerciantes nuevamente a subir sus precios. Los asalariados exigieron salarios más altos lo que causó que muchas empresas cerraran, o que sustituyeran hombres por maquinaria. Esto causó desempleo adicional y forzó al gobierno a introducir más esquemas de beneficencia y más seguros de desempleo.

Subsidios, política y controles

Subsidios: Se fijaron tarifas y se implementaron otros mecanismos de protección para resguardar algunas industrias y que se mantuvieran dando empleo. Algunas personas se preguntaban si el propósito de la producción era producir mercancías o simplemente proporcionar empleo.

Controles: Mientras las cosas se ponían peores, intentaron el control del salario, el control de precios, y toda clase de controles. El gobierno intentó conseguir más dinero con un impuesto a las ventas, aportes patronales, aportes salariales y toda clase de impuestos. Alguien observó que en el camino desde la cosecha del trigo hasta la mesa de los hogares, había cerca de 50 impuestos sobre el pan.

Los "expertos" se presentaron y algunos eran elegidos para gobernar, pero después de cada reunión anual aparecían sin soluciones, a excepción de la noticia de que los impuestos debían ser "reestructurados", pero siempre, luego de las reestructuraciones la suma total de impuestos aumentaba.

Fabián comenzó a exigir sus pagos de interés, y una porción más grande y más grande del dinero de los impuestos era necesaria para pagarlo.

Política: Entonces vino la política partidaria, la gente discutía sobre qué partido político podría solucionar lo mejor posible sus problemas. Discutieron sobre las personalidades, idealismo, los slogans, todo, excepto el problema real. Los consejos deliberantes estaban en problemas. En una ciudad el interés de la deuda excedió la cantidad de impuestos que se recaudaron en un año. En todo el país el interés sin pagar siguió aumentando. Se cargó interés sobre el interés sin pagar.

Control de la información: Gradualmente, mucha de la riqueza real del país fue comprada o controlada por Fabián y sus amigos, y con ello vino el mayor control sobre la gente. Sin embargo, el control no era todavía completo. Sabían que la situación no sería segura hasta que cada persona fuera controlada.

La mayoría de la gente que se oponía al sistema era silenciada por presión financiera, o sufría el ridículo público. Para lograr esto, Fabián y sus amigos compraron la mayoría de los periódicos, T.V. y las estaciones de radio. Luego seleccionaron cuidadosamente a la gente para operarlas. Muchas de estas personas tenían un deseo sincero de mejorar el mundo, pero nunca se dieron cuenta de que los utilizaban. Sus soluciones se ocuparon siempre de los efectos del problema, pero nunca de la causa.

Había varios periódicos, uno para el ala derecha, uno para el ala izquierda, uno para los trabajadores, uno para los patrones, etcétera. No importaba mucho en cuál usted creyera, siempre y cuando usted no pensara en el problema real.

Reserva Federal

Reserva central de dinero: A través del país Fabián y sus amigos poseían muchas oficinas de préstamos. Es cierto que eran de propiedad privada y de diferentes dueños, en teoría estaban en competencia unos con otros, pero en realidad trabajaban juntos. Después de persuadir a algunos de los gobernadores, instalaron una institución que llamaron La Reserva Central de Dinero. Ni siquiera usaron su propio dinero para hacer esto, crearon crédito contra una parte de los depósitos de la gente.

Esta institución parecía regular la fuente del dinero y ser una institución perteneciente al gobierno, pero extrañamente, no se permitió a ningún gobernador o servidor público ingresar a la Junta Directiva. El gobierno dejó de pedir prestado directamente de Fabián, pero comenzó a utilizar un sistema de Bonos contra la Reserva Central de Dinero. La garantía ofrecida era el rédito estimado de los impuestos del año próximo. Esto estaba en línea con el plan de Fabián, alejar las sospechas de su persona y dirigir la atención hacia una aparente institución del gobierno. Detrás de la escena, él todavía estaba en control. Indirectamente, Fabián tenía tal control sobre el gobierno que ellos estaban obligados a seguir sus instrucciones. Él solía jactarse: "déjenme controlar el dinero de una nación y no me importa quién haga sus leyes". No importaba mucho qué partido fuera elegido para gobernar. Fabián tenía el control del dinero, la sangre vital de la nación.

El gobierno obtuvo el dinero, pero el interés fue cargado siempre en cada préstamo. Más y más se gastaba en esquemas de beneficencia y en seguros de desempleo, y no pasó mucho tiempo antes de que el gobierno encontrara difícil, incluso el pagar los intereses, sin hablar del capital. Pero todavía había gente que se preguntaba: "El dinero es un sistema hecho por el hombre. Seguramente puede ser ajustado para ponerlo al servicio de la gente, y no que la gente esté al servicio del dinero". Pero cada vez había menos personas que se hacían esta pregunta y sus voces se perdieron en loca búsqueda del dinero inexistente para pagar el interés.

Los gobiernos cambiaron, los partidos políticos cambiaron, pero las políticas de base continuaban. Sin importar qué gobierno estaba en el "poder", la meta final de Fabián se acercaba más y más cada año. Las políticas de la gente no significaban nada. La gente pagaba impuestos al límite, no podían pagar más. Maduraba el momento para el movimiento final de Fabián.

Dinero electrónico

10% del dinero todavía estaba en forma de billetes y monedas. Esto tenía que ser suprimido de manera tal de no despertar sospechas. Mientras la gente utilizara efectivo, estaría libre para comprar y vender como quisiera. Las personas todavía tenían cierto control sobre sus propias vidas.

Pero no era siempre seguro llevar billetes y monedas. Los cheques no eran aceptados fuera del país, y por lo tanto se buscó un sistema más conveniente. Fabián tenía de nuevo la respuesta. Su organización le dio a cada uno una tarjeta plástica que mostraba el nombre de la persona, la fotografía y un número de identificación.

En cualquier lugar donde esta tarjeta fuera presentada, el comerciante telefoneaba a la computadora central para controlar el crédito. Si tenía crédito, la persona podría comprar lo que deseara; hasta cierta cantidad.

192

Al principio, a la gente se le permitió gastar una cantidad pequeña en crédito, y si esto se pagaba dentro del mismo mes, no se cobraba ningún interés. Esto estaba muy bien para el asalariado, pero ¿qué pasaría con los empresarios? Ellos tenían que instalar maquinaria, fabricar las mercancías, pagar los salarios, vender todas sus existencias, y recién pagar el crédito. Si se excedían un mes, lo cargaban con un 1,5% por cada mes que la deuda era debida. Esto ascendía al 18% por año. Los empresarios no tenían ninguna opción más que agregar el 18% sobre el precio de venta. Pero todo este dinero o crédito adicional (el 18%) no había sido prestado a nadie (no estaba en circulación). En todo el país los empresarios tenían la imposible tarea de pagar $118 por cada $100 que pidieron prestados, pero los $18 adicionales nunca habían sido creados en el sistema. No existían.

Fabián y sus amigos aumentaron aún más su posición social. Eran mirados como pilares de respetabilidad. Sus declaraciones en finanzas y en economía eran aceptadas con convicción casi religiosa. Bajo la carga de impuestos cada vez más altos, muchas pequeñas empresas se derrumbaron. Licencias especiales eran necesarias para varias operaciones, de modo que las empresas restantes encontraran muy difícil participar. Fabián poseía y controlaba todas las compañías grandes que tenían centenares de subsidiarias. Éstos parecían estar en competencia unos con otros, sin embargo Fabián los controlaba a todos. Eventualmente, todos los otros competidores fueron forzados a cerrar. Los plomeros, los carpinteros, los electricistas y la mayoría de las industrias pequeñas sufrieron el mismo destino; fueron tragados por las compañías gigantes de Fabián que tenían protección del gobierno. Fabián quería que las tarjetas plásticas reemplazaran a los billetes y las monedas. Su plan era que cuando todos los billetes fueran retirados, sólo los negocios que usaran el sistema de tarjeta con la computadora central podrían funcionar.
Él planeó que eventualmente alguna gente perdería sus tarjetas y estaría entonces imposibilitada de comprar o vender nada hasta que se hiciera una prueba de identidad. Quería imponer una Ley, que le daría el control total, obligando a todos a tener su número de identificación

MIGUEL RAMÍREZ

tatuado en la mano. El número sería visible sólo bajo una luz especial, conectada a una computadora. Cada computadora estaría conectada a la central gigante y así Fabián podría saber todo sobre todos.

¿Un cuento cercano a la realidad?

La historia que usted ha leído es, por supuesto, ficción. Pero si usted la encuentra preocupantemente cercana a la realidad y quiere saber quién es Fabián en la vida real, un buen punto de partida es un estudio de las actividades de los orfebres ingleses en los siglos 16 y 17. Por ejemplo, el Banco de Inglaterra comenzó en 1694. El Rey Guillermo de Orange estaba en dificultades financieras como resultado de una guerra con Francia. Los orfebres "le prestaron" 1,2 millones de libras (una cantidad impresionante en esos días) con ciertas condiciones:

El tipo de interés iba a ser del 8%. Debe recordarse que la Carta Magna indicaba que cobrar intereses era penado con la muerte. El rey debía conceder a los orfebres una carta para el Banco que les daba el derecho de emitir crédito.

Antes de esto, sus operaciones de emitir recibos por más dinero del que tenían en depósito eran totalmente ilegales. La carta del rey lo hizo legal, en 1694 William Patterson obtuvo la carta para El Banco de Inglaterra.

Así es que ahora vemos que nuestro sistema bancario mundial, no está muy lejos de esta fábula en forma de parodia. Pero aun así, nosotros podemos **prosperar en medio de la crisis.**

Capítulo 7

CONCEPTOS BÍBLICOS SOBRE LA PROSPERIDAD, LA ECONOMÍA Y LA CRISIS

"En los momentos de crisis, sólo la imaginación es más importante que el conocimiento". Albert Einstein

En medio de la crisis financiera mundial, Dios alumbrará tu camino.
"Lámpara es a mis pies tu palabra, y lumbrera a mi camino". Salmos 119:105

La actual crisis financiera es de origen norteamericano y ha adquirido en los Estados Unidos caracteres que recuerdan a "la gran depresión" de 1929, sus efectos se dejan sentir en todos los rincones del planeta, incluyendo los continentes europeo, asiático y América latina muy vinculada económicamente con América del Norte.

La operación de salvamento de los bancos por el Gobierno Federal tiene un costo inicial previsto de unos 700.000 millones de dólares, pero algunos expertos sostienen que esta cantidad resultará insuficiente debido a la profundidad de la crisis. La crisis financiera norteamericana, ha afectado ya, aunque sólo sea parcialmente, al sistema bancario europeo. La estructura financiera europea sigue siendo sólida, gracias a la eficacia de los sistemas nacionales de control y a pesar de la falta de un auténtico regulador europeo.

En Asia: los inversionistas están preocupados por la caída del dólar frente al yen y por un reporte adverso sobre el empleo que sugirió la posibilidad de una recesión en la "economía real" estadounidense, un mercado vital para las exportaciones japonesas y, en general, las asiáticas. El Banco de Japón (BOJ) realizó hoy su decimoquinta aportación de capital valorada en un billón de yenes (9.847 millones de dólares) como medida de emergencia para calmar la situación en los mercados financieros Las inyecciones de capital que ha realizado el banco central japonés han ayudado a suavizar las condiciones crediticias entre los bancos extranjeros y han aportado mayor liquidez al sistema financiero para contener los trastornos en los préstamos interbancarios. Varias firmas del sector inmobiliario en Japón se han declarado en bancarrota en las últimas semanas, víctimas de la contracción del crédito. La última de ellas, New City Residence Investments, lo hizo el jueves frente a la incapacidad de obtener fondos para comprar bienes y pagar sus deudas. Entre abril y septiembre, las quiebras de empresas en Japón aumentaron en un 15,3% interanual, según estadísticas publicadas el miércoles.

América Latina: La crisis financiera global golpea de forma "cada vez más intensa a América Latina" Aunque los expertos coinciden en que la región en su conjunto, y algunos países en particular, están en mejor posición que en tiempos pasados para hacer frente a los empujes de una crisis en expansión, la región deberá lidiar con una combinación de factores que pondrán a prueba las políticas de los últimos años, en particular; América Latina sentirá el impacto de un mercado financiero más tenso y de un acceso más difícil a fondos externos, en un contexto de descenso de precios de las materias primas, de las cuales es exportadora y que constituyen la mayoría de su Producto Interno Bruto (PIB) Tanto los precios de las materias primas, como las finanzas y el crecimiento, están moviéndose actualmente en la misma dirección, hacia abajo, El 90% de la población latinoamericana y el 90% de la actividad económica de la región se ubica en países que exportan materias primas, y estos países podrían verse

196

sometidos a "estrés en sus cuentas fiscales" debido a una reducción de ingresos a sus arcas públicas. El impacto que sufrirán algunos países fuertemente dependientes de las remesas de los que emigraron. En el caso de los países centroamericanos, el alivio que sentirán por el descenso de precios de las materias primas que importan se verá "neutralizado" por la caída de los envíos de sus compatriotas en el exterior, América Latina es hoy "una casa mejor construida, pero que está viviendo una tormenta con vientos huracanados cada vez más difícil", en medio de una crisis financiera a la que muchos expertos consideran la peor desde la Gran Depresión en los años 30. Zoellick, Presidente del Banco Mundial dijo que si la crisis se prolongaba, los países en desarrollo "se enfrentarán a graves retrocesos" "Los daños en algunos casos pueden ser irreversibles", afirmó. "Alrededor de 100 millones de personas ya han caído en la pobreza este año y el número crece", "catástrofe generada por el hombre".

Dios alumbrará tu camino: ¿Qué podemos hacer nosotros los cristianos? ¿Mantenernos como espectadores ante los sucesos? ¿Permitir que el devorador destruya nuestra economía y quite el pan de nuestra mesa? ¿Va a permitir quedarse desempleado por la reducción de personal o por la quiebra de la empresa que lo emplea? De ninguna manera lo vamos a permitir, si bien es cierto que vivimos en los últimos tiempos. Vamos a orar en cadena por nuestras naciones en forma unida. ¿Saben? Dios va a levantar ahora, en estos momentos de crisis mundial, a millones de José alrededor del mundo para que traigan bendición y prosperidad. La palabra del Señor dice: *"Llevado, pues, José a Egipto, Potifar oficial de Faraón, capitán de la guardia, hombre egipcio, lo compró de los ismaelitas que lo habían llevado allá. Más Jehová estaba con José, y fue hombre próspero; y estaba en la casa de su amo el egipcio. Y vio su amo que Jehová estaba con él, y que todo lo que él hacía, Jehová lo hacía prosperar en su mano. Así halló José gracia en sus ojos, y le servía; y él le hizo mayordomo de su casa y entregó en su poder todo lo que tenía. Y aconteció que desde cuando le dio el encargo de su casa y de todo lo que tenía, Jehová bendijo la casa del egipcio a causa de José, y la bendición de Jehová estaba sobre todo lo que tenía, así en casa como en el campo"*. (Génesis 39:1-5)

MIGUEL RAMÍREZ

Por ti, Dios va a bendecir tu negocio, tu empleo, etc. Escrito está, lee con cuidado este pasaje bíblico:

"Cuídate de no olvidar al SEÑOR tu Dios dejando de guardar sus mandamientos, sus ordenanzas y sus estatutos que yo te ordeno hoy; no sea que cuando hayas comido y te hayas saciado, y hayas construido buenas casas y habitado en ellas, cuando tus vacas y tus ovejas se multipliquen, y tu plata y oro se multipliquen, y todo lo que tengas se multiplique, entonces tu corazón se enorgullezca, y te olvides del SEÑOR tu Dios que te sacó de la tierra de Egipto de la casa de servidumbre... No sea que digas en tu corazón: 'Mi poder y la fuerza de mi mano me han producido esta riqueza.' Mas acuérdate del SEÑOR tu Dios, porque Él es el que te da poder para hacer riquezas, a fin de confirmar su pacto, el cual juró a tus padres como en este día." (Dt. 8:11-14, 17,18)

Que Él nos ha dado todo lo que tenemos como algo prestado para administrar mientras vivimos, pues, no nos lo podemos llevar (Job 1:21; I Tim. 6:7).

Que lo bueno que hacemos con los recursos que nos da Dios, es sólo durante esta vida corta. (Lucas 19:12,13 ,15; Mateo 25:14-19).

Nunca olviden que somos mayordomos de los recursos que Dios nos da, viva el evangelio en su vida, sea hacedor de su palabra, ame a su prójimo como a usted mismo. Diezme, ofrende, cumpla con el Señor en sus deberes de discípulo. "Será de bendición por doquier". La crisis mundial no le afectará, más bien será la oportunidad de crecer y la lámpara de Dios, que es su palabra, le alumbrará en su camino hacia el éxito. No se deje engañar por los mercaderes de la fe, que abundan hoy en día.

No hay crisis que por bien no venga: Para nadie es un secreto que la palabra más escuchada en este tiempo es crisis. Constantemente los medios nos bombardean con la crisis financiera, alimenticia, inmobiliaria, ambiental. El asunto es que la crisis no termina allí sino que trasciende en los hogares, y tenemos crisis en las familias; divorcios, familias disfuncionales, rebelión de los hijos, infidelidad y otros problemas. Paseándome en la historia me encuentro que hubo una época donde hubo una gran crisis que vivió el pueblo de Israel, resulta que el Rey de Egipto había ordenado la muerte de todos los niños israelitas. Esta medida produjo temor, miedo y ansiedad en todos los padres israelitas pero la biblia enseña que los padres de Moisés no tuvieron miedo y confiaron en Dios.

Los padres de Moisés confiaron en Dios y, por eso, cuando Moisés nació, lo escondieron durante tres meses. El rey de Egipto había ordenado que se matara a todos los niños israelitas, pero ellos vieron que Moisés era un niño hermoso y no tuvieron miedo, porque tenían confianza. (Hebreos 11:23)

Es probable que usted esté atravesando una gran crisis hoy, esté lleno de miedo pensando cómo salir del problema o pensando tal vez: ¿Cómo me metí en este asunto?, y de seguro siente que el rey de Egipto ha ordenado su muerte y quisiera retroceder su vida para no pasar por lo que está pasando.

¿Qué podemos aprender de los padres de Moisés? Ellos confiaron en Dios, aunque habían escuchado muchas veces voces de miedo, ellos se llenaron de fe y salvaron a Moisés.

¿Sabes lo que el miedo y la fe tienen en común? **Un futuro que no ha llegado.** El miedo cree en un futuro negativo. La fe cree en un futuro positivo. Ambos creen en algo que todavía no ha sucedido. Por tanto, pregunto: ¿Por qué no elegir a creer en un futuro positivo? ¿Por qué dejar que el miedo sabotee su alegría y su éxito?

Creo que durante estos tiempos difíciles tenemos que elegir entre dos caminos. El camino positivo y el camino negativo. Y nuestra vida no puede estar en dos caminos al mismo tiempo. Así que tenemos que hacer una elección y esta elección determina nuestra convicción sobre el futuro, y la actitud y las acciones que llevamos a la actualidad. Mi elección va a determinar mi futuro, la voz que yo estoy escuchando me puede llevar al fracaso o al éxito.

Hay una historia de un hombre que vivía a la orilla de un camino y vendía perros calientes. No tenía radio, ni televisión, no leía periódico, ni sabía nada de Internet; pero hacía y vendía buenos hot dogs. Sólo se preocupaba por la divulgación de su negocio y colocaba cartelones de propaganda por el camino; ofrecía sus productos en voz alta y el pueblo le compraba. Las ventas fueron aumentando y por eso empezó a comprar el mejor pan y las mejores salchichas. También le fue necesario comprar un carrito más grande para atender a la creciente clientela porque el negocio prosperaba. Sus perros calientes eran los mejores de la región. Venciendo su situación económica, pudo pagar una buena educación a su hijo, quien fue creciendo y fue a estudiar economía en la mejor universidad del país.

Finalmente, su hijo ya graduado con honores, volvió a casa y notó que el papá continuaba con la misma vida de siempre y tuvo una seria conversación con él: "Papá, usted no escucha la radio, no ve televisión, no lee los periódicos, ni sabe de Internet. Hay una gran crisis en el mundo y la situación de nuestro país es crítica. El que no se mueva va a quebrar". Después de escuchar las consideraciones de su hijo estudiado, el padre pensó:

"Si mi hijo es economista, lee periódicos, ve televisión, sabe de Internet, entonces sólo puede tener la razón…" Con miedo de la crisis, el viejo busco el pan más barato (más malo) y comenzó a comprar las salchichas más baratas (las peores) y para economizar dejó de hacer sus cartelones de propaganda. Abatido por la noticia de la crisis ya no ofrecía sus productos en voz alta. Tomadas todas esas preocupaciones, las ventas comenzaron a caer y fueron cayendo y cayendo y llegaron a niveles insostenibles, hasta que el negocio del viejo que antes generaba recursos aún para que el hijo estudiara economía, quebró. Entonces el padre muy triste, se dirigió a su hijo con estas palabras: "Hijo, tenías razón, estamos en medio de una gran crisis" y le comentó orgulloso a sus amigos: "Bendita sea la hora que envié a mi hijo a estudiar economía; él me avisó de la crisis… Si no hubiera sido por él, quién sabe qué hubiera pasado."

Puedes ver que nuestras elecciones determinan nuestro destino, este hombre decidió comportarse con un espíritu recesivo, conformista y perdió. En temporada de crisis no hay que dejarse vencer por el miedo, hay que ser creativos como los padres de Moisés que se prepararon, y lo llevaron a ser príncipe de Egipto. No llene su mente de pensamientos negativos, no se auto límite, no caiga en pánico, llénese de fe y esperanza.

200

"Si piensa que sus problemas tienen solución está en lo cierto, pero si piensa que no tienen solución también lo está."

Es tiempo de levantarse como David para vencer al gigante Goliat que se levanta en contra de su vida, su matrimonio, sus finanzas, sus negocios o cualquier otro gigante que produzca crisis. Confíe en Dios, Él es el único que puede darle la victoria. No se deje llevar por las crisis, pues no duran para siempre, ellas son las oportunidades para aprender y crecer.

Hoy es el mejor día para desarrollar su imaginación, creatividad ante las crisis, comenzar a ver y escuchar oportunidades. Dios tiene grandes cosas para usted, pero es usted quien elige seguir en el desierto o entrar a la tierra prometida.

Tu fe y la crisis económica mundial… El 6 de junio es un día histórico. Hoy se celebró el aniversario de la fenomenal batalla durante el desembarco en Normandía en 1944 (conocido como el Día D), muchos consideran que el destino del mundo libre se decidió allí, el objetivo fue la liberación de la Europa Continental de manos de los Nazis. Si se hubiera perdido esa invasión la historia del mundo sería radicalmente diferente. El Día D, me hace pensar que hay batallas que deben pelearse a toda costa. El frente de batalla del 6 de junio del 2020 es completamente diferente, no es militar, sino económico, y está peleándose en todo el planeta. Lo pelea usted, al igual que yo, pero en vez de escuchar balas se escucha el sonido de máquinas registradoras y de tarjetas de crédito. Y en vez de muertos y mutilados, los afectados principales son nuestros bolsillos. Y el asunto no parece estar por mejorarse.

Las noticias de este 6 de junio no son animadoras. El precio del petróleo subió (sólo este día) un poco más de US $5 por barril, un record histórico. Si conoce de economía ha escuchado del índice Dow Jones, hoy cayó por más de 400 puntos (la caída más grande en un año). ¿En qué se traduce todo esto? Bueno, gasolina cara, desempleo alto, sueldos bajos, economía mala. Obviamente son tiempos de ahorro y frugalidad. Pero quiero llamarte la atención a una actitud que no debes pasar por alto en los momentos de crisis. Lee con detenimiento las palabras escritas por el profeta Habacuc: *Aunque la higuera no flo-*

rezca, ni en las vides haya frutos, aunque falte el producto del olivo, y los labrados no den mantenimiento, y las ovejas sean quitadas de la majada, y no haya vacas en los corrales; Con todo, yo me alegraré en Jehová, y me gozaré en el Dios de mi salvación. Jehová el Señor es mi fortaleza, el cual hace mis pies como de ciervas, y en mis alturas me hace andar. Al jefe de los cantores, sobre mis instrumentos de cuerdas. (Habacuc 3:17-19)

Siempre me ha parecido que esta es una de las mejores referencias en la Biblia al gozo a pesar de las circunstancias. No es negación de los problemas, ni espiritualización de las circunstancias. El postulado de Habacuc es que el justo vive por fe, así que bien podemos recordar que su clave para vivir en alegría a pesar de la crisis es sencilla.
Es fe. Pura fe. Es creer que Dios es mayor que tu crisis económica. O que la crisis económica del planeta entero. ¿Lo crees?

Déjame hacer algunos comentarios a un pasaje que en realidad no necesita ser explicado:

1. *Habacuc señala 6 aspectos de la carestía alimenticia.* Obviamente cuando faltan los productos principales de la canasta básica producida por un pueblo, la condición es más que crítica. En el caso de Habacuc faltaban higos, uvas, aceitunas (curioso, Israel es representado en la Biblia por la higuera, la vid y el olivo), pero tampoco había otras legumbres, ni vacas, ni ovejas.
2. *No hay depresión en Habacuc*, ni desánimo. Sólo hay la disposición (decidida de manera calculada), que de todas maneras él se gozaría en Dios. Dos verbos paralelos pero diferentes: Me alegraré (externo) y me gozaré (interno) en Dios.
3. La razón está en el versículo 19 y es doble: *Mi fuerza está en Dios.* Y él me hace vivir en un nivel diferente (en las alturas), pastando con el resto de los ciervos.

La clave de Habacuc ante la crisis económica de su mundo fue la fe… ¿cómo enfrenta usted la crisis en su mundo?
¿Cuál crisis? Con un Dios tan rico: Cuando el termino globalización comenzó a aparecer en el contexto económico mundial, muchas

202

personas lo vimos con usual indiferencia como hemos estado viendo la mayoría de los temas que afectan a la humanidad y que creemos nunca van a tocar nuestras puertas.

Los cristianos no nos lavamos las manos de este comportamiento, por igual también hemos venido siendo indiferentes a estas clases de temáticas, más aún cuando creemos y con bastantes argumentos veraces, que nuestro Dios es tan rico como para que no nos afecten estos fenómenos; pero con lo que no contábamos, es que el famoso "fenómeno" de la globalización nos afectaría, pues hacemos parte integral de un mundo que cada día está más entrelazado sobre todo en asuntos económicos, y lo que afecta a un lugar, tarde o temprano termina influenciando nuestro entorno económico o productivo.

En lo que sí podemos tener claridad, es que la actual crisis económica en la que el mundo ha tocado fondo, no es otra cosa que el ignorar también globalmente los principios bíblicos que nuestro Señor dejó establecidos para la prosperidad de la humanidad: *"Amado, yo deseo que tú seas prosperado en todas las cosas, y que tengas salud, así como prospera tu alma"* (3ª de Juan 1:2) lógico entender el pensamiento de Dios, que la humanidad sea prosperada en todas las cosas, entre ellas la economía, entendiendo claramente lo que dicen las mismas sagradas escrituras: *"el dinero sirve para todo"* (Eclesiastés 10:19); esa claridad sí la tenemos y en parte esta certeza nos ayuda a mitigar un poco los efectos nocivos del golpazo de esta crisis global.

Es bueno ver y entender que La Biblia contempla un modelo económico muy particular que se aparta diametralmente de los excesos extremos del capitalismo salvaje y de la socialización de la economía o el socialismo económico, que son las dos grandes propuestas económicas del anterior siglo, representada y defendida por los dos grandes emporios mundiales de la política y la economía: La desaparecida Unión Soviética (Rusia) con su comunismo político y el socialismo económico, y Estados Unidos con el capitalismo como su bandera financiera, donde el fuerte se fundamenta en el derecho a la propiedad privada y el libre comercio, estos dos extremos absorbieron a la totalidad de los países del mundo, convirtiéndose en las dos grandes propuestas económicas de fines del siglo XX, ninguna de ellas observó con detenimiento los fundamentos bíblicos que Dios constituyó para su pueblo Israel y por ende, para toda a la humanidad, basta con leer o releer un poco los fundamentos sobre economía que están en los cinco primeros libros de la Biblia para ver que no solamente se preocupa Dios de la propiedad privada, sino que también dispone que los portentosos, debían de establecer en cada una de sus cosechas, una porción para los pobres, el dejar descansar la tierra cada siete años para evitar que se agotaran, la porción para los levitas, el diezmo, el pago de los impuestos, la iglesia primitiva experimentó una especie de socialismo pero fundamentado en el amor a Dios y al prójimo, y que era guiado por el mismo Dios, y así, cantidad de principios y leyes espirituales aplicadas a esta economía que nunca fracasó; el modelo de Dios no fracasa.

Nuestros oídos todavía hacen eco de la estruendosa caída del socialismo ruso y con esa caída, el desplome de la propuesta económica de la economía socialista, la famosa perestroika, el declinar de la Unión Soviética, Cuba, Albania e incluso el socialismo chino de Mao todo esto repercutió para que la propuesta capitalista que tambalea en este momento se levantara como la tan anhelada panacea de la economía, pero este reinado del capitalismo no demoró mucho, y hoy por hoy la economía mundial colapsa con el desplome de esta fortaleza económica: EL CAPITALISMO, ese pulpo de las mil cabezas y que describiremos un poco a continuación: La aldea global ha sido sustituida por el mercado global, dando lugar al fenómeno de la globalización, que, en su actual modalidad neoliberal, tiene carácter excluyente tanto de continentes enteros, (los más subdesarrollados), como de sectores cada vez más amplios de los países desarrollados. "Es incontestable", que el mercado mundial, desde que dejó de ser una visión lejana y se convirtió en realidad global, fabrica cada vez menos ganadores y más perdedores, y eso no en el Tercer Mundo o en el Segundo, sino en los altos centros del capitalismo. Allá son países y continentes enteros los que se ven abandonados y excluidos de los intercambios; aquí son sectores cada vez más grandes de la población los que, en la competencia cada día más grande por las calificaciones, no pueden seguir y caen.

Nadie puede negar que la globalización de la economía reporta muy pingües beneficios. Pero no se reparten equitativamente. Los países industrializados se benefician más que los subdesarrollados, y, en un mismo país, los ricos logran más ganancias que los más pobres. Lo ponía de manifiesto el informe de las Naciones Unidas de 1997 sobre Pobreza y desarrollo en el mundo con una metáfora muy expresiva: *"La globalización es una marea de riqueza que supuestamente levanta a todos los barcos. Pero hay los que tienen más agua debajo que otros. Los transatlánticos y los yates navegan mejor, mientras que los botes de remo hacen agua y algunos se hunden".*

¿Qué papel puede jugar el cristianismo en el actual proceso de globalización económica de corte neoliberal? Dos son las respuestas a esta pregunta dentro del propio cristianismo.

La primera es la de los teólogos del capitalismo, que, insensibles al carácter excluyente de la comercialización global, la legitiman religiosamente y la consideran el "fin de la historia". En el espíritu del capitalismo democrático, M. Novak llega a hablar de las "raíces evangélicas del capitalismo" y enfatiza la afinidad entre la tradición judeocristiana, la economía de mercado y la democracia. En un discurso pronunciado el 27 de febrero de 1992 en el Congreso Nacional de Empresarios Cristianos de Francia -celebrado en Lille-, Michel Camdessus, secretario general del Fondo Monetario Internacional, proponía celebrar las bodas entre el mercado mundial y el Reino de Dios universal, como condición necesaria para una mayor producción y un mejor reparto de los bienes producidos. En el mismo discurso citó el texto del profeta Isaías leído por Jesús en la sinagoga de Nazaret: *"El Espíritu del Señor está sobre mí, porque él me ha ungido para que dé la buena noticia a los pobres. Me ha enviado para anunciar la libertad de los cautivos y la vista a los ciegos, para poner en libertad a los oprimidos, para proclamar el año de gracia del Señor"* (Is 61:1-2, Lc 4:18-18). "Hoy se ha cumplido ante vosotros esta profecía", comentó Jesús. Pues bien, ni corto ni perezoso, Camdessus aplicó el texto a los empresarios: "Ese hoy es nuestro hoy, y nosotros somos (nosotros, los que estamos a cargo de la economía) los administradores de una parte, en todo caso, de esta gracia de Dios: el alivio de los sufrimientos de nuestros hermanos y los procuradores de la expansión de su libertad. Somos quienes han recibido esta Palabra... Sabemos que Dios está con nosotros en la tarea de hacer crecer la fraternidad". Estamos ante una de las más cínicas manipulaciones del mensaje evangélico puesto al servicio de intereses excluyentes.

Otra es la respuesta de quienes consideramos que el cristianismo puede y debe animar un proceso de mundialización igualitaria alternativo, al de la globalización neoliberal actual. El cristianismo es una religión universal. Pero su universalidad nada tiene que ver con la uniformidad del pensamiento y de las conciencias, ni con la imposición de las creencias al mundo entero. Tiene que ver, más bien, con la idea de propiciar un proceso de globalización por la vía de la universalización de los derechos humanos, de la justicia y de la igualdad sin discriminaciones, a partir de la opción por los pobres. En otras palabras, la universalidad del cristianismo debe traducirse hoy en una globalización de la solidaridad desde abajo, que incluya a los que la globalización neoliberal excluye. ¿Cómo? Participando en los diferentes foros de solidaridad con iniciativas tendentes al logro de una auténtica fraternidad-sororidad e intentando hacerlas realidad en sus ámbitos de influencia. He aquí algunas de ellas: derribar el muro de separación entre el Sur y el Norte; colocar la economía al servicio del desarrollo integral de las personas y los pueblos, y no viceversa, denunciar el carácter idolátrico del capital, que exige sacrificios de vidas humanas, defender la democratización de los Estados en torno a los valores comunitarios, mundializar las luchas sociales haciendo converger sus ideales emancipatorias e integrando las micro utopías en un proyecto ético global.

Entonces, ¿cuál es la salida independiente de la posición del cristianismo en esta causa? ¿Cuál es la solución?, yo creo sin temor a equivocarme, que, *al mundo económico le va a tocar volver los ojos a Dios y mirar un poco la alternativa bíblica y hacer eco de ese texto sagrado*

206

que todos conocemos: de Jehová es el oro y la plata; no hay de otra, a la humanidad, a los gobernantes que tanto se golpean el pecho buscando soluciones en los grandes foros europeos, norteamericanos y asiáticos, les va a tocar hacer como la reflexión del hijo prodigo: ***me volveré a mi padre porque en su casa hay abundancia de bienes.***

¿Por qué sufrir la crisis económica teniendo un Dios tan rico?
Claro que la situación ahora es bien compleja, porque el desplome de la economía y la recesión en que están cayendo gran parte de los países ricos y en desarrollo, se le suman otros ingredientes no menos importantes como: la pobreza, la escases de alimentos y lógicamente las hambrunas, el calentamiento global, la erosión de los suelos, la polarización política de los países pobres, el narcotráfico, etc.

Finalmente, hablando del modelo económico de Dios del cual hemos venido hablando, nunca falló, y cuando tuvo momentos de crisis, no fue por falla en el modelo, no, fue por causa del pecado y de eso hay varias ilustraciones en el texto sagrado, pero una vez que el pueblo regresaba a Dios, la prosperidad llenaba a la tierra y había grandes bonanzas.

Reflexión: ¿Por qué padecer teniendo un Dios tan rico?

Capítulo 8

ABUNDANCIA EN MEDIO DE LA EXTREMA POBREZA

"La bendición de Jehová es la que enriquece,
Y no añade tristeza con ella". Pr.10:22

El tema de combate y reducción de la pobreza es uno de los desafíos actuales para toda la humanidad. Gobiernos, organismos multinacionales, empresas, familias y personas se han unido para delinear estrategias para la reducción del círculo vicioso de pobreza. En la actualidad la definición más común de extrema pobreza es la de: *"aquella persona o familia que no puede cubrir con sus ingresos el costo de una canasta mínima de subsistencia"* Con fines de comparación internacional, el Banco Mundial calcula líneas de pobreza internacionales de US$1 y US$2, considerándose pobreza absoluta todas aquellas personas que viven con menos de US$1 diario y en pobreza relativa aquellas que viven con menos de US$2 diarios.

Ante esta problemática, vista como desafío: ¿Qué nos dice la Palabra de Dios? La respuesta positiva nos conduce a una serie de capítulos que realzan ciertas acciones en medio de la extrema pobreza. Recapitulemos la historia de la viuda de Sarepta.

En **1 Reyes 17:8-24** (Reina-Valera 1995) se narra la historia del profeta Elías y la viuda de Sarepta:

"Luego llegó a Elías una palabra de Jehová, que decía: «Levántate, vete a

Sarepta de Sidón y vive allí; ahí le he dado orden a una mujer viuda que te sustente». Entonces él se levantó y se fue a Sarepta. Cuando llegó a la puerta de la ciudad, había allí una mujer viuda que estaba recogiendo leña. Elías la llamó y le dijo: Te ruego que me traigas un poco de agua en un vaso para que beba. Cuando ella iba a traérsela, él la volvió a llamar y le dijo: Te ruego que me traigas también un bocado de pan en tus manos. Ella respondió: ¡Vive Jehová, tu Dios, que no tengo pan cocido!; solamente tengo un puñado de harina en la tinaja y un poco de aceite en una vasija. Ahora recogía dos leños para entrar y prepararlo para mí y para mi hijo. Lo comeremos y luego moriremos.

Elías le dijo: –No tengas temor: ve y haz como has dicho; pero hazme con ello primero una pequeña torta cocida debajo de la ceniza, y tráemela. Después la harás para ti y para tu hijo. Porque Jehová, Dios de Israel, ha dicho así: **"La harina de la tinaja no escaseará, ni el aceite de la vasija disminuirá, hasta el día en que Jehová haga llover sobre la faz de la tierra".** *La viuda fue e hizo como le había dicho Elías. Y comieron él, ella y su casa, durante muchos días. No escaseó la harina de la tinaja, ni el aceite de la vasija menguó, conforme a la palabra que Jehová había dicho por medio de Elías".*

Identificando el estado de pobreza de esta viuda. La Biblia narra que los únicos recursos con que contaba esta mujer era "un puñado de harina, un poco de aceite y 2 leñas". Efectivamente, su estado era inferior al nivel de extrema pobreza, pues ni siquiera había una canasta básica de productos. Y esto se agrava al ver el estado civil de esta mujer: la viudez. Es el estado civil de una persona, indefensa sin un esposo o compañero que pueda ser su proveedor o su cooperante en los ingresos familiares.

Pero dentro de esta pobreza hay dos aspectos positivos a mencionar:
1. Un buen activo es su "hijo", esto implica un legado, una inversión.
2. Es una mujer trabajadora. La historia narra que ella estaba buscando leñas para cocinar y que estaría preparando la comida. A pesar de su edad, de su estado, la ociosidad no aparece como elemento en la historia de la viuda.

Acciones ante la extrema pobreza: La historia narra que el profeta Elías le pidió que le prepare a él primero y vemos que "la viuda fue e hizo como le había dicho Elías". Un profeta es un enviado de Dios, pero tras la orden, el profeta señaló una promesa de Dios: *"La harina de la tinaja no escaseará, ni el aceite de la vasija disminuirá, hasta el día en que Jehová haga llover sobre la faz de la tierra".* Y como respuesta al pedido se pueden ver ciertas acciones concretas de parte de la viuda:

a. Ser obediente: en primer lugar ella obedeció e hizo exactamente lo que el profeta le pidió.

b. Tener fe: la obediencia fue resultado de la gran fe que la viuda tenía de que Dios cumple sus promesas. Había una promesa explícita de no escasez en esa casa.

c. Dar a Dios las primicias. Otro factor preponderante fue el dar primero a Dios demostrando nuestra obediencia, nuestra fe y nuestra gratitud a Dios.

Resultado: El resultado de la construcción de este círculo virtuoso: obediencia, fe y primicia a Dios, es una fórmula para romper el círculo vicioso de pobreza. El resultado lo vemos al final de esta historia: *"Y comieron él, ella y su casa, durante muchos días. No escaseó la harina de la tinaja, ni el aceite de la vasija menguó, conforme a la palabra que Jehová había dicho por medio de Elías".* Un hogar transformado, de pobreza extrema a casa abundante. La gracia y el favor de Dios para este hogar hicieron que nunca más escaseasen los alimentos.

La historia de esta mujer muestra que sus tres virtudes (obediencia, fe y primicias a Dios), más el trabajo manual provista por ella misma, fueron aspectos de su competitividad para poder alejarse del estado de pobreza en que vivía. Y estamos seguros que al igual que la historia de la viuda de Sarepta, la historia se puede repetir en cada hogar. Dios quiere derramar de su gracia en cada hogar, en cada hijo/a suyo/a. Nada más recordemos lo que dice **3 Juan 2:** *"Amado yo deseo que seas* *prosperado en todas las cosas y que tengas salud así como prospera tu alma"*. La abundancia de Dios es integral (material, física y espiritual). Animémonos a aplicar esta fórmula integral de combate a la pobreza, y vivamos la vida abundante heredada de nuestro Señor Jesucristo.

Tentaciones de los Cristianos ante la economía

Como persona que tiene cierta formación económica percibo frecuentemente entre los cristianos unas aproximaciones al mundo financiero no demasiado acertadas. Por eso, me parece oportuno comenzar por identificar alguna de ellas, para que tratemos de evitarlas en la práctica pastoral:

-Moralizar y personalizar en exceso el análisis: Se nos ocurre buscar enseguida quién es el culpable. Sin embargo, casi siempre en economía hay causas sistémicas, estructurales, objetivas, que tienen una importancia mayor. Hay unos mecanismos propios del funcionamiento económico que no dependen de las voluntades individuales y que necesitamos saber analizar para situarnos en la realidad del mundo económico que tiene su lógica propia.

- Dar prioridad a lo "micro", y los efectos frente a lo "macro" y las causas: Es bueno y necesario tener sensibilidad para las situaciones cercanas, para las consecuencias que los grandes problemas originan en la vida de las personas, pero, al mismo tiempo, hay que saber interpretar estos procesos en el contexto global y reconociendo las causas que las originan. Actuamos a menudo como "bomberos" apagafuegos, sin analizar los porqués que los producen.

- Sentirnos "responsables" o "salvadores" en estas situaciones: Nos colocamos, frecuentemente, con un exceso de responsabilidad personal que nace muchas veces de la mejor intención pero que no resulta positivo ni realista. Como si todo dependiera de nuestro compromiso individual, actuamos únicamente como "benefactores" o "ayudadores" que quieren solucionar los problemas de la humanidad. Ello nos hace pasar de la euforia (si resolvemos los problemas de los demás),

212

MIGUEL RAMÍREZ

a la depresión (si no podemos hacer casi nada).

- *Criticar-desconfiar-responsabilizar a los políticos y al "sucio dinero":* Desconfianza por principio ante los empresarios, los políticos, etc., como si por el mero hecho de serlo ya fueran corruptos. Nosotros, en cambio, nos consideramos como los "puros", que no se manchan con el "vil dinero" o el poder. Olvidamos que muchas veces las situaciones son complejas y sus protagonistas han de elegir, no entre lo malo y lo bueno, sino entre lo malo y lo peor, o tomar decisiones sin saber si son correctas o no.

-*Pecar de ingenuos, voluntaristas o utópicos ante estos desafíos:* Creer que la verdad se puede mover según nuestros deseos. La realidad tarda mucho en ser modificada y, a veces, lo hace por mecanismos que no controlamos. Esto, que ocurre en todo el ámbito social (cultura, política, tecnología, etc.), vale especialmente para el mundo económico, donde las instituciones y los intereses en juego son muy difíciles de transformar.

- *Legitimar acríticamente el orden vigente:* Se trata, en primer lugar de una constatación sociológica: existe una clara correlación en nuestro país, entre las personas que se definen como más religiosas y las que se auto-posicionan políticamente en la órbita conservadora o liberal. Creen que el único horizonte teórico y políticamente posible es el orden económico realmente existente, como si fuera algo legitimado por la ciencia económica y calificar cualquier otra alternativa como pura fantasía sin base científica. No deja de resultar sorprendente este dato, sobre todo cuando somos discípulos de Jesús de Nazaret, una persona extraordinariamente libre, critica, utópica y solidaria.

Como actitud más adecuada ante las situaciones complejas como la actual, puede valer el consejo filosófico de Espinoza: "Ni reír, ni llorar, ni detestar, simplemente comprender". Y una vez comprendida la situación actual, comenzar a actuar paso a paso para *prosperar económicamente aun en medio de la crisis económica actual,* con los conocimientos adquiridos y con la bendición de Dios a nuestro favor.

Principio de prioridad: uno de los domingos que asistí a mi Iglesia, mi pastor nos enseñó sobre 10 principios básicos para ser un cristiano exitoso con fundamentos plenos. La lección dominical empezó con el primer principio: "Principio de Prioridad" sustentado en lo que dice **Mateo 6:33** *"Buscad primero el reino de Dios y su justicia, y todas estas cosas os serán añadidas".* Esta cita bíblica es tan completa que nos da dos opciones: la prioridad a Dios o las añadiduras. En la medida que iba escuchando y viendo la necesidad de aplicarlo en cada cosa que hacemos; me traslade a ver si estos principios bíblicos fundamentales también tenían un contexto económico.

Me remonté a mis primeras lecciones financieras, donde en la introducción nos señalaba el alcance de la economía como ciencia social al servicio de la humanidad y de los principios que lo regían y los problemas económicos básicos de todo agente económico (familia, empresa, gobierno, resto del mundo). Y uno de los principios financieros es la búsqueda de lo "optimo" en base a decisiones racionales de las alternativas existentes. Así había aprendido modelos, teorías y evidencias empíricas de que la familia quiere maximizar sus utilidades, las empresas desean maximizar sus beneficios, los gobiernos desean el bienestar de su pueblo y el resto del mundo se mueve en un entorno óptimo de ganancias y equilibrios de balanzas de pagos. En fin, vemos que todo sistema económico está basado esencialmente en la motivación de los agentes para mejorar su nivel de vida; por lo menos todos los modelos económicos tienden a logro del bienestar. Y lo interesante es que en todo este principio, los objetivos deseados se logran mediante las decisiones racionales que llevan a esos ser óptimos. Los resultados de las malas decisiones de un agente económico se traducen en fracaso, en quiebra, en salida del mercado, en déficit, en ser un perdedor dentro del sistema. La primera regla para llegar a lo óptimo es establecer bien las prioridades. El principio de prioridad es fundamental como llave no sólo de supervivencia en el sistema sino de éxito en el entorno.

Sea el rol que le toca hoy (familia, empresa, gobierno, resto del mundo), recuerde que existe una prioridad básica para lograr un mejor nivel de bienestar (lo óptimo) y para ser un ganador y no un perdedor:

su prioridad bien enfocada hacia aquel que nos da la vida abundante para disfrutarlo acá en la tierra y en la eternidad. No es una fórmula barata ni una estrategia sencilla; Jesucristo nuestro Señor tuvo que pagar un precio muy alto para que todos podamos capturar la llave de una ciudadanía exclusiva de triunfadores. Es tiempo de empezar a poner nuestro corazón, nuestra mente, nuestras metas y nuestros actos económicos en "lo de arriba" y no perdamos tiempo en el esfuerzo vano de buscar añadiduras. La receta es simple: "logro de lo óptimo = buscad primero el reino de Dios y su justicia"

La Regla de Oro: ¿Es posible fundar nuestra economía sobre la base de la regla de oro? Un amigo cristiano me dijo durante la semana santa que los economistas tendemos a buscar soluciones de problemas económicos en datos, relaciones entre variables, y teorías.

Argumentó que con frecuencia nos enredamos en esos laberintos, y que finalmente terminamos con las manos vacías. Él me señaló el libro de Mateo, capítulo 7, versículo 12, diciéndome que ahí se encontraba la respuesta a nuestros males.

El apartado trata de la regla de oro, aquella que dice que debemos tratar a nuestros semejantes del mismo modo que queremos ser tratados. Esta enseñanza no es un patrimonio del cristianismo, pues la comparten prácticamente todas las religiones, lo cual la convierte en una ley universal.

Pero, ¿por qué la regla de oro tendría un valor económico? Por varias razones. Si una familia trata con desdén a sus hijos, incumpliendo la regla, ellos no tardarán en desmembrarse, con el peligro de que caigan en los vicios inconducentes del alcoholismo, la drogadicción, y la criminalidad. En cambio, la armonía familiar tiene un beneficio económico, ya que garantiza un menor costo en programas de salud y de seguridad, o al menos, posibilita un uso más eficiente de los recursos disponibles.

La regla de oro también representa beneficios económicos para una empresa. Si los empresarios no se adueñan de ella, es probable que sus empleados se hundan en el desgano. Las personas quieren ser valoradas y respetadas por lo que hacen y por lo que son. Tanto el apoyo moral, así como el monetario, son claves para encender los motores de la productividad. Cuando los dueños de las empresas desestiman esta regla, los empleados se infectan del peor mal: la desmotivación, que agobia la iniciativa y la creatividad; elementos esenciales del crecimiento económico. En el caso agregado, si todas las empresas incumplen la regla de oro, la economía se resentirá, dejando a su paso menos oportunidades y mayor pobreza.

La regla de oro también puede ser sofocada por el jefe de una nación. El costo de este hecho es altamente penoso. El poder, o mejor dicho su abuso, pueden socavar la regla de oro. Cuando este pretende perpetuarse en el poder, utiliza métodos ajenos al que fue encomendado; el de servir al pueblo. La falta de consideración hacia los derechos de los demás, podría llevar a una confrontación de poderes, que obstaculizaría las reformas económicas necesarias para ofrecer mayores oportunidades.

Si la regla de oro, en lo económico, es tan beneficiosa, ¿cómo deberíamos aplicarla? Desconozco de alguna receta económica para promoverla, como la imposición de un impuesto o algún tipo de subsidio. Entonces, no me queda otra, más que presentar lo que propuso mi amigo como estrategia: "Debemos demoler nuestras murallas de egoísmo, y edificar juntos un porvenir más próspero".

La voluntad perfecta de Dios es prosperarnos en todas las cosas, así como prospera nuestra alma, pero nunca a costa de los demás, o pasando por encima de los derechos de terceras personas. Dios quiere que volvamos a sus principios y a sus palabras, porque de esa manera al prosperar nosotros, todos se benefician, nuestra familia, nuestro entorno, nuestra iglesia y nuestra sociedad. Eso realmente es prosperidad.

216

Guía Bíblica para tiempos de crisis

Todos los países, las organizaciones y empresas serias, han elaborado un rápido manual de medidas anti crisis, sobresaliendo en todos los casos, la inyección de grandes sumas de dinero -en cantidades nunca vistas- destinadas al rescate de entidades financieras problemáticas y de la economía real en conjunto. Y, aunque a algunos les afecta en forma directa y más pesada, y a otros en menor escala, no podemos dejar de mencionar que todos los días estamos siendo bombardeados con noticias sobre la magnitud de la crisis y su rápida expansión a nivel mundial, por lo que, se quiera o no, estamos insertos en esta sociedad y, para muchos, aunque no experimenten un efecto directo en su economía, la presión de los medios los llega a convencer de que están viviendo una situación de crisis. Crisis real o ilusoria es un tema a discutir, pero lo que sobresale a primera vista es el abandono de los básicos principios cristianos en el manejo de una crisis económica. Y al respecto del mismo, al estar insertos como parte de la comunidad, probablemente no podremos obviar los efectos de este peligro en nuestros ingresos financieros; pero como cristianos podemos aminorar sus impactos. Partiendo de nuestro manual básico: La Biblia, como manantial de vida a la que podemos consultar y usar para encontrar varias herramientas y principios que nos ayudan en este tema (desde evitarlo hasta sobrellevarlo y ser un ganador), hemos elaborado una breve guía para el pueblo cristiano.

Si bien, textualmente, muy pocos casos de crisis económica se mencionan en la Biblia, los casos y ejemplos de solución divina son muy potentes y fáciles de implementar. En este breve artículo, esbozamos una *Guía General Anti Crisis,* que puede ser adaptada acorde a las necesidades reales y específicas de cada persona u hogar. El marco básico de su elaboración se basa de la esencia misma de la creación, en la que nuestro Dios Creador nos coloca como soberano y no como esclavo en nuestro hábitat *(Génesis 1:28-30).*
Además, debemos reconocer que la crisis económica no es algo sobrenatural, sino que es producto de una serie de fuerzas, restricciones e irresponsabilidades que condujeron de manera drástica al caos

MIGUEL RAMÍREZ

económico mundial, empezando con las economías más potentes de la actualidad. Por ende, a un fenómeno económico causado por el desorden y la mala y pobre administración de riesgos, se le debe enfrentar con principios básicos de orden e integridad.

1	**ARMA UN EQUIPO ANTI CRISIS**	• Usted y El Espíritu Santo
2	**PLAN MAESTRO**	• Diagnóstico • Impacto
3	**CONDUCTA ANTI CRISIS**	• MODELO: Correcta administración en tiempos de **vaca gorda** y **vaca flaca**
4	**SER DILIGENTE**	
5	**CONFIANZA POR SIEMPRE**	

Revisemos esta guía básica con los siguientes pasos:

1. Armar un equipo anticrisis: Usted y el Espíritu Santo. No existe otro mejor equipo de trabajo diario que una comunión cotidiana y permanente con el Espíritu Santo de Dios en nuestro accionar. Recordemos lo que dice ***Juan 14:16*** *"Y yo le pediré a Dios el Padre que les envíe al Espíritu Santo, para que siempre los ayude y siempre esté con ustedes".* Y ***1 Corintios 2:12*** *"Y nosotros no hemos recibido el espíritu del mundo, sino el Espíritu que proviene de Dios, para que sepamos lo que Dios nos ha concedido".* Es la primera medida facilitadora en nuestra hoja de ruta anti crisis. Todo el que trabaja en íntima conexión con Dios no puede ser un fracasado, sino que Dios lo prospera. Miremos tan sólo una de las mil historias de la Biblia: la de José, en toda su vida narrada en el libro de Génesis se ve una fidelidad, cercanía y profunda relación con Dios Padre. José era un portador de la bendición de

Dios, pues todo lo que él hacía Dios lo prosperaba.

La selección del faraón hacia su persona como "gobernador" de Egipto se describe en ***Génesis 41:37-38*** *"Al faraón y a sus servidores les pareció bueno el plan. Entonces el faraón les preguntó a sus servidores: ¿Podremos encontrar una persona así, en quien repose el espíritu de Dios?*

2. Elaborar un PLAN MAESTRO descriptivo de la hoja de ruta que permita direccionarnos en la manera de enfrentar la crisis en esta etapa. No nos olvidemos que somos fruto de un perfecto plan, diseñado para ser cabeza y no cola, como dice las Escrituras en ***Deuteronomio 28:13*** *"El Señor te pondrá a la cabeza, nunca en la cola. Siempre estarás en la cima, nunca en el fondo, con tal de que prestes atención a los mandamientos del Señor tu Dios que hoy te mando, y los obedezcas con cuidado",* con una simple condición: la obediencia a los mandatos de nuestro Señor.

Componentes del Plan Maestro: Básicamente la elaboración de este plan debe partir del diagnóstico de: i) nuestras necesidades, ii) la disponibilidad de los recursos financieros y no financieros, de tal forma que podamos medir el nivel de impacto de la crisis en nuestra vida personal o familiar. Una vez realizado el diagnostico, diagramamos un plan de acción de actividades importantes a realizar con un cronograma responsable y realista. Un buen ejemplo de Plan Maestro utilizado para cuestiones económicas es el de la mayordomía de José en Egipto (narrado en Génesis 41), con la famosa premisa de *"gerenciamiento en épocas de vacas gordas y de vacas flacas"* que partió de reservas desde una época de abundancia para luego ir detallando la distribución de los recursos en la medida que la crisis requería. Lo importante en esta etapa es ver qué estrategias podemos adoptar para enfocarnos a la eliminación o reducción del impacto de la crisis.

3. Conducta anticrisis: De hecho, al estar ya posicionados en una sociedad declarada en crisis económica, no nos queda más que empezar a utilizar estrategias, medidas y metas reactivas (en realidad lo ideal sería una conducta proactiva). Todos los planes anti-crisis sugieren austeridad y diligencia como patrones de conducta. En la

Biblia encontramos varios principios básicos, tales como, el ya mencionado, de la "correcta administración en tiempos de vaca gorda y de vaca flaca". Por ende, al entrar en una recesión, se debe apuntalar hacia un tipo de mayordomía o administración de recursos donde se debe eliminar lo superfluo, lo no necesario y bregar por una buena y sana distribución de los factores disponibles. Es interesante ver los pasos en la mayordomía de José:

Pilar 1: El punto de inicio requiere de un administrador prudente y sabio (Gn 41:33). Recordemos cuando el faraón selecciona a José como el gobernador de Egipto le dice: *"Puesto que Dios te ha revelado todo esto, no hay nadie más competente y sabio que tú."* (Gn 41:39).

Pilar 2: En épocas de abundancia, los procesos de "juntar y recoger" (Gn 41:35) los recursos disponibles en los depósitos, formando reservas (Gn 41: 36) a fin de poder realizar una correcta y equitativa distribución en un oportuno periodo de tiempo (Gn 41:56-57). No abundamos en detalle en este punto, porque nos concierne más lo que sucede en etapa de crisis.

Pilar 3: En época de vacas flacas es interesante ver el trabajo y la conducta de José como administrador, analista, estratega y hacedor de políticas. Así, se observa que para enfrentar la crisis ejecutó el siguiente plan de acción:
A. Conocimiento pleno de los recursos (reservas guardadas) disponibles para enfrentar el problema –en este caso, el hambre que acechó no sólo a Egipto sino a nivel mundial- (Gn 41:56). Se diseñó la estrategia para satisfacer la demanda de alimentos de esa época.
B. Aprovisionamiento acorde las necesidades prioritarias (en este caso fue satisfecha primera la demanda doméstica). Las necesidades y los recursos (el trigo almacenado), estaban medidas y esto facilitó el canal de distribución.
C. Estrategias tras la oportunidad de la crisis. Se observa que una consecuencia rápida y directa de la crisis fue la apertura de nuevos mercados. En Gn 41:56 y en Gn 42:6, se describe que se "vendía trigo a todo el mundo". Al final, la crisis que pasó José fue una gran

220

oportunidad no sólo para su vida, sino para su familia, su nación, para Egipto que lo acogió y para todo el mundo. Este hecho traducido a nuestra vida personal, nos conduce a observar ciertas cosas durante la crisis:¿Qué estrategias mi empresa o yo como persona, puedo implementar durante la crisis?; ¿Qué productos o servicios puedo ofrecer al mercado?, ¿qué ventanas de oportunidad tengo en medio de la crisis?; ¿Cómo puedo estar en el terreno de los ganadores y no en el de los perdedores en medio de momentos difíciles? D. Actitud como un hacedor de política activo ganador durante la crisis. Recordemos que José fue un elemento clave en el uso y distribución de las riquezas, empleando una modalidad de gerenciamiento de servicio a otros en periodo de crisis. Nunca se le vio una actitud pasiva a José.

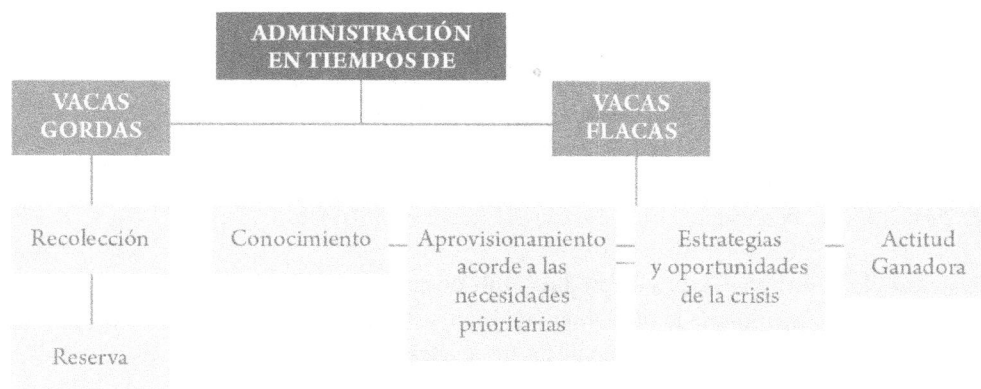

```
                    ┌─────────────────────┐
                    │  ADMINISTRACIÓN     │
                    │  EN TIEMPOS DE      │
                    └─────────────────────┘
   ┌──────────┐                              ┌──────────┐
   │  VACAS   │                              │  VACAS   │
   │  GORDAS  │                              │  FLACAS  │
   └──────────┘                              └──────────┘
```

| Recolección | Conocimiento | Aprovisionamiento acorde a las necesidades prioritarias | Estrategias y oportunidades de la crisis | Actitud Ganadora |

Reserva

4. Ser diligente: Si nuestro trabajo o nuestro talento es el principal recurso de ingreso económico que tenemos; una etapa de crisis debe afianzarnos a ser más diligentes en cada acto o servicio que estamos realizando. Recordemos que, a mayor productividad corresponde mayor ingreso y una mayor realización.

Proverbios 21:5 dice: *"Los planes del diligente ciertamente tienden a la abundancia, pero todo el que se apresura alocadamente, de cierto va a la pobreza."* Recordemos que es la etapa en que las organizaciones (gobierno, empresa, familia) necesitan más que nunca de sus trabajadores y de la creatividad de sus talentos más que del capital físico.

5. Confianza por siempre: Muchos economistas caratulan a la crisis como una *"crisis de confianza"*, dejando entrever que "la desconfianza" en el mercado, en los actores económicos y en las organizaciones es la principal causa de la situación económica crítica mundial. Por ello, no podemos terminar esta guía sin poder reiterar que debemos verter nuestra confianza en aquel que nos creó tal como explica *Efesios 3:12: "Gracias a Cristo, y porque confiamos en él, tenemos libertad para acercarnos a Dios sin temor."*

En síntesis, la puesta en práctica de medidas anti-crisis ayuda a aminorar el impacto, por lo que la implementación de esta guía puede ayudarnos a sobrellevar el bombardeo de los desajustes económicos. Si bien, de la lectura de varios *papers* se deduce que la mayoría prevén que esta crisis económica y financiera, no será ni corta ni pasajera, estamos seguros que con nuestro accionar como cristianos, guiados por nuestro PROTECTOR DIVINO y con mucha fe en práctica, evitaremos nuestro derrumbe y el de nuestra comunidad. Tal vez en muchas partes del planeta muchas de las políticas adoptadas serán ineficaces, pero con seguridad y con fe en nuestro Señor Jesucristo sabemos que estamos protegidos.

Seamos el José en el gobierno, en nuestras empresas y en nuestras familias. Esta es la oportunidad para que hombres y mujeres que confían en un Dios vivo actúen para dar dirección a sus pueblos en tiempo de crisis, pues la sabiduría de Dios es la más alta e inigualable y por ende, su estrategia nunca falla, siempre dará muy buenos resultados. Los números negativos no le asustan a nuestro Dios, dueño de la creación.

Por todo lo expuesto, cabe terminar con la promesa post crisis que encontramos en las Sagradas Escrituras en el libro de ***Joel 2:25-26*** *"Yo os restituiré los años que comió la oruga, el saltón, el revoltón y la langosta, mi gran ejército que envié contra vosotros. Comeréis hasta saciaros, y alabaréis el nombre de Jehová, vuestro Dios, el cual hizo maravillas con vosotros; y nunca jamás será mi pueblo avergonzado."*

La Gratitud y la Prosperidad: Una de las formas más rápida y fácil de crear una vida más próspera es comenzar a centrarse más en la gratitud.

¿Cómo puede una simple técnica crear ese impresionante cambio? Si considera clasificar la mayoría de nuestras experiencias sobre la base de nuestra perspectiva, puede ver el poder de elegir sabiamente nuestra atención. Veamos un simple ejemplo del poder de la perspectiva:

Imagínese un hombre que no tiene dinero, ni siquiera unos pocos dólares para comprar una comida. De repente aparece un extraño y le da $20. ¿Cómo reaccionará ante lo que recibió? Ha de esperarse que probablemente con alegría y gratitud.

Ahora imaginen un hombre que tiene $20, pero necesita $980 más para pagar su alquiler de mañana. ¿Cuál sería su reacción al recibir $20 de un extraño? Probablemente le agradece, pero la mayoría se centra en lo que no tiene, $960 siguen siendo necesarios para pagar su alquiler.

No se trata de la suma de dinero en juego. Usted puede pensar que un simple enfoque de gratitud no puede hacer nada más que hacerlo sentir mejor acerca de su vida, pero esto va mucho más allá que eso. Aquí hay tres maneras de gran alcance que muestra como una actitud de gratitud puede cambiar su vida e incrementar su prosperidad:

1) Lo que enfocas se expande: Cuanto más se haga un esfuerzo para ver los beneficios en cada situación, más beneficios usted notará. No sólo se reconocen más las cosas buenas, sino que usted comenzará a atraerlas. Cuanto más se agradece por las cosas que se tienen más las atrae, tal como lo describí en un capitulo anterior. Cuando su atención está centrada en las cosas buenas que le rodean, entonces como un poderoso magneto atraerá las de la misma clase. Esta sensación de estar agradecido por lo que le rodea, crea un estado de consciencia de abundancia y de suministro ilimitado, sabe que está rodeado de todo lo que necesita. El que más piensa en prosperidad, más atraerá prosperidad.

2) Podrá ser más receptivo a las oportunidades: Con el fin de reconocer y aprovechar las oportunidades, tiene que estar abierto a ellas. Si está ocupado pensando en lo terrible que es su vida, es posible que se pierda de todas la oportunidades que vengan en su camino. O tendrá que ser tan cínico que, incluso si ve una oportunidad, no actuará en consecuencia. Una focalización correcta en la gratitud te mantiene alerta y con una sensación de felicidad, por lo que será más fácil ver y aprovechar las oportunidades que surjan. Una persona con una conciencia despierta y abierta a la prosperidad, ve oportunidades donde otros no la ven.

3) Se sentirá mejor acerca de sus circunstancias actuales: Por último, ser agradecido puede hacer que las circunstancias parezcan mejor, incluso antes de que cualquier cosa cambie. No sólo le toma el tiempo para apreciar las cosas buenas en su vida, sino que también empieza a sentir esperanza y optimismo sobre el futuro, de comenzar a reconocer las buenas partes de las situaciones problemáticas, incluso, que pueden revelar las soluciones o por lo menos ayudarle a desarrollar una tranquila aceptación de cualquier cosa fuera de control.

La adopción de un enfoque en la gratitud no puede ser una solución mágica a todos sus problemas, pero puede ayudarle a aceptar un mundo más pacífico, un buen estado de ánimo. Y, ¿no tiene que ver eso con la prosperidad?

Cómo recibir bendición en las finanzas: *El éxito económico no depende de cuánto ganamos, sino en cómo manejamos lo que Dios nos ha confiado.*

Hace ya un tiempo que vengo escuchando en los medios de comunicación como en las conversaciones con particulares sobre el reto de la situación económica que se está viviendo en Estados Unidos. Algunos se preguntan si estamos o no pasando por una recesión. Este término, el diccionario de la Real Academia Española lo define como: una depresión de las actividades económicas en general que tiende a ser pasajera. Es decir, es la fase del ciclo económico que se caracteriza por una disminución de la actividad, el empleo y la producción.

Lo cierto es que el gobierno no le ha asignado nombre a la situación, pero lo que en ocasiones se escucha entre el pueblo es que si la moneda está devaluada, la gasolina está cara, las ventas de bienes raíces están lentas, hay empresas que están despidiendo personal, las bancarrotas personales han aumentado, y, en fin, que si uno se deja llevar por lo que ve y oye, el nivel de desánimo podría llegar a ser bastante exorbitante.

La buena noticia es que Dios está al tanto de todo. Él conoce el más mínimo detalle de las circunstancias, y nos prometió que jamás nos abandonará. ¿Qué nos pide? Que confiemos plenamente en Él y no en la bolsa de valores, los bienes raíces, nuestros empleos, el gobierno, esto o lo otro. Claro está, también nos pide que tomemos decisiones sabias. De eso hablaremos más en este capítulo.

Oportunidades en la oscuridad: Al leer la Biblia, encontramos en el popular personaje de José, un ejemplo de una circunstancia que, a simple vista, tenía todos los requisitos para ser una vida derrotada y fracasada. No obstante, Dios la tornó en victoriosa. Fíjese también en Abraham, quien a los 99 años de edad, Dios le dijo que sería "padre de muchedumbre de gentes" (Génesis 17:5) y que su descendencia sería "como las estrellas del cielo" (Génesis 15:5). Porque *"lo que es imposible para los hombres, es posible para Dios"* (**Lucas 18:27**). Su manera de obrar es distinta a la nuestra.

MIGUEL RAMÍREZ

Si estudiamos un poco la historia de este país, nada de lo que se está viviendo es nuevo, y el denominador común siempre ha sido que se puede salir adelante. Por ejemplo, el 27 de octubre de 1929, la bolsa de valores de EE.UU. cayó, a esa época difícil de la década de los treinta en que muchas empresas y bancos cerraron operaciones y miles perdieron sus empleos, se le conoce como la Gran Depresión. Lo interesante es que, en gran medida, el factor que ayudó a salir de la depresión, que, por cierto, es la fase del ciclo económico que se caracteriza por la reducción de la producción, el empleo y la inversión, fue la Segunda Guerra Mundial. Cuando EE.UU. decidió entrar en la batalla en 1941, hubo gran necesidad de crear empleos para la producción en masa de materiales de guerra. Por ende, la moneda volvió a circular y la economía a recuperarse.

Para nada quiero decir que pasará más de una década antes que la situación mejore, y mucho menos que hace falta entrar en una guerra para que la economía se recupere. Es más según los economistas son las guerras en las que está metido el país, una de las razones que lo han llevado a una gran crisis, por el gasto multimillonario que se hace cada día de guerra. El único que tiene control de las soluciones es nuestro Padre. Lo que este ejemplo histórico nos muestra es que Dios usó una circunstancia oscura y la usó para bien. Volvemos al principio bíblico imperecedero: *"Sabemos que Dios dispone todas las cosas para el bien de quienes lo aman"* (**Romanos 8:28, NVI**).

El Primer Ministro inglés Winston Churchill dijo: *"Nunca se dé por vencido, nunca se dé por vencido, nunca, nunca, nunca, en nada, ya sea en algo grande o pequeño, importante o insignificante, nunca se dé por vencido excepto que sea a las convicciones de honor o al buen juicio"*. Esta mentalidad de perseverar, a pesar de lo negativo de las circunstancias, es la que debemos adoptar.

Estos son tiempos de cambios, de nuevos comienzos, y eso requiere una transformación en la manera de pensar. A continuación, mencionaré las áreas que requieren más atención, por ejemplo: la mentalidad del consumismo y, la de "quiero eso y es ahora", es preciso que perez-

MIGUEL RAMÍREZ

can. Las necesidades y los deseos no son lo mismo, por lo que cada vez que vamos de compras, debemos preguntarnos: "¿En realidad lo necesito o sencillamente lo deseo?". Por otro lado, sólo debemos comprar cuando contamos con el dinero en efectivo para pagar y no comprar a crédito, a menos que una vez que llegue la factura, saldemos la deuda y no paguemos intereses.

Lo primero que debemos hacer es darle a Dios su parte, me refiero a diezmar y ofrendar. En realidad, el Señor es el dueño de todo y necesitamos reconocerlo. En *Hageo 2:8*, dice que Él es el dueño del oro y la plata; en *Levítico 25:23*, de la tierra; y en el *Salmo 50:10-12*, de todos los animales. Lo que tenemos, nos lo ha dado por su gracia, nos lo ha confiado, pero a cambio espera que seamos buenos administradores de sus riquezas. La buena noticia es que nunca es tarde para comenzar a ejercer este principio, que todo lo que hace es traer bendición, pues justo así Él lo diseñó.

Es imprescindible ahorrar y no gastar más de lo que devengamos. Toda persona que trabaja, al menos debe guardar el 10 por ciento de su sueldo. Crear un presupuesto es muy beneficioso, ya que sirve de guía para monitorizar los gastos. Algunos piensan que eso es una esclavitud. Sin embargo, más esclavo es el que gasta sin saber a dónde va a tener su dinero o el que vive sin poder planificar su futuro porque gasta sin medida ni control.

Muchos hemos cometido errores en algunas o todas estas áreas, pero como bien recomiendan los expertos en finanzas, nunca es tarde para enmendar las faltas. Lo importante es reconocer el error y dar los pasos necesarios para salir adelante. Como escribió el autor de "La transformación total de su dinero", Dave Ramsey: "Mi vida financiera comenzó a cambiar cuando asumí toda la responsabilidad de la misma". Ramsey cuenta que hizo grandes riquezas, pero a los 20 años de edad, se declaró en bancarrota. Aprendió su lección, y antes de cumplir los 40, se hizo millonario de nuevo. Pero esta vez hizo lo correcto, y ahora vive libre de deudas.

Enseñanzas valiosas: El Sr. Paul Roldán, asesor financiero quien estudió en la Universidad de Princeton e hizo maestría en Harvard, brindó valiosa información sobre las finanzas durante unas charlas que ofreció en la iglesia Centro Cristiano Restauración (CCR) en Orlando, Florida a principios de este año. Utilicé de sus enseñanzas para que sea de provecho al Cuerpo de Cristo. La idea principal, no es enseñar cómo hacerse rico, sino cómo ser buenos mayordomos de lo que tenemos. Él mismo aclaró que conoce personas que ganan sobre $100,00 al año y se han declarado en bancarrota, así como otros que devengan $30,000 anuales y tienen muy buenas cuentas de ahorro.

A manera de presentar la realidades, Roldán dijo que el nivel de ahorro en EE.UU. en 2006 fue de −1.0% (leyó bien, dice negativo uno por ciento), lo cual refleja un aumento, ya que en 2005 fue de -0.5%. Es decir, que, en general, el pueblo no está ahorrando, pero sí se está endeudando a pasos agigantados. Tomó como ejemplo la ciudad de Orlando, cuyo ingreso promedio anual por hogar es de $43,000, y las deudas por tarjetas de crédito ascienden a $13,000. Eso significa que si se le añaden los impuestos, el 45 por ciento del ingreso ya está comprometido para pagar deudas, o el ingreso que se devenga cerca del primer trimestre del año, está destinado a cubrir las deudas. Se estima que el 80 por ciento de los estadounidenses, debe más de lo que posee. Esto es alarmante.

Además de la realidad, Roldán quien también es codueño de la compañía Allgen Financial Services, Inc., y sirve en la junta directiva de CCR, se concentró en las soluciones. Animó a los asistentes, al reiterar que nunca es tarde para hacer cambios positivos para un futuro financiero esperanzador. "Hacer bienes toma tiempo, dando pasos deliberados y consistentes", manifestó.

Roldán sostuvo que los millonarios componen el 1 por ciento de la población del país, cuentan con un ingreso anual de $749,000, y que los multimillonarios son el 5 por ciento. "Si quieres lograr grandes cosas, imita a los que han llegado hasta ahí", comentó.

228

MIGUEL RAMÍREZ

Según Roldán, el valor neto (es el resultado de todo lo que tenemos numéricamente menos todo lo que debemos) de estas personas adineradas, es de 9.2 millones de dólares. Algunos datos curiosos de este grupo son: no compra automóviles nuevos; ni gasta más de $41,000 en uno; no ha pagado más de $4,500 por un anillo de compromiso; remienda sus zapatos; usa ropa bastante usada; toma vacaciones cada dos años; no gasta más de $38 en un recorte de cabello; compra casas que tienen de 30 a 40 años de construidas, ya que en las urbanizaciones nuevas no se ha comprobado el valor de la propiedad; gasta un promedio de $435,000 en una casa; no se ha mudado en los últimos 10 años; y el 90% tiene educación universitaria.

Mentalidad de conquistador: Existen cuatro elementos claves que deben considerarse. El primero es la mentalidad. Es preciso pensar como los conquistadores, como recomienda en **Filipenses 4:8**: *"... todo lo que es verdadero, todo lo honesto, todo lo justo, todo lo puro, todo lo amable, todo lo que es de buen nombre; si hay virtud alguna, si algo digno de alabanza, en esto pensad"*. El segundo es la educación, para la cual nunca es tarde y no se refiere exclusivamente a obtener un grado universitario, sino a leer libros que enriquezcan el conocimiento. Algunos ejemplos de buenas fuentes son: "El millonario de al lado" y "The Millionaire Mind", ambos de Thomas J. Stanley, y "Finanzas familiares" de David Bach, entre otros. El tercer elemento es la acción; lo que quiere decir que si se tiene toda la información necesaria, pero no se hace nada con ella, de nada vale. Hay que ponerla en práctica. Ramsey opina: *"Ganar en el campo del dinero es un 80 por ciento de comportamiento y 20 por ciento de conocimiento"*.

Por último, está la disciplina. Sabemos que lo bueno no se logra fácilmente. Si se le presenta un negocio que promete riquezas rápidas, de esos que "tiene que llamar en los próximos 20 minutos para aprovechar la oferta", mejor dé una media vuelta y camine para el lado contrario.

Por otro lado, Roldán menciona que hay cuatro tipos de personas en el mundo empresarial: *los empleados*, quienes trabajan para una empresa; *los profesionales*, los de carreras en medicina, leyes, etc.; *los empresarios*, los dueños de negocios; y *los inversionistas*, quienes buscan oportunidades para invertir y multiplicar sus riquezas. Roldán aclaró que cualquiera de estos tipos, es capaz de hacerse millonario. De hecho, de los millonarios hoy día, 33% son empleados, 35% son profesionales, 32% son empresarios, pero 100% son inversionistas.

"La mentalidad es uno de los retos más grandes que existen para vencer el mito de la pobreza. Para obtener el éxito financiero, tenemos que cambiar la forma de pensar", reiteró el asesor. Añadió que *"la pobreza es una creencia del corazón, no es estar sin dinero"*. Por eso es que se escucha de personas que han heredado o ganado millones en la lotería y al año no tienen un centavo. Se recomienda no depositar nuestra confianza en la lotería: las posibilidades de ganarla es una en 15 millones. La provisión sólo viene de Dios.

Por su parte, Ramsey señala que la base del éxito económico son: integridad, disciplina, destrezas sociales, cónyuge que apoya (esto sólo aplica a los casados) y trabajar arduamente. No recomienda el recurrir a las apuestas ni el dar la firma como codeudor para préstamos de amigos y familiares.

Para concluir, Roldán propone el adoptar el principio 10/10/80 (esto es dar el 10% a Dios, ahorrar el 10% y vivir del 80%). Dice que es preciso contar con un fondo de emergencia, el cual debe ser de 3 a 6 meses de los gastos mensuales personales. Si no puede ahorrar el 10%, comience con algo. Si invierte, hágalo en lo que entienda y no deposite toda la inversión en un sólo lugar, diversifíquela. Por último, el éxito financiero se logra a través de la cantidad que se ahorra, no la que se gana. Y nos insta a poner de nuestra parte y creer *"que Él hará"*.

Dios es siempre fiel y sus principios son permanentes e inmutables como Él mismo, por lo tanto, al aplicarlos nos darán los resultados que la misma palabra de Dios nos dice.

El uso correcto de su tarjeta de crédito

Tanto para las personas que ya cuentan con una tarjeta de crédito, pero que no han sabido manejarla con mesura, como para aquellas que aún no la tienen pero están interesadas; le ponemos a su disposición algunos puntos importantes a considerar para un buen manejo de éste plástico.

1. Recuerde que una tarjeta de crédito es dinero, que al fin y al cabo es prestado por el banco y que tendrá que pagar junto con comisiones e intereses, por lo tanto gaste solamente lo que puede pagar.

2. Controle los gastos con la tarjeta de crédito y no olvide guardar todos los comprobantes de lo que haya comprado, éstos le servirán para compararlos con su estado de cuenta; de esta forma también podrá detectar a tiempo, en caso de que el banco le haga cargos incorrectos.

3. Programe los pagos de su tarjeta de crédito junto con sus otros gastos mensuales como la renta, la luz, el agua, teléfono, colegiaturas; así podrá cumplir a tiempo con estos pagos sin que le cobren recargos.

4. Es mucho mejor si hace los pagos de la tarjeta de crédito antes de la fecha límite, así el cálculo de los intereses que le cobrará el banco serán sobre un monto menor y evitará que le cobren intereses moratorios. Haga lo mismo para sus otros pagos.

5. Si va a realizar pagos con cheque y de otros bancos, tenga cuidado de que sea con la anticipación necesaria, tome en cuenta que el banco tarda 72 horas después en darle el trámite de recepción a este documento.

6. Si no puede pagar todo el gasto de su tarjeta. Si es posible y para disminuir su deuda de la tarjeta de crédito, pagué por lo menos el doble del pago mínimo requerido.

7. Utilice la tarjeta a partir del día siguiente de la fecha de corte y durante los siguientes primeros días del periodo, ya que será mayor el período de tiempo entre la compra y la fecha de pago.

8. Si está en la posibilidad, liquide el importe total de las compras efectuadas durante el período, así no pagará intereses (si no se ha excedido en sus gastos, le será más fácil).

9. Al programar sus pagos de la tarjeta, también tome en cuenta que eventualmente le cobrarán además comisiones por anualidad de titular y adicional, así podrá pagar lo requerido, sin tener que tomar de algún dinero ya programado para otras cuestiones.

10. Revise en su estado de cuenta, que el saldo inicial concuerde con el estado de cuenta anterior; compare este saldo con sus comprobantes o bouchers. También revise en caso de que los haya, la procedencia de los cargos extras por cuota anual, reposiciones, tarjetas adicionales, etc.

11. Recuerde que en caso de que quiera hacer una reclamación al banco, tiene 45 días naturales contados a partir de la fecha de corte de su tarjeta de crédito. Así también recuerde que es necesario que conserve todos los documentos y comprobantes referentes al manejo de su tarjeta, ya que son estos los que presentará al momento de hacer su inconformidad.

12. Es importante revisar que en el estado de cuenta aparezcan todos los pagos que se hicieron en el periodo anterior.

13. Analice si realmente necesita los servicios adicionales que ofrece el banco a través de su tarjeta como: asistencia médica, vial, y seguro de accidentes en viajes; porque esto puede aumentar el cargo mínimo a pagar, si no los necesita puede cancelar estos servicios por escrito y evitar esos cargos.

14. No utilice tantas tarjetas de crédito, ya que puede perder el control de lo que se gasta con ellas, además de que pagará más por

232

comisiones. Es mejor si sólo controla una, así podrá llevar un nivel adecuado de consumo. Compare y analice si puede juntar sus deudas en una sola tarjeta de crédito. Platique con el banco que le ofrezca mejores condiciones.

15. No descuide la fecha de vigencia de su tarjeta, así evitará que se la rechacen en algún establecimiento y hasta en un momento inesperado o que realmente necesita usarla.

Cómo ahorrar y ganar con su tarjeta de crédito

Si desea saber más acerca de cuáles son los beneficios de tener y usar adecuadamente una tarjeta de crédito, está leyendo el libro correcto, en este capítulo le informaré acerca del tema:

a) Considere que si usted se decide por adquirir una tarjeta de crédito y la usa adecuadamente, ésta puede llegar a ser un magnífico apoyo en el manejo de sus finanzas personales.

b) La tarjeta es un medio de pago muy poderoso que le ayuda entre otras cosas a reducir el riesgo de cargar efectivo.

c) Puede recibir financiamientos a bajo costo o gratuitos a través de tarjeta de crédito, sí liquida a tiempo el total de sus adeudos.

d) Puede solventar emergencias económicas como: hospitalización, viajes no planeados, reparación de emergencia de su automóvil, etc.

e) A través de la tarjeta de crédito también se le garantizan la prestación de algunos servicios como: reservaciones en hoteles, renta de coches, centros de espectáculos, etc.

f) Puede hacer pagos de servicios como teléfono, televisión por cable, telefonía celular.

g) Con su tarjeta de crédito tiene acceso oportuno y fácil a ofertas y precios especiales de productos o servicios, así como también en las compras que comúnmente hace.

h) Si usted tiene un buen historial crediticio, puede obtener descuentos, promociones, entrar a sorteos, obtener puntos canjeables por dinero en efectivo, bienes y servicios.

i) Además en algunos bancos le permiten que usted cambie la fecha de pago de su tarjeta, al día en que está en posibilidades de hacerlo.

j) La mayoría de las tarjetas de crédito tienen aceptación internacional y también proporcionan diversos tipos de seguros, por ejemplo, el de pérdida de equipaje.

Así pues, como pudo haberse dado cuenta, la tarjeta de crédito le puede ayudar a ahorrar, solventar gastos imprevistos y a veces, hasta le puede dar algo a ganar. Y no olvide seguir los consejos para manejarla adecuadamente.

Calculadora de tarjeta de crédito

Si desea saber cuánto tiempo tardaría en pagar el saldo actual de su tarjeta de crédito, utilice esta calculadora.

Los datos que tiene que introducir son: Saldo de su tarjeta, tasa de interés mensual y monto del pago mensual que podría realizar.

Cheque el ahorro que obtendría si incrementara su pago mensual en un 10%.

La tarjeta de crédito (TDC) es uno de los productos financieros de mayor penetración en México, existen 17.3 millones de TDC con una cartera de 240,000 mdp. 131 marcas de tarjetas de crédito que

234

	•($)	
Saldo actual •		¿Cuánto debe a su tarjeta?
Pago mensual •		¿Cuánto puede pagar cada mes?
Tasa de interés mensual •		Tasa de interés que le cobra el banco
Años pagando •		
Total que pagaría •		
Total de intereses que pagaría •		
% sobre adeudo •		

Si incrementara su pago mensual en un 10%

Pago mensual •		
Años pagando •		Ahorra •
Total que pagaría •		
Total de intereses que pagaría •		Ahorra •
% sobre adeudo •		

son ofrecidas a través de 16 bancos. Así cada país tiene un sinfín de tarjetas de crédito y departamentales para ofrecer a sus clientes. La cartera vigente otorgada a través de tarjetas de crédito se ha incrementado de 0.59% a 2.38% como porcentaje del PIB del año 2001 al 2007. La cartera vencida expresada como porcentaje del total de la cartera ha variado de un 14.6% a un 6.4% a partir del año 1999 al año 2007, llegando a ocupar un valor mínimo de 2.8% en el año 2004.

La tarjeta de crédito es un excelente medio de pago, que dependiendo de la forma en que se utilice puede mejorar la calidad de vida de las personas y de los hogares, o convertirse en un dolor de cabeza al caer en problemas de sobreendeudamiento.

En 2006 se emitieron casi 2.4 millones de tarjetas de crédito. En lo que va del año, los bancos han emitido 6,600 plásticos por día. 40% de estas para personas sin antecedentes crediticios. En promedio cada tarjeta habiente cuenta con 1.5 plásticos y una línea de crédito de 16,200. En promedio las líneas de crédito han crecido en 46%.

La falta de una adecuada cultura financiera puede ocasionar que el individuo (tarjeta habiente) pueda caer en riesgos de sobreendeudamiento debido a campañas agresivas para la colocación de plásticos bancarios y comerciales, ampliación de líneas de crédito sin previa opinión del cliente ni análisis de su capacidad crediticia y penetración del producto en población de menores ingresos relativos con insuficiente información.

Actualmente existe una amplia variedad de tarjetas de crédito bancarias:

Tarjetas tradicionales o propias: De uso convencional, aceptadas en todos los establecimientos afiliados nacionales e internacionales.

Tarjetas de Viaje: Todas las compras generan puntos para ser intercambiados por boletos de avión, hospedaje, descuentos en renta de autos, etc.

Tarjetas Marca Compartida: Sólo son aceptadas en tiendas que tienen convenio con el banco donde se realizó éste, así como en la cadena de tiendas del grupo. Ofrecen recompensas, promociones de las tiendas, etc.

Tarjetas Especializadas: Otorga beneficios exclusivos a los tarjetahabientes que se identifican como miembros de cierto establecimiento o cadena comercial.

Tarjetas Universitarias: Otorga a las instituciones educativas un porcentaje de la facturación para apoyo.

Tarjetas Deportivas: Otorga a los clubes de fútbol (grabado en la tarjeta) un porcentaje de la facturación para apoyo.

Tarjetas Altruistas: Otorga a las instituciones de asistencia privada (grabado en la tarjeta) un porcentaje de la facturación para apoyo. Adicionalmente, cada tarjeta ha incorporado beneficios para los clientes a los que van dirigidas, como diversos seguros y promociones; blindaje en caso de clonación y fraude. Algunos bancos empiezan a migrar las tarjetas con banda magnética por tarjetas con chip que permiten mayor nivel de seguridad y capacidad de almacenamiento, pueden incorporar funciones de débito y crédito en un solo plástico; esta tecnología (chip) requiere de nuevas Terminales Punto de Venta (TPV). Ante la diversidad de tarjetas y consecuentemente de costos, lo importante es que la gente sepa elegir y utilizar aquella tarjeta que se adecue a sus necesidades.

Decálogo para el uso de la tarjeta de crédito

¿Por qué el decálogo?
La tarjeta de crédito por sí misma no es un problema. Los problemas pueden surgir al hacer un uso indebido y para ello el decálogo es una pauta que permite fácilmente a quién lo sigue, hacer un uso adecuado del plástico.

Antes de contratar:
1. Compara entre las diversas tarjetas. No todas cuestan ni ofrecen lo mismo. Elige la que se ajuste a tu capacidad de pago y procura tener sólo las necesarias.

2. Infórmate sobre las tasas de interés, comisiones, Costo Anual Total (CAT), respaldo en caso de robo o extravío, seguros asociados, beneficios y responsabilidades.

3. Antes de firmar lee tu contrato. Aclara cualquier duda con el asesor y recuerda que el banco te debe entregar un folleto explicativo junto con tu contrato a la entrega del plástico.

Si ya la tienes:
4. Aprovéchala para facilitar tus pagos o para cubrir urgencias o su-

cesos inesperados. La tarjeta de crédito es de gran ayuda, si la utilizas dentro de tu presupuesto y línea de crédito autorizada.

5. No la consideres dinero extra para gastar por arriba de tus posibilidades. Si comienzas a utilizarla para tu consumo diario, puedes acumular una deuda que después te resultará difícil o imposible de pagar.

6. Cubre puntualmente tus pagos. Cada vez que dejas de pagar a tiempo aumenta tu deuda y puede derivar en un registro negativo en tu historial crediticio.

Para reducir tus saldos:
7. Abona más del pago mínimo mensual señalado en el estado de cuenta para reducir el monto y plazo de tu deuda, y mantener el control.

8. Recuerda que puedes consolidar tus deudas en la tarjeta que te ofrezca la menor tasa de interés. Si tienes problemas de pago, déjala de usar.

9. Cancela la tarjeta que no uses. Tu banco te debe indicar el proceso para hacerlo.

Recomendaciones:
10. Revisa siempre el estado de cuenta. Conserva tus comprobantes. En caso de errores u omisiones, tienes un plazo de 90 días a partir de la fecha de corte para presentar aclaraciones. Por robo o extravío, repórtala inmediatamente.

Capítulo 9

APRENDIENDO A AHORRAR

"Reduce la complejidad de la vida eliminando los deseos innecesarios, y los trabajos de la vida se reducirán por sí mismos".
Edwin Way Teale

El ahorro es la diferencia entre el ingreso disponible y el consumo efectuado por una persona, una empresa, etc.

Cuando hay ahorro, los ingresos disponibles son mayores a los gastos y se presenta un superávit de dinero. Si los gastos fueran mayores a los ingresos, se presentaría un déficit.

Desde para una persona, una familia, o hasta una nación, el ahorro es igualmente importante, ya que si todos ahorran no será necesario que las personas, empresas o el Estado pidan recursos en el exterior. Esto, en general, facilita e incentiva la actividad económica y el crecimiento en un país.

Desde tiempos remotos ya se tenía el concepto de ahorro, se practicaba en los pueblos de la antigüedad, cuando civilizaciones como Egipto, China, Inca, etc. acostumbraban a guardar el fruto de sus cosechas.

Posteriormente en el medioevo se organizó mejor el sistema de ahorro, tanto así que en 1462 se formó la primera Organización del

Ahorro para proteger a sus integrantes de la usura, fue creada por monjes franciscanos y se le llamó "Monte de Piedad". Es por esta misma época que se organizaron los "Bancos" y se crearon los primeros cheques de viajero.

¿Quién es un ahorrador?: Es la persona que reserva parte de sus ingresos para formar poco a poco su patrimonio individual o familiar. Ello le brindará seguridad en el futuro y le permitirá solventar los gastos para adquirir bienes y servicios.

El dinero a su favor

Es bueno darnos cuenta del esfuerzo que significa obtener el dinero, por lo tanto a la hora de gastarlo debemos considerar cuánto nos ha costado, si realmente vale la pena ese gasto que estamos por realizar. Valore el dinero que pasa por sus manos, adopte los hábitos necesarios para cuidarlo y administrarlo de forma inteligente, hágalo trabajar a favor suyo en inversiones para las cuales se ha capacitado primeramente de forma responsable.

Cada billete encierra el potencial de cantidades mayores, cada billete que conserve e invierta de manera inteligente significará para usted cantidades más grandes que nacerán a partir de ese billete, es como un imán que atraerá más billetes, depende de usted lo que haga con cada uno de ellos. Cuide cada billete que pase por sus manos e inviértalos de la mejor manera para que trabajen para usted atrayendo más dinero.

Ahorre, reúna dinero y luego póngalo a trabajar para usted las veinticuatro horas del día todo el año, que el dinero dependa de usted y no a la inversa. La clave de la prosperidad no está tanto en la cantidad de dinero sino en cómo lo administra, en la manera como lo pone a trabajar para que le produzca ingresos alternativos, lo verdaderamente importante es el trato que le da al dinero que obtiene y de qué manera trabaja para usted.

240

MIGUEL RAMÍREZ

Debe seguramente usted conocer personas que cuentan con grandes ingresos a pesar de lo cual se las arreglan para llegar a fin de mes sin tener nada más qué mostrar que cuentas por pagar y algunos billetes en el bolsillo, para evitar esto debemos entonces inicialmente aprender a manejar de forma inteligente nuestro dinero, ese es el primer paso y antes de pensar en la cantidad del mismo. Si contamos con grandes ingresos pero nuestra cultura de manejo del dinero es deficiente veremos cómo mes a mes desaparece de nuestras manos y de manera continua.

De nada servirá tener mayores ingresos si la mentalidad es la misma y no administra inteligentemente sus finanzas, el dinero desaparecerá de la misma manera y tendrá el mismo trayecto. Conseguir dinero solamente, y no saber qué hacer con él, nos dejará entre quienes invierten mal para luego perder su capital, o entre los que esconden o depositan su dinero en un banco con intereses que no reportan ganancias razonables.

Los problemas no se solucionarán cuando posea más cantidad de dinero, debe saber cómo administrarlo, cómo evitar las salidas negativas, las malas inversiones, los gastos factibles de eliminar. Si quiere ser financieramente libre y el control de su vida, trabaje sobre todo aquello que genere ingresos continuos, evite y elimine en lo posible todo aquello que genere gastos, invierta en todo aquello que le produzca ingresos recurrentes, deje de lado toda compra que no genere ingresos y sólo sea una erogación que no le reportará ganancias. Saber decir que no a todo aquello que puede perjudicar sus finanzas aunque sea difícil o molesto, aprenda a decir que no a todo aquello que va contra sus intereses financieros. Una inversión sobre la que no se ha investigado demasiado, una compra personal por capricho, un favor para alguien que lo necesita, son entre tantos, motivos que pueden minar su capacidad financiera.

Concéntrese en todo aquello que genere ingresos y evite los movimientos que signifiquen salidas sin retorno, en definitiva destine su dinero para aquello que le reportará más dinero, concéntrese en aquello que deje más dinero en su bolsillo y no en lo que se lo saca, evite todo aquello que genere gastos de diferentes tipos sin generar recursos que aumenten su capital. Cada billete tiene que ser invertido para reproducirse en más billetes que llegarán a usted, y no en movimientos que no produzcan ingresos de ningún tipo.

Deténgase y piense con la mente fría si está haciendo lo correcto, de acuerdo a la meta que ha elegido, analice como está manejando sus gastos, estudie maneras de reducir o eliminar los que pueda, analice cuál es la cantidad que puede separar mensualmente para destinarla luego a inversiones. Quizás las primeras cifras sean pequeñas, pero es un punto de partida, y si se compromete con sus objetivos y posee un deseo real de mejorar sus finanzas a medida que las cantidades crezcan lo hará su entusiasmo también al verse propietario de algo que poco tiempo atrás no existía. Si el dinero que gana termina en caprichos y malas inversiones de nada servirá su esfuerzo y planificación, vale la pena entonces preguntarse en que convertirá sus ingresos cuando lleguen a sus manos.

242

Cada vez que esté a punto de efectuar una transacción con su dinero, por grande o pequeña que sea, deténgase un momento y pregúntese si está haciendo lo mejor posible, pregúntese si la erogación que está por realizar lo lleva por el camino elegido, si dicha compra es realmente necesaria o si la puede posponer, reducir o incluso eliminar.

Tenemos miles de posibilidades que nos rodean para gastar de forma inadecuada y para endeudarnos con créditos y compras con tarjeta, promesas de pagos diferidos y a largo plazo en cómodas y largas cuotas que nos quieren hacer creer que estamos efectuando una buena operación. Si no se trata de algo que realmente necesitamos solo estamos quemando dinero que podría estar sirviéndonos y produciendo a nuestro favor, no hay secretos, a favor o en nuestra contra. Las alternativas son poner cada billete a producir más billetes, o dejar escapar cada uno de ellos en gastos que podríamos evitar y que nos impedirán crecer para formar nuestro propio patrimonio.

Las invitaciones para malgastar y perder nuestro dinero nos rodean y están por todos lados a la espera de quienes sin ningún tipo de estrategia financiera están siempre dispuestos a intercambiar su valioso dinero por cuanta compra intrascendente se les aparezca en el camino, de esa manera ponemos dinero a trabajar en contra nuestra, a través de intereses que deberemos pagar, en vez de haber administrado dicho dinero para que nos produjera ingresos. Puede tratarse de algo de gran valor pero que sólo generará costos de mantenimiento, como ejemplo observe ese objeto que alguna vez adquirió impulsado por un fuerte deseo y que ahora reposa en algún rincón de la casa y sin ningún tipo de uso por parte de miembros de su familia, es allí mismo donde encuentra una muestra de dinero que podría haber estado trabajando para usted.

El dinero ahorrado cuando llegue a una cantidad considerable debe ser inteligentemente invertido, de forma meditada y sistemática, y no gastado en algún capricho sino de nada habrá servido el ahorro. Las inversiones deben ser realizadas de manera inteligente y lejos de quienes lo hacen de forma impulsiva y sólo guiados por lo que les marque el instinto ese día. Actualmente contamos con inmejorables oportunidades para avanzar financieramente o lograr riqueza, cientos de oportunidades muchas veces millonarias se extienden por el horizonte para aquellos que sepan mirar atentamente para luego invertir.

A medida que comencemos a invertir y veamos cómo nuestras inversiones crecen, crecerá nuestro entusiasmo y el deseo de capacitarnos cada vez más para optimizar y hacer crecer las cantidades logradas. Encontrar que en poco tiempo contamos con dinero trabajando para nosotros generará un creciente entusiasmo, el cual será el combustible que hará crecer las cifras que manejemos. Con el tiempo tendrá inversiones donde antes sólo encontraba deudas y cuentas por pagar, hallará inversiones que ponen a trabajar el dinero a su favor.

El poder del ahorro

Muy probablemente al comenzar a analizar sus finanzas y ver con más detalle su situación, llegue a la conclusión de que peor no podría estar, eso es excelente, grabe y recuerde lo que siente en su memoria y comprométase a que va a estudiar y cumplir con un plan para el éxito económico en beneficio suyo y de su familia, comenzando por trabajar en el hábito de ahorrar.

No decimos que sea fácil o sencillo, ahorrar ha sido siempre un hábito difícil de practicar.
El ahorro, aunque sea difícil es posible. Si estudia detenidamente sus gastos en forma diaria, los registra y analiza, encontrará en ellos que algunos se pueden reducir o eliminar sin que por ello su vida vaya a cambiar en forma drástica, ya que en la vida de todos nosotros efectivamente existen gastos posibles de eliminar o reducir para luego volcar dicho dinero a los fondos de ahorro. Se estipula como una cifra razonable para comenzar el 10% de sus ingresos, los que serán separados antes que nada y como primera medida.

Claro está, este dinero con el paso del tiempo y luego de haber consolidado su hábito alcanzará cantidades considerables, por lo que deberá ser inteligentemente invertido para generar más ingresos que se irán incrementando e invirtiendo de manera conveniente, y sin permitir que sean gastados en algún capricho o compra que lo haga simplemente desaparecer. Deberá invertir lo reunido de manera adecuada, si no, de nada habrá servido nuestro trabajo y el ahorro producido.

Al llevar un control más detallado, verá aparecer ciertos gastos en los que no había reparado o que le parecían sin importancia, pero que al ser sumados muestran su verdadero peso y la incidencia real en su actual economía, se mostrará a la luz como uno de los motivos por los cuales no se encuentra económicamente como desea y dejará ver la importancia de controlar cada movimiento de dinero que efectúa día a día.

244

A lo largo del tiempo iremos ahorrando e invirtiendo poco a poco, y de esa manera también aparecerán en nuestro camino posibilidades de invertir o hacer negocios que antes no existían o estaban fuera de nuestro alcance. Al comprometernos realmente y decidir que trataremos el dinero de otra manera, nuestra mirada hacia los gastos se agudiza y detectamos los que antes pasaban a nuestro lado sin que los percibiéramos, nuestros sentidos cambian y se amplían, nuestros hábitos también, algunas cosas las dejaremos de hacer para pasar a otras.

Comenzar a ahorrar es un buen punto de partida para cambiar de posición económica, de alguien que trabaja para el dinero por el de quien tiene al dinero trabajando a su favor. Con las primeras cifras ahorradas comenzará por plantar la semilla de su próxima riqueza, cada billete que sume, cada moneda que agregue será una semilla más que le producirá para su futuro, por cada billete mal gastado perderá cientos que podrían haber trabajado para su beneficio. Comience a ahorrar y no se deje engañar si al principio las cantidades que reúne son pequeñas, hágalo de todos modos, con el tiempo si se compromete y persiste se sorprenderá de usted mismo y de todo lo que puede lograr con un poco de disciplina. A pesar de que ahorre pequeñas cantidades, habrá puesto en acción una serie de mecanismos internos que lo pueden llevar más allá de lo que imagina si actúa con decisión y constancia.

Los que quizás en otros momentos de su vida le hubieran parecido "insignificantes" centavos ahora tendrán su importancia, más aun tomando en cuenta las cifras que podemos alcanzar con el paso del tiempo y el control continuo. Los céntimos que alguna vez carecieron de valor a nuestros ojos, ahora se presentan de otra manera al encontrar su valor potencial y al ser sumados diariamente, con el tiempo descubriremos que se transforman en cantidades dignas de ser tenidas en cuenta para invertir de manera adecuada.

La simple semilla comienza a producir la vida y producirá más vida en forma de otras semillas, y todo se multiplica a partir de algo que no existía. Allí donde no había vida ahora la hay y se multiplica cada vez más, como puede suceder con su dinero, sólo a partir del momento en que se comprometa y comience a ahorrar.

Factores que influyen para poder ahorrar

La cantidad de ingresos: Es mayor el estímulo de ahorro para el consumidor que cree que sus ingresos futuros van a disminuir con relación a los actuales. Esto sería como una planificación del consumo y de los ingresos obtenidos.

La seguridad de los ingresos futuros: Si se tiene una noción incierta de los ingresos en el futuro, la necesidad de ahorrar es mayor que cuando esos ingresos futuros están más asegurados.

Previsión del porvenir: Cuando se le da menos valor a las necesidades venideras que a las actuales, lo que supone vivir más en el momento actual y despreocuparse del futuro; esto acarrea un ahorro inferior.

La evolución de los precios futuros: Si se espera que los precios de los bienes van a ser más altos en el futuro, la tendencia al ahorro será menor que si se esperan unos precios estables o unos precios inferiores.

El tipo de interés: Si los intereses generados del ahorro son altos, es probable una mayor tendencia a guardar que si es bajo.

El salario: dependiendo del salario que se recibe, se tiene la posibilidad de ahorrar o no. Si una persona obtiene un salario mensual bastante alto, lo más probable es que ahorre la cantidad que no gasta de su salario. Mientras más alto es el salario, hay más probabilidad de ahorro.

La inflación: este es otro aspecto muy importante, ya que mientras mayor es la inflación, menor es el ahorro.

Tipos de ahorro:

- *Ahorro Macroeconómico:* es la diferencia entre el ingreso y el consumo.
- *El ahorro público:* lo realiza el Estado, el cual también recibe ingresos a través de impuestos y otras actividades, a la vez que gasta en inversión social, en infraestructura (carreteras, puentes, escuelas, hospitales, etc.), en justicia, en seguridad nacional, etc.
- *Ahorro nacional:* El ahorro nacional es la suma del ahorro público y el privado.
- *Ahorro en forma individual:* se refiere a cuando las personas guardan su ahorro en casa.
- *Ahorro en tandas.*
- *Ahorro a través de la compra de metales preciosos (oro generalmente).*
- *En la compra de monedas extranjeras* que no estén expuestas a fuertes devaluaciones y pérdida de su valor adquisitivo (se ahorra en dólares en la mayoría de los casos).
- *A través de cajas populares.*
- *Por medio de los bancos.*

Hay otras formas de ahorrar, por ejemplo, invirtiendo en la compra a crédito de un bien mueble o inmueble, o en algún instrumento financiero que proporcione protección y confianza (acciones de empresa o títulos de crédito del gobierno, o bien, en un fondo de retiro).

La importancia del ahorro

El ahorrar ahora establece una reserva para el futuro, con él se puede prever la autosuficiencia económica para conformar un capital, que por pequeño que sea, cubrirá compromisos futuros como son:
- La educación de los hijos.
- El poder tomar unas vacaciones y viajar.
- La posibilidad de comprar una casa.
- Para su jubilación.
- Le sirve para solventar emergencias médicas o de otro tipo.
- Le ayudará a mejorar su situación financiera, por ejemplo, al pagar sus cuentas pendientes y mejorando su calificación crediticia.
- Así también su ahorro lo puede invertir en usted mismo, en su

educación, entrenamiento laboral o para establecer algún tipo de negocio.

¿Cómo ahorrar?

Estos pasos son imprescindibles para comenzar y continuar con el hábito del ahorro.

1. Establezca objetivos precisos: si quiere cumplir un plan de ahorros, debe comenzar por definir claramente sus metas, es decir para qué va a ahorrar. Teniendo un objetivo preciso, le será más fácil resistir a la tentación de gastar.

2. No tome decisiones solo: tome en cuenta a su pareja en su plan de ahorro y ejecución, ya que muchas veces tal proyecto no llega a concretarse por el simple hecho de que el compañero no logra ponerse de acuerdo. Es necesario entonces que ambos se pongan de acuerdo en las necesidades o los sueños del otro, estableciendo y alcanzando metas a corto plazo. De esta forma trabajarán juntos para el beneficio de la familia.

3. Realice un presupuesto, diario o reporte: en él incluya todos sus gastos fijos: el pago de la casa, la compra de los alimentos, el transporte, etc. De este modo sabrá en qué invierte su dinero.

4. Reduzca y distribuya sus gastos: una vez que ya sabe en qué invierte su dinero, el siguiente paso es distribuirlo de manera adecuada para poder ahorrar. Para lograrlo enumere cada uno de sus gastos en orden de importancia y cuál de ellos considera que podría suprimir. Para estos casos, los expertos recomiendan eliminar uno o dos gastos en vez de reducirlos todos al mismo tiempo.

5. De su sueldo, separe una cantidad mensual sin importar que sea poco: los estudiados recomiendan apartar inmediatamente una parte de su salario, apenas los haya cobrado y depositarlo enseguida en una cuenta de ahorros. Ese dinero con el tiempo adquirirá intereses que aumentarán sus ahorros. Recuerde, no importa si la cantidad es pequeña, lo importante es crear el hábito de guardar ese dinero de forma sistemática.

6. No toque sus ahorros: es mejor que deposite el resto de sus ahorros en una cuenta en la que no tenga acceso al dinero. Por ejemplo, puede invertirlo a largo plazo, o abrir una cuenta que le imponga una penalidad por retirar la cantidad antes de la fecha señalada.

7. No rechace programas de ayuda al empleado: algunas compañías ofrecen este tipo de apoyo que le servirá para acumular un fondo para el momento del retiro. Por lo general, este se obtiene de tomar una cantidad mensual de su salario al que se le suma un interés anual. Al cabo de los años, usted se sorprenderá de todo lo que ha acumulado.

8. Sea más creativo: a lo largo de todo el año se gasta buena cantidad de dinero en celebraciones: cumpleaños, fiestas de Navidad, Día de las Madres, Día del Padre, etc. Evite gastar tanto en regalos y obsequie a sus seres queridos con algo hecho por usted mismo.

9. Manténgase informado: es importante que se actualice con relación a los temas que tienen que ver con la inversión de dinero. Pídale a un ejecutivo en su banco que lo oriente acerca de planes de ahorro, tipos de cuentas bancarias, hipotecas, etc.

10. Piense en su familia como si fueran sus socios: discutan periódicamente el estado de su economía, revisen el cumplimento de sus metas, etc.

Control de gastos

¿Controla usted sus gastos? Sabe cuánto gasta al mes en comida; transporte; salidas; etc. Es el momento para que tome un pequeño cuaderno y comience a detallar sus gastos. Quizás al comenzar sea doloroso o molesto ver qué dicen esos números, pero es el momento de comenzar con la cirugía para sanar su economía. Control total sobre gastos, los cuales deben ser siempre menores a sus ingresos, quizás le parece un consejo obvio, pero mire sus finanzas y verá que en más de una oportunidad sus gastos sobrepasaron a sus ingresos y no todos fueron gastos justificados, y usted lo sabe.

Los números hablan de su vida, su personalidad, conducta, deseos y expectativas, al mirarlos podemos analizar no sólo gastos sino también qué aspectos hay que mejorar en nosotros para obtener un importante beneficio en nuestra economía y también en nuestra rutina. Comience de a poco a controlar sus gastos, pero comience hoy mismo, al menos si su intención es formar parte de quienes son financieramente exitosos, y éste es su caso.

Trabajar en el control detallado de gastos, peso por peso, dólar por dólar, en sus empresas y en su vida. No menosprecie su trabajo mal gastando su dinero, cada billete tiene su valor, cada moneda que queda en su bolsillo tendrá la posibilidad de multiplicarse, ¿por qué habría entonces de dejarlas escapar? Cada vez que esté por efectuar una compra invierta un minuto adicional de su tiempo y analice ese gasto que está a punto de realizar:

• ¿Es realmente necesario?
• ¿Puedo obviar este gasto sin que ello sea negativo para mí?
• ¿Puedo conseguir el objeto de mi compra a un precio más razonable?
• ¿Hay alguna manera de lograr una rebaja en este producto?

Son algunas de las preguntas que le harán ahorrar en más de una oportunidad, los que quizás sean unos "insignificantes" centavos, pero que con el tiempo y la suma reiterada de pequeñas cantidades se transformará en cifras dignas de tener en cuenta y para ser luego invertidas de manera inteligente.

Es importante eliminar todo gasto superfluo o por capricho que pueda reducir nuestras reservas, atención con ese saboteador que hay dentro de usted y que intentará hacer crecer el nivel de gastos apenas sus ingresos aumenten. Es bueno vivir convenientemente y no volverse un tacaño sin remedio, pero también es necesario eliminar los gastos que no son un verdadero aporte a nuestras vidas. Recapitule sobre el tema de pensar tal y como piensan los ricos.

Si supiera que dentro de algún tiempo, todas esas pequeñas cifras tendrán un volumen que crecerán, llegando a ser una considerable suma de dinero para generar ganancias que incrementarán su patrimonio, ¿no comenzaría lo antes posible a respetar más cada gasto que efectúa?

Qué hacer con su ahorro

Se dice que la mejor forma para que el dinero ahorrado esté seguro es abriendo una cuenta bancaria, donde estará protegido y además le ofrecerá mayores beneficios al seguir creciendo, debido a los intereses que los bancos le ofrecen.

Estas instituciones funcionan integrando cantidades importantes de dinero de otros ahorradores, que sirven para apoyar la inversión en la industria, el campo y otras actividades que crean fuentes de trabajo. Esto ayuda a que el país progrese. Por eso se afirma que el ahorro interno de un país fortalece la economía nacional.

Ahorro = Reservas = Inversión.

Para comenzar a practicar el ahorro es bueno reflexionar sobre el esfuerzo que significa obtener el dinero, poner en cuenta el trabajo, tiempo y dedicación que hubo de nuestra parte para obtenerlo. Reflexionar en cada oportunidad cuánto nos ha costado ganarlo, y analizar si realmente vale la pena el gasto que estamos por efectuar, considerando siempre con cuidado a la hora de gastar y sacar de nuestra billetera el dinero.

El proceso de mejorar financieramente es progresivo, nada crece de la noche a la mañana, todo es con sus tiempos y aprendiendo cada vez

MIGUEL RAMÍREZ

un poco más en el camino. Una vez que el proceso se haya iniciado, todo será más fácil, ahorrar tendrá para nosotros un sentido especial cuando veamos que las cantidades aumentan con el tiempo, también buscar e investigar para invertir será más divertido al ver que obtenemos resultados y nuestra situación mejora cada vez más. Donde antes no había nada ahora encontramos dinero que trabaja para nosotros, anteriormente no teníamos nada para mostrar y ahora vemos con orgullo el fruto de nuestra nueva manera de administrar el dinero.

Comenzar con establecer una parte de los ingresos (10%) que será destinado para el ahorro y posterior inversión. Quizás le parezca que su actual situación no le permita tal movimiento, pero en tranquilidad y con calma haga un mapa de sus gastos mensuales y encontrará aquellos que pueden ser reducidos o simplemente eliminados. El número de ítems en los que puede ahorrar son numerosos, analice sus finanzas y decida que va a comenzar a ahorrar ese 10%.

Habrá gastos que decidirá (a pesar de ser superfluos), conservar por capricho, pero habrá otros que eliminará por completo para reportar mejoras inmediatas (compra de periódicos, pedidos de comida, vestuario de marca, salidas, etc.). Cocinar en vez de pedir comida de afuera, comprar sólo un par de veces el periódico, elegir vestuario que no sea necesariamente el más caro (y aun así de excelente calidad) o demorar un poco más la actualización del mismo, son algunas de las posibilidades en las que podemos ahorrar interesantes cantidades de dinero.

Al comenzar a ahorrar en esos gastos que se pueden eliminar o reducir, e invertir dicho dinero notaremos que cada vez nos cuesta menos efectuar ese tipo de "privaciones", ya que al ver resultados reales en dinero a nuestro favor, el esfuerzo es mucho menor y más grande la gratificación con los resultados obtenidos.

Sólo es necesario que analice su propia vida para que encuentre las maneras más adecuadas de incrementar sus ahorros en su caso en particular.

- ¿Qué cantidad de dinero pasó por sus manos en, por ejemplo, los últimos cinco años?
- ¿Qué fue de todo ese dinero, cómo lo gastó, cómo se comportó con él?
- ¿Qué puede deducir y aprender de esta reflexión?

Destine el dinero para todos sus gastos y cuentas pero habiendo previamente estudiado con cuidado el mapa de los mismos. Antes de pagar nada ni a nadie, páguese a usted mismo, usted y los suyos son más importantes que cualquier otra cosa. Páguese y separe sus "semillas" para luego, sí destinar los fondos para el resto. Dichas semillas serán árboles con el tiempo, árboles que producirán más fruto para seguir expandiéndose. Comenzar con el 10% es una cifra razonable, porcentaje que puede incrementar con el transcurso de los días si así lo desea.

A medida que avance, ahorrar le costará cada vez menos, y será uno de sus mejores hábitos, realmente vale la pena dedicar tiempo para trabajar en ello. El hecho de percibir que contamos con una cantidad de dinero que crece con el tiempo agudizará nuestros sentidos en busca de nuevas formas y medios para hacer crecer dichas sumas. Veremos más oportunidades y más medios que antes, pues al no tener el compromiso firme no lo detectábamos ni tomábamos en cuenta, pero ahora con nuestro cambio de actitud y con un objetivo claro, aprovecharemos de manera productiva.

Aquellos centavos que antes hubieran terminado en alguna compra sin sentido o en algún gasto posible de suprimir o reemplazar, ahora estarán en su poder y no en manos de alguien más, prestos a crecer y ser invertidos con el tiempo y de la mejor manera según sean sus propios intereses. Habrá algo más que pequeños ahorros al principio, otros mecanismos internos que quizás al inicio no detecte pero se estarán poniendo en movimiento a su favor, sólo haga la prueba y compruébelo usted mismo, no se quede sin intentarlo.

Los fondos que logremos serán invertidos como consecuencia de un amplio estudio y no por presentimiento o consejo inapropiado. Invertir es fundamental para obtener activos que luego produzcan flujos de fondos que formarán parte de una serie de ingresos alternativos, los que nos van a permitir decir que el dinero trabaja para nosotros. Debemos invertir sabiamente y luego de investigar de forma responsable, de lo contrario corremos serio riesgo de perder los ahorros logrados.

Cualquier inversión debe ser el fruto de una cuidadosa investigación. Perder el dinero que con decisión hemos ahorrado por simple imprudencia nos haría desistir del camino emprendido. Evitar la tentación de invertir en operaciones especulativas sobre la que tenga poca información, ni hablar de las salas de juego, a menos que usted quiera regalar su dinero.

Contar con reservas será nuestra forma de trabajar en nuestras finanzas pero también nos permite la posibilidad de contar con fondos para afrontar situaciones difíciles e imprevistas que pudieran presentarse en nuestra vida o en la de nuestros familiares. Pocos cuadros de situación son tan incómodos o difíciles de afrontar como atravesar circunstancias adversas sin tener el dinero suficiente para hacer frente a las mismas.

Ventajas de ahorrar en los bancos

- Una institución bancaria le permite manejar fácilmente su dinero, ya que a través de una tarjeta de débito que el banco le entrega, puede depositar y retirar dinero en la misma institución o a través de los cajeros automáticos.
- Con su tarjeta también puede realizar compras en tiendas de autoservicios y otros establecimientos afiliados sin necesidad de cargar efectivo.
- No son altos los montos de apertura de cuenta. Y muchos de ellos, le ofrecen la apertura de una cuenta de ahorro gratis, solo infórmese.
- Recuerde que para evitar que el banco le cobre comisiones por

manejo de cuenta, es necesario mantener un monto determinado, pregunte en su sucursal.
- Los intereses que se generan en su cuenta de ahorro, no causan impuestos.
- También los niños y jóvenes pueden abrir cuentas de ahorro, con la representación de algún adulto.
- La ley establece que en caso de fallecimiento del titular, el banco entregará el importe de la cuenta de ahorro a un beneficiario que él mismo haya nombrado, siempre de conformidad con el artículo 56 de la Ley de Instituciones de Crédito.
- Algunos bancos ofrecen un seguro de vida gratuito, que es un respaldo más al patrimonio del ahorrador.

Tipos de cuentas de ahorro

a) **Individual:** se registra con el nombre de una sola persona.
b) **Mancomunada:** en esta cuenta se registran dos o más personas, que son las autorizadas para realizar retiros. Para tomar decisiones con respecto al dinero ahorrado y para poder efectuar movimientos. En este tipo de cuenta deben estar de común acuerdo y firmar ambos.
c) **Indistinta:** también incluye a varias personas, pero para efectuar movimientos en ella, sólo es necesaria la firma y autorización de uno de los titulares.
d) **Personas morales:** son cuentas bancarias de empresas, donde se nombra un representante legal autorizado para su manejo.

¿Cómo enseñar a los niños y jóvenes a ahorrar?

Para emprender el hábito del ahorro en sus hijos, estas sugerencias le pueden ayudar.
- No les de todo lo que pidan.
- Enséñeles qué es, para qué sirve y cómo se hace un presupuesto.
- Establezca metas y prioridades con sus hijos.
- Enséñelos a ser pacientes al comprar.
- Infórmeles sobre qué son los intereses y su valor.

- Es importante que los más pequeños aprendan a distinguir entre el valor y poder adquisitivo del dinero.
- Enséñeles a diferenciar entre monedas y billetes, ya que entender la diferencia de valores desde temprano les puede ayudar a manejar más responsablemente sus ingresos en un futuro.
- Procure que sus hijos estén al tanto de lo que se gasta, por ejemplo, en el supermercado, pídales que le ayuden en algunas actividades en el hogar y remunérelos por ello sin darles demasiado.
- Deles una determinada cantidad de dinero a la semana y bríndeles algunas pautas a seguir para administrarla, les puede ayudar a comprender mejor su valor y a que sean más responsables financieramente.
- Evite constantemente otorgarles "préstamos", ya que si lo hace sólo reforzará la creencia de que los padres tienen acceso a cantidades ilimitadas de dinero y les inculca una cultura de pedir prestado.
- Enséñele a su hijo a establecer límites entre lo que necesita comprar y lo que desea comprar. El que no siempre se pueden satisfacer todos los caprichos de forma inmediata, será una herramienta de autocontrol muy útil a futuro.
- Aunque lo ideal es inculcar estos valores a sus hijos desde que están pequeños, los expertos aseguran que nunca es tarde para empezar a hacerlo.
- Es importante también la experiencia del primer empleo de verano de su hijo adolescente, ya que puede representar una muy buena oportunidad para ayudarle a establecer una rutina de ahorro. Oriéntelo para preparar un presupuesto en el que contemple todos sus gastos y necesidades, inmediatas y a futuro, así evitará que malgaste el dinero que ha ganado con su propio esfuerzo.
- Una vez que su hijo comienza a trabajar, incítelo a abrir una cuenta de ahorro, esto le puede brindar estabilidad financiera, tanto en el presente como en el futuro, además de que le ayudará a ser más organizado y responsable con sus recursos y la manera de gastarlos.

Cuentas de ahorro infantil

Con el propósito de que la cultura del ahorro se establezca desde temprana edad tratando de que parte del dinero que reciben los niños lo ahorren de manera que puedan disponer de él en cualquier momento y, sobretodo, que genere intereses; tanto los bancos como algunas cooperativas financieras, han creado las cuentas de ahorro infantil.

Las instituciones bancarias por su parte han diseñado un producto de fácil manejo que ofrece rendimientos y liquidez inmediata.

Las cuentas de ahorro infantil, se ofrecen en la mayoría de los bancos y van dirigidas al público menor de 18 años.

Su manejo es muy sencillo, sólo es cuestión de que el interesado (menor de edad), vaya al banco junto con alguno de sus padres o su tutor, para firmar el contrato respectivo, a su vez el banco le hará entrega de una tarjeta de débito para que pueda realizar sus operaciones o movimientos.

Para hacer retiros, movimientos en la sucursal o en establecimientos afiliados es necesario que el menor esté acompañado del padre o tutor.

Fuentes alternativas de ingresos:
Deténgase un momento y pregúntese hacia donde encamina su vida con relación a sus ingresos. Trabaja usted actualmente para producir múltiples entradas, o sólo para mantenerse con un sueldo fijo que depende directamente de la cantidad de tiempo y trabajo invertido. ¿Está actualmente desgastándose a cambio de cada billete que luego gasta casi inmediatamente después de que ingresa?, o ha pensado en generar entradas alternativas que le permitan mayores ganancias, y que no dependan directa y exclusivamente de su tiempo y esfuerzo.

Lo común para la mayoría es trabajar por una única fuente de ingresos, a la cuál le dedicamos gran parte de nuestro tiempo a cambio del dinero que nos permita costear nuestro estilo de vida. Esta forma de obtener el dinero nos deja a casi todos mal parados y con escasos ahorros (si es que contamos con algunos) y de frente a la no muy agradable perspectiva de vivir en el futuro dependiendo únicamente de ingresos por jubilación.

Tomamos un estilo de vida que consume todos nuestros ingresos, los que en la mayoría de los casos provienen de nuestro empleo. Una vez que comenzamos a obtener nuestras primeras cifras de dinero, provenientes de nuestro empleo u ocupación, comienza a crecer nuestra lista de bienes por adquirir, entramos así en una espiral que consume nuestros ingresos, los que por todos los medios posibles tratamos luego de hacer crecer para poder cubrir dichos gastos en aumento.

Trabajamos cada vez más en nuestros empleos, invirtiendo gran parte de nuestras energías y tiempo para tratar de conseguir las sumas que cubran dichos gastos. Las cantidades que obtenemos son limitadas y nuestras necesidades crecientes, de esta manera cambiamos directamente esfuerzo por dinero, dependemos de él. Una sola fuente de ingresos, muchas veces inestable, y gastos excesivos mayores a las entradas que obtenemos nos colocan en una posición que no es difícil de adivinar, lo que nos obliga a tener que trabajar de forma constante sólo para mantenernos, quedando de esa manera sin tiempo, recursos, ni energías para crear fuentes alternativas de ingresos que nos permitan invertir y vivir más holgadamente.

Trabajamos en nuestro empleo cada vez más para conseguir más dinero, mayores ingresos que mantengan nuestros gastos y paguen nuestras deudas. Tanto producimos, tanto ganamos, es una relación directa que nos limita, a la vez peligrosa y agotadora. Obtenemos dinero a cambio de nuestros servicios, así tendremos ingresos mientras los brindemos, y sabemos en la posición que eso nos deja muchas veces. Se trata de un sistema por el cual nuestras ganancias dependen exclusivamente de nuestra dedicación. Trabajamos a cambio de dinero, trabajamos por el dinero, ponemos nuestro esfuerzo para obtenerlo y para hacerlo desaparecer al poco tiempo, para volver luego

258

MIGUEL RAMÍREZ

a trabajar y para gastar nuevamente, y de manera casi inmediata las cifras que logramos. Un círculo que desgasta y nos deja, en la mayoría de los casos en condiciones muy malas a la hora de revisar nuestros bolsillos y controlar nuestras finanzas.

Ponemos nuestra capacidad para trabajar a cambio de dinero en vez de invertir nuestros talentos, conocimientos, experiencia, tiempo y energías para lograr fuentes alternativas que nos brinden dinero recurrente y diversificado. Si dependemos en forma directa de nuestro trabajo para lograr ingresos sabemos en qué posición nos deja eso en caso de reajuste, enfermedad, incapacidad o accidente. Es el temor lo que nos mantiene atados a un sistema en el que trabajamos por el dinero y nos impide hacerlo al revés. El sólo pensar en intentar algo nuevo nos llena de miedos por lo que continuamos haciendo lo mismo y en el mismo lugar durante años, sin intentar jamás algo nuevo.

259

Planificar el resto de nuestras vidas como empleados es asegurarnos una buena cuota de incertidumbre e ingresos ajustados, en la mayoría de los casos. No necesariamente debe abandonar su actual empleo si es que desea permanecer en él, pero si debe considerar ampliar su horizonte y saber que puede planificar sus propias fuentes alternativas de ingresos. Se pueden lograr buenos resultados siendo empleado, pero seguramente obtendrá los mejores con sus propios emprendimientos. Debe tener en claro que mientras trabaje para alguien más, las oportunidades de acceder a la riqueza estarán del lado del propietario de la empresa, no del suyo, pocas empresas en el mundo hacen millonarios a sus empleados.

Como empleados podemos lograr excelentes ingresos, pero estos pueden ser aún mejores si nos independizamos, o al emprender proyectos paralelos que nos permitan la independencia financiera deseada. El cambio puede producirse de forma gradual y paulatina, para así evitar muchos de los inconvenientes que puedan originarse. Las modificaciones a realizar y los medios elegidos para generar ingresos alternativos dependerán exclusivamente de cada caso en particular. Bien vale tomar conciencia, reflexionar, investigar y estar preparados

MIGUEL RAMÍREZ

para elegir lo más conveniente para cada uno de nosotros. Todos somos diferentes, tal como las maneras que podemos elegir para generar nuestros ingresos alternativos.

Así como quizá dedica tiempo para trabajar en la fuente de ingresos de alguien más, trabaje para usted creando sus propias fuentes alternativas de ingresos. Puede crear fuentes de ingresos a partir de su creatividad, conocimientos, experiencia, investigación o gustos personales. El dinero que necesite aparecerá cuando sea necesario, pero no se detenga si no lo posee en su haber. Investigue y busque alternativas para financiar sus planes, las opciones disponibles son múltiples. Las buenas ideas siempre encuentran financiamiento, que la falta de capital no sea un impedimento para sus inicios. La mayoría de quienes llegaron a ser millonarios se hicieron de la nada, comenzando sus carreras con poco menos que algunos billetes en sus bolsillos.

260

Por qué no pensar en su empresa propia, la que puede ser tan grande o pequeña según sean sus deseos, entusiasmo, empuje y capacidades, quizás algo paralelo a su actual ocupación. Por qué no pensar en emprender y desarrollar sus ideas, escribir un libro, crear un juguete o patentar un invento son ejemplos de fuentes de ingresos continuas que se mantienen en el tiempo habiendo requerido esfuerzo sólo durante su periodo de creación. Comience con algo pequeño para que crezca paulatinamente. Sea usted quién se lleve la mayor parte del beneficio de su trabajo, usted y no alguien más.

Contar con una sola fuente de ingresos le hará perder oportunidades de negocios en las que no querrá arriesgar su dinero, a pesar de que dicha oportunidad pudiera demostrar todo su potencial. Varias fuentes de ingresos le permitirán participar en negocios que antes no hubiera pensado desarrollar, con el tiempo comenzará a acceder a una serie de oportunidades que antes estuvieron vetadas para usted. Su nueva condición económica le permitirá acceder a posibilidades de las que antes no podía participar. Generar múltiples fuentes de ingresos minimiza nuestros riesgos ante la disminución que pudiera presentar alguna de ellas.

Los sistemas creados para que el dinero trabaje para nosotros requieren de nuestra atención, pero si están correctamente diseñados pueden funcionar sin nuestra presencia constante. El dinero vendrá a nosotros y su cantidad no estará relacionada directamente con la cantidad de horas que trabajemos, sino con la inteligencia con la que lo hagamos. No pida pescado para alimentarse, estudie la manera de que el lago sea suyo, investigue y analice como crear un sistema que lo extraiga sin depender necesariamente de su presencia, y que funcione de manera aceitada y continua.

Sólo usted sabe de qué manera tiene más posibilidades de acceder a la prosperidad, tal vez manteniéndose en su actual empleo y generando fuentes de ingresos paralelas, o puede ser diseñando una empresa para dedicarse a ella por completo. Invertir en acciones, desarrollar proyectos en Internet, ingresar al mercado inmobiliario, o convertir su hobby en un próspero emprendimiento son, entre tantas, alternativas para tener en cuenta. Sus intereses y gustos personales como así también sus conocimientos e intuición le dirán cuál es el camino correcto en su caso.

Puede conservar su actual empleo y comenzar su propio proyecto invirtiendo parte de su tiempo. En todo caso elija siempre algo compatible con sus gustos e intereses personales. Reflexione e investigue, y crea en ello, hágalo fundamentalmente por usted mismo.

Al comenzar no dude en capacitarse. Libros, videos, conferencias, cursos, seminarios, programas de TV, el contacto con empresarios, etc., le brindarán herramientas que serán de suma importancia a la hora de ponerse en marcha. De esa manera, generará en usted nuevos conocimientos y un renovado entusiasmo por su apenas naciente actividad. La mejor manera de incrementar sus ganas y entusiasmo es comenzar lo antes posible sin posponer demasiado el inicio, avanzando un poco cada día y desde hoy mismo. Quizás el avance sea lento, pero ya estará en movimiento.

Podemos comenzar de manera gradual en las actividades que elijamos, si comenzamos a invertir, lo podemos hacer con cifras pequeñas y para crecer progresivamente, lo mismo si decidimos crear algún tipo de negocio o empresa. No es necesario ni recomendable que comencemos con algo que este fuera de nuestro alcance o capacidad de administración, mejor comencemos con lo que podamos hacer crecer y a medida que también crece nuestra capacidad de administración, manejo y experiencia.

Es entendible temer a emprender algo nuevo, pero si lo hace en forma progresiva y capacitándose en el área elegida crecerán sus posibilidades de éxito. Si planifica inteligentemente y se capacita de forma continua el riesgo en las actividades que emprenda disminuirá de forma notable. Comenzar a crear fuentes alternativas de ingresos de manera progresiva, evita el riesgo y el dolor de un cambio producido de forma brusca y sin preparación previa conveniente, hacerlo de forma programada y estratégica acrecienta sus posibilidades de éxito de manera rotunda. Quedarse en el actual esquema de seguridad sin querer efectuar cambios puede que también tenga su precio en el futuro, en todo caso usted tiene el poder de elección.

Usted puede crear de manera original sus propias fuentes de ingresos. Productos o servicios desarrollados con sistemas que lo acerquen a cada vez más cantidad de clientes, de esa manera estará generando sus verdaderas oportunidades de ser millonario. Un invento, un guion, alguna patente, un libro, un diseño, un nuevo elemento para el hogar, algún objeto o servicio en el que intervengan las nuevas tecnologías, el arte y la creatividad, productos o servicios que solucionen un problema y lo hagan de la mejor manera posible, que aceleren procesos y ahorren tiempo, que simplifiquen actividades de la vida diaria y contribuyan con ella para hacerla más agradable, son entre muchas, alternativas para considerar. Agudice su vista y concéntrese, las posibilidades están en todos lados, son miles y nos rodean, está en usted descubrir las suyas y para comenzar hoy mismo a crear sus propias fuentes alternativas de ingresos.

262

Sugerencias finales para el ahorro

Es un hecho que cuando la gente se propone ahorrar, lo logra, ya que más bien es cuestión de voluntad que de impedimentos externos.

• Trate de ahorrar como mínimo, el diez por ciento de sus ingresos.
• No olvide fomentar el ahorro en los niños.
• En la medida en que sus ahorros crezcan, busque invertirlo en instituciones que le ofrezcan mayores rendimientos.
• Asesórese oportuna y adecuadamente.
• Tenga mucho cuidado y sea prudente en el manejo de sus recursos, con ello evitará molestias y dará en cambio tranquilidad a su familia.
• A menos que realmente lo necesite y no tenga otra alternativa solicite un préstamo o compre a crédito, ya que si lo hace sin ser necesario estará tapando un hoyo para hacer uno más grande que le impedirá ahorrar.
• Tenga cuidado cuando salga de compras sobre todo si no tiene suficiente dinero para disponer y peor aun cuando realmente no necesite comprar tal o cual cosa.
• Si va a recibir un dinero extra como el aguinaldo o el pago de las becas de sus hijos, no lo gaste. Hay que utilizar las becas para la educación no para otras cosas. Por su parte el aguinaldo que se ganó con el esfuerzo de un año de trabajo, hay que guardarlo, no gastarlo en un día.

Y recuerde, la manera de administrar sus recursos no es algo complicado, basta con obtener el total de sus gastos y posteriormente, evitar en la medida de lo posible que la suma de todos sus consumos represente más de la cuarta parte del total de sus ingresos. De esta manera podrá orientar mejor sus gastos, evitar comprar productos superfluos y, sobre todo, fomentar el ahorro y con toda seguridad, vivir más tranquilo. Y con el tiempo llegará a tener la libertad financiera que usted quiere y necesite.

Capítulo 10

UN ESTILO DE VIDA SIMPLE

"Compro mi libertad con mi frugalidad". Vicky Robins

Hace no muchos años mi vida estaba llena de desorden. Después decidí que ya estaba bien, y que quería simplificar. Fue un proceso largo que continúa hoy, en menor medida, pero durante semanas y meses, reduje el desorden, el número de compromisos, la cantidad de cosas que tenía que hacer cada día. Simplifiqué mi vida, y fue una de las mejores decisiones que he tomado.

Y hay algo realmente genial sobre el estilo de vida simple: ¡No le cuesta mucho dinero!: Si reduce el desorden de su casa, puede ganar un poco de dinero vendiendo algunas cosas (done el resto a una obra benéfica). Y aprenda a no llenar su casa de cosas que no necesita, así también gastará menos en comprar posesiones.

Si simplifica su agenda y hace un espacio para las cosas que ama, estará menos estresado y tendrá menos necesidad de las actividades "relajantes" que muchos realizamos al final de un largo día o de una semana de trabajo: comprar, beber, ir de fiesta, salir a sitios caros y eso. Puede relajarse y divertirse de otras maneras que no cuestan un montón de dinero.

Después de simplificar su vida, se dará cuenta de que una vida llena de las cosas que ama y valora no cuestan un montón de dinero. Tendrá que gastar en lo esencial, pero más allá de eso ahorrará mucho.

Foco en lo esencial: *"La habilidad de simplificar significa eliminar lo innecesario para que lo necesario pueda hablar". -**Hans Hofmann***

El primer paso para simplificar y vivir con menos es identificar lo esencial: eso que quiere mantener en su vida. Después elimine todo lo no esencial que le sea posible. Básicamente debe crear una lista con las 4 o 5 cosas que más valora en su vida; personas que ama o cosas que le apasionan, cosas que quiere en su vida. Estos son sus esenciales.

Para darle una idea de lo que quiero decir, aquí le doy un ejemplo, esta es mi lista: tener tiempo con Dios, pasar tiempo con mi familia, escribir, leer y hacer ejercicio. Estas son las cosas para las que quiero hacer espacio en mi vida.

Actúa: Haga su lista de 4 o 5 cosas esenciales ahora. ¡Solo le llevará unos pocos minutos!

Una vez que haya identificado lo esencial, es hora de empezar a hacer sitio para estas cosas, eliminando lentamente un tanto de aquello que no es esencial en su vida. Esto debería ser un proceso gradual, porque no puede cambiar su vida de repente. No la ha llenado en un día, y tampoco puede vaciarla así de rápido.

Empiece mirando su agenda, sus compromiso, su lista de tareas y proyectos, y a qué dedica su tiempo ahora. ¿Qué cosas no están alineadas con las 4 o 5 cinco cosas de su lista? ¿Pueden ser eliminadas o limitadas? Esto podría suponer decepcionar a personas que quieren que mantenga esos compromisos, pero recuerde que es su vida, no la de ellos.

Una vez que haya eliminado un buen número de compromisos, tareas, proyectos no esenciales, es importante usar este espacio extra de su vida para centrarse en los esenciales de su lista. Si deja vacía su vida sólo para llenarla con otras cosas no importantes (como ver más televisión y comprar más), ha perdido por completo el tiempo.

266

Cree una vida que se centre en lo esencial; lo que usted valora y quiere más, lo que le apasiona más. ¡Empiece hoy!

Vivir con menos, sin dificultades: *"¿Quién es rico? El que disfruta con su parte". - **El Talmud***

Reducir su nivel de vida y vivir más frugalmente puede verse de dos maneras:
- Como una lucha, porque sacrifica muchas cosas y vive con menos confort.
- Puede ser increíble, porque sacrifica el consumismo a cambio de una vida llena de las cosas que ama, una vida que siempre ha querido.

Y todo depende de su mentalidad. ¿Quiere centrarse en lo que está cediendo, o en lo que realmente ama? He descubierto que es realmente útil centrarse en lo positivo, y aprender a prosperar con un estilo de vida simple y frugal, llenado mi vida de cosas que me den alegría y satisfacción.

Puede vivir la vida ahora y disfrutarla al máximo; sin destruir su futuro. ¿La clave para hacerlo? Encontrar maneras de disfrutar la vida por completo, del todo, al máximo, que no suponen un coste para el futuro.

Estos son algunos consejos para vivir esta filosofía:

• **Encuentre placeres gratuitos o baratos.** La frugalidad no tiene que ser aburrida ni restrictiva si usa su imaginación. Sea creativo y encuentre maneras de divertirse sin gastar mucho dinero. Haga una merienda en el parque, vaya a la playa, haga trabajos manuales, juegue con juegos de mesa, vuele una cometa, hornee galletas… podría listar cien cosas, y usted podría encontrar cien más. Realice una lista de placeres simples, y disfrútelos al máximo. Esta es la clave para disfrutar la vida sin gastar el dinero de mañana.

• **Haga que simplificar sea divertido.** Soy un gran fan de simplificar mi vida, y para mí es divertido. Me libro de cosas (y a veces gano dinero vendiéndolas) y me encanta hacerlo. Revise su garaje y se dará cuenta.

• **Dé prioridad a las personas.** Si da prioridad a "cosas" (muebles, ropa, zapatos, joyas, etc.) gastará un montón de dinero. Pero si da prioridad a las personas (a gente a la que quiere más, a sus mejores amigos y familia) no necesita gastar un céntimo para disfrutar de la vida. Busque tiempo para visitar a sus amigos o a sus parientes, y tenga una conversación con ellos que no suponga salir a cenar o ir al cine. Simplemente siéntate, tome algo de té helado o chocolate caliente, y charle. Cuente chistes y pártase de risa. Hable sobre libros que ha leído, películas que ha visto, las cosas que le pasan, sus esperanzas y sueños. Y guarde un tiempo para sus hijos o su pareja. Pase tiempo con ellos de verdad, haciendo cosas que no cuestan dinero.

• **Encuentre tiempo para sí mismo.** Busque un rato cada día y cada semana, para pasar tiempo solo. De verdad da más sentido y gozo a su vida, en lugar de correr por ella sin tiempo para pensar ni para respirar.

• **A veces, derroche.** No debería negarse placeres caros todo el tiempo; no es bueno desarrollar un sentimiento de privación. Para evitarlo, de vez en cuando, cómprese algo… o mejor, dese un gustazo decadente. Simplemente no se pase… y aprenda a disfrutar el derroche al máximo. Si de verdad se toma el tiempo para disfrutarlo, no necesita muchos.

• **Registre sus éxitos.** En realidad no importa cómo registre sus éxitos… puede usar estrellas de oro por crear un nuevo hábito de simplificación o frugalidad, o una hoja de cálculo en la que apunte su deuda decreciente o los ahorros o inversiones crecientes. Un registro es una manera excelente de no sólo tener motivación, sino hacer el proceso de cambio divertido.

• **Prémiese a usted mismo.** Y para hacerlo más divertido, ¡celebre cada pequeño éxito! Establezca recompensas (no demasiado caras) en su camino hacia el éxito; celebre un día, dos días, tres días, una semana, dos semanas, tres, un mes… ésa es la idea.

• **Hágase voluntario.** Una de las cosas más gratificantes para mi familia ha sido poder ser voluntarios. Es algo que hemos empezado a hacer el último año, pero desde entonces lo hemos hecho un montón de veces de maneras diferentes. Y aunque no cuesta un céntimo, es tremendamente satisfactorio en formas que el dinero nunca podría comprar. Lo puede hacer en una iglesia, comunidad o escuela.

• **Viva el momento.** Aprenda a no pensar tanto en el futuro o el pasado, sino en lo que está viviendo ahora mismo. Esté presente. Puede parecer obvio, pero es la clave para disfrutar la vida a tope, sin tener que gastar dinero. Piense en ello: puede gastar dinero saliendo a cenar, pero si no está pensando de verdad en lo que está comiendo, podría no disfrutarlo mucho. Pero si cocina una comida simple pero deliciosa, y realmente saborea cada bocado, seguramente sería placentero sin costar un montón.

• **Frene.** Del mismo modo, no puede disfrutar la vida al máximo si pasa por usted a gran velocidad. ¿Alguna vez ha pensado qué rápido se ha ido una semana, un mes, o un año? Quizás va por el carril rápido. Intente frenar, y las cosas serán menos estresantes y más agradables

• **Aprenda a encontrar cosas baratas y buenas.** Llámeme loco, pero me encanta comprar en tiendas de segunda mano. Puede encontrar un montón de cosas que están bien y cuestan muy poco. Los mercadillos son lo mismo. O visita Freecycle.com, o la biblioteca, o librerías de libros usados.

Céntrate en lo suficiente, no más:

*"La Tierra proporciona suficiente como para satisfacer las necesidades de todos los hombres, pero no la avaricia de todos los hombres". -**Mahatma Gandhi***

Creo que es algo que está condicionado desde una edad temprana, por amigos, la televisión, y la cultura en general: siempre queremos más. Más dinero, más cosas, mejores muebles, una casa mejor, un coche mejor, más ropa, más zapatos, más éxito.

¿Y qué pasa cuando conseguimos más? **No estamos satisfechos**, porque aparecen anuncios para nuevos iPods, nuevas portátiles, iPhones más destacados, mejores coches, ropa de colección. Tenemos que tenerlos. Es imposible satisfacer al hombre de más, porque nuestra cultura no está satisfecha con lo que tenemos, sino dirigida para querer más. Es el consumismo, y es la religión oficial del mundo industrializado.

Esto suena a sermón, así que vayamos más allá: pregúntese cuánto es suficiente, cuánto necesita para estar satisfecho. **Creo que la respuesta es que ya tenemos bastante (tal vez más que bastante).**

¿Qué significa "suficiente"?: Suficiente no significa sólo las necesidades elementales de la vida. Estas serían alimento, agua, refugio y ropa. Podría ser una casa con una cama, una mesa, una silla, un sitio para guardar y preparar comida, un baño, una ducha. En realidad, eso no es suficiente.

Suficiente significa tener bastante para vivir, para ser feliz y para prosperar. Para mí, como soy extremadamente feliz escribiendo, blogueando y enseñando, necesitaría un ordenador. Tal vez podría usar el de la biblioteca pública, pero en cualquier caso "suficiente" incluiría algún acceso a un ordenador.

Para otros, suficiente significa la necesidad de herramientas como un cuaderno y lápices, instrumentos musicales, tecnología de video o una cámara. Suficiente también puede significar comida más allá de la comida de supervivencia: comida que nos hace felices, pero no tanta comida que nos haga engordar y atiborrarnos.

Incluso podría incluir coches, si fueran necesarios, pero para alguna gente no significa necesariamente poseer un coche, especialmente si no tienen niños y viven cerca de las cosas que necesitan, como tiendas o el trabajo.

¿Cómo descubrir lo que es "suficiente" y aplicarlo a su vida?
Tenga en cuenta lo siguiente cuando piense en el concepto de suficiente, y cómo se aplica a su vida:

1 ¿Cuáles son las principales cosas que le hacen feliz? ¿Son cosas materiales, o son personas, o actividades? Saber la respuesta a esta pregunta puede darle una visión de qué cosas materiales necesita más allá de las necesidades esenciales para ser feliz.

270

2. ¿Qué necesita para prosperar? No necesita sólo sobrevivir, ¡quiere prosperar! Quiere ser bueno en lo que hace, y hacer lo que ama. Quiere apasionarse con las cosas que hace y tener éxito en ellas. ¿Qué necesita para hacerlo?

3. ¿Qué necesita para sobrevivir con un nivel confortable? Necesita sobrevivir, por supuesto, pero probablemente no quiera ser pobre mientras sobrevive. Una cama cómoda es probablemente importante (pero "una cama cómoda" no tiene que ser una cara), ¿cuántos adornos necesita esa cama para ser cómoda? ¿Cómo tienen que ser las sábanas? Examine sus ideas sobre el confort y mire lo que es realmente necesario para obtenerlo. A veces se dará cuenta de que sólo un mínimo de cosas son necesarias para estar cómodo.

4. ¿Qué tiene aparte de las cosas necesarias para la supervivencia, el confort, la felicidad y la prosperidad? Mire a su alrededor y piense en todo lo que hay en su casa. ¿Cuánto hay que vaya más allá del concepto de "suficiente"?

5. ¿Qué desea que sea más que suficiente; más de lo que necesita para la supervivencia, confort, felicidad y prosperidad? Todos queremos cosas que no tenemos. ¿Cuáles son?, ¿y, son necesarias para tener "suficiente"? ¿Por qué las quiere? ¿Puede ser feliz, estar cómodo y prosperar sin ellas? Si es así, ¿cómo podría dejar su deseo hacia esas cosas?

6. Si no quisiera más de lo necesario ¿podría trabajar menos? ¿Realmente necesita todos los ingresos, o gran parte de ellos son para sostener un estilo de vida que incluye sus deseos? Por ejemplo, podría tener coches caros cuando un sólo coche usado y barato es suficiente. O podría tener una casa cara cuando en realidad con la que tiene basta, o deudas de tarjetas de crédito por demasiados viajes, compras, etc. Si no gastara todo ese dinero, y no quisiera siempre más de lo necesario, tal vez no necesitaría tantos ingresos. Seguro que hay gente que vive felizmente con menos ingresos que los suyos.

7. Si trabajara menos, ¿podría ser feliz con suficiente? Piense en lo que haría si no tuviera que trabajar, y medite en reducir su trabajo para vivir más feliz con sólo lo suficiente.

Los efectos de la publicidad, y cómo vencerla: Una de las fuerzas más poderosas que nos hace querer más, en lugar de estar satisfechos con suficiente, es la persuasiva influencia de la publicidad. Está en todas partes: en la televisión, en las películas y eventos deportivos, en todas nuestras webs favoritas, en revistas y periódicos, en los laterales de los autobuses, en aviones y trenes, en cada evento patrocinado por una empresa… no puedes escapar de ella.

La publicidad funciona bien; los publicistas han pasado décadas estudiando los efectos de distintas técnicas en la mente humana, y saben muy bien lo que funciona. ¿Qué nos hará comprar algo? Los publicistas tienen un millón de métodos, y estamos casi indefensos contra este poder. Casi.

La manera de vencer a la publicidad es escapar de ella tanto como sea posible. He dicho, sólo hace dos párrafos, que no se puede huir de ella, pero puede evitarla en cierta medida. Puede consumir menos medios: apagar la tele, consultar menos webs, leer menos revistas. Intente ignorar la publicidad tanto como sea posible. Es difícil, lo sé, pero tanto como pueda alejarse de ella, estará disminuyendo su poder sobre usted. Y cuando lo hace, vence el deseo poderoso de tener más, y aprende a estar satisfecho con suficiente.

Mire los gastos grandes para el largo plazo:
Una vez que ha hecho los cambios más fáciles, puede empezar a mirar los gastos grandes. Estos son habitualmente los elementos que se llevan la mayor parte de su presupuesto: la casa, el coche, suministros, comida, educación, según sus circunstancias… Un cambio en cualquiera de estos gastos supone una gran diferencia.

Podría ahorrar cientos de dólares al año gastando menos en café y revistas, pero podría ahorrar miles con una casa o un coche más baratos. Los cambios grandes no son tan fáciles de hacer, pero si piensa a largo plazo, puede conseguirlo. Por ejemplo, si decide que quiere mudarse a una casa menos cara, podría no ser capaz de hacerlo esta semana, pero en unos meses, la oportunidad de alquilar o comprar un sitio estupendo podría aparecer y si tiene los ojos abiertos para esa oportunidad, puede hacer el cambio. Y ahorrar miles al año.

Algunas variaciones que puede considerar para reducir sus gastos mayores:

Una casa más pequeña. Este es, probablemente el gasto más grande para la mayoría de la gente. Durante muchos años, una casa enorme ha sido el Sueño Americano, pero como hemos visto recientemente, casas más amplias no son necesariamente mejores si no puede permitírselas. Son también más caras y más difíciles de mantener. Y el tema es que, normalmente no necesitamos una casa grande. Mantenga el ojo avizor respecto a casas más pequeñas; sólo lo que necesita y no más. Si puede mantener las cosas simples y ordenadas, puede vivir felizmente en un espacio menor y ahorrar mucho dinero.

Alquilar en lugar de comprar. Esto probablemente inicie un enorme debate, como siempre hace, pero no asuma que comprar es la mejor inversión. Si calcula el interés que paga en una hipoteca, el coste del seguro y el mantenimiento, comprar es a menudo mucho más caro que alquilar; y si alquila, ahorra dinero, e invierte la diferencia, puede acabar mucho mejor a largo plazo. De todas maneras, no siempre es así, así que compare, sumando todos los gastos.

Un coche más pequeño o más barato. ¿Tiene un enorme monovolumen o un coche caro que cuesta un montón de dinero? Son un símbolo de estatus seguro, pero también cuestan demasiado: pagos del coche, combustible, mantenimiento. Intente cambiar su automóvil ostentoso y podrá ahorrar mucho.

Un sitio más cercano. Si tiene que desplazarse a una gran distancia para trabajar, o para ir a otros sitios a los que va a menudo, podría estar gastando bastante tiempo y un extra de dinero. Considere mudarse más cerca de su trabajo para ahorrar. También podría ir a trabajar en bici si vive cerca, así disminuye su gasto y quema calorías al mismo tiempo.

Suministros reducidos. Los suministros son siempre una gran parte del presupuesto, pero puede reducirlos: sea más eficiente en el uso de energía y agua, considere dejar su línea telefónica de casa y usar únicamente el móvil, e incluso líbrese de la televisión de pago.

Comida más barata. Uno de los mayores gastos para algunas personas es comer fuera; en Estados Unidos la persona media gasta más de 2.000$ al año en restaurantes. Los restaurantes son caros, incluso los de comida rápida (eso sin mencionar los riesgos para la salud). Es mucho más barato cocinar su propia comida. Nuestra familia crea un menú semanal, después compramos los alimentos y cocinamos todos los días. Si come fuera, busque opciones baratas y saludables, y por supuesto vaya a algún sitio bueno de vez en cuando. Si normalmente come fuera en el trabajo, considere llevarse la comida de casa: podría ahorrar 1.000 o 2.000 dlls., al año.

Limítese a un coche. Muchas familias tienen dos o más coches. Después de su casa, su coche es probablemente el gasto más caro. Si puede sólo quédese con uno.

Mi esposa y yo tenemos dos hijos, según el sistema necesitaríamos 4 autos, pero con 3 estamos saliendo adelante y el último lo compramos de contado.

Podría tener otros gastos importantes en su presupuesto, écheles un vistazo, piense e investigue un poquito para ver si puede reducirlos de alguna manera. Si lo hace que sea gradualmente, una cosa a la vez no será tan difícil.

Cambiar tus hábitos de gasto:
"Somos lo que hacemos repetidamente. La excelencia, por tanto, no es un acto, sino un hábito". - **Aristóteles**

274

MIGUEL RAMÍREZ

Aunque puede ahorrar costos aquí y allí, los cambios verdaderos y duraderos no llegarán hasta que cambie sus hábitos. Si ahora cede a impulsos de compras de manera habitual, por ejemplo, gastará todavía más dinero, aunque haga ahorros en otras áreas. Una estrategia importante a largo plazo es crear hábitos financieros nuevos y sensatos, de uno en uno.

1. Haga del ahorro, algo "automático". Esta debería ser su principal prioridad, especialmente si no tiene un fondo de emergencia sólido todavía. Haga de ello la primera factura que paga cada mes, estableciendo una transferencia automática de su cuenta corriente a su cuenta de ahorros (pruebe una cuenta de ahorro online). Ni siquiera piense en esta transacción; sólo asegúrese de que sucede, cada vez que cobra su sueldo.

2. Controle sus gastos impulsivos. El mayor problema para muchos de nosotros. El gasto impulsivo; comer fuera, comprar online, etc., es un gran sangrado de nuestras finanzas, el mayor destrozador de presupuestos para muchos, y una manera segura de tener apuros financieros. El primer paso para controlar este hábito es monitorizarlo y ser más consciente de sus impulsos. Después cree una prohibición de 30 días para las compras de impulso y céntrese en no comprar nada más que lo necesario durante un mes. Después de eso, cree una lista de 30 días, todo lo que quiera comprar que no sea necesario, póngalo en esa lista (con la fecha en la que fue añadida) y no puede comprarlo hasta 30 días después.

3. Analice sus gastos, y viva frugalmente. Si nunca ha controlado sus gastos, intente el "Desafío de Un Mes": registre sus gastos cada día durante un mes. Después reflexione en cómo está gastando el dinero, y mire qué puede ahorrar o reducir. Decida si cada gasto es absolutamente necesario, y después elimine lo innecesario.

4. Invierta en su futuro. Si es usted joven, probablemente no piense mucho en la jubilación. Incluso si cree que puede planificar la jubilación más adelante, hágalo ahora. El crecimiento de sus inversiones con el tiempo será increíble si empieza a los veintitantos. Y sí, incluso si la bolsa no va muy bien, se recuperará y empezará a crecer de nuevo. Empiece abriendo un fondo de pensiones que le permita además desgravar impuestos.

5. Mantenga a su familia segura. El primer paso es ahorrar para un fondo de emergencia, para que si pasa cualquier cosa, tenga el dinero. Si tiene un cónyuge o personas dependientes, debería hacerse de un seguro de vida y escribir un testamento. ¡Tan pronto como le sea posible! Investigue también otros seguros, como el de la casa.

6. Elimine y evite la deuda. Si tiene tarjetas de crédito, préstamos personales o deudas similares, necesita empezar un plan de eliminación de deuda. Enliste sus deudas y ordénelas de menor a mayor. Después céntrese en la primera deuda, pagando lo más que pueda, aunque sean solo 40 o 50 (más, sería mejor). Cuando esa cantidad esté pagada, ¡celébrelo!, después coja el total que estaba pagando (digamos 70 más los 50 extra que hacen un total de 120), y añada eso al pago mínimo de la siguiente deuda. Continúe este proceso con su dinero extra acumulándose según avanza, hasta que pague todas sus deudas. Esto podría llevarle varios años, pero es un proceso muy satisfactorio y necesario.

7. Use el sistema del sobre. Este es un sistema simple para llevar un registro de cuánto dinero tiene para gastar. Digamos que separa tres cantidades de cada pago: una para gasolina, otra para alimentos y otra para salir. Retire estas cantidades cuando cobre, y póngalas en tres sobres diferentes. De esta manera, podrá ver fácilmente cuánto le queda para cada uno de estos gastos, y cuando se queda sin dinero, lo sabrá inmediatamente. No gaste de más en estas categorías. Si normalmente se le acaba muy rápido, tendrá que repensar su presupuesto. Este no es un hábito absolutamente necesario, pero podría encontrarlo útil.

8. Pague las facturas inmediatamente, o automáticamente. Un buen hábito es pagar las facturas tan pronto como llegan. Además, si es posible, intente que se paguen con recibos automatizados. Si hay cuentas que no lo permiten, use su banco online para establecer pagos periódicos automáticos. De esta manera, tiene bajo control todos sus gastos regulares. ¡Recuerde centrarse en un hábito!

Guía para salir de la deuda: *"La deuda es la peor pobreza". -Thomas Fuller*

Hace algunos unos años estaba sobrecargado de deudas; tanto que no podía afrontar todos mis pagos. Los prestamistas me reclamaban pagos atrasados, y yo los intentaba conjugar a todos, constantemente estresado, pensando en cómo iba a pagar el coche y el alquiler. Es difícil imaginar esos días ahora (el insoportable peso de deber) porque desde este año ¡estoy libre de deudas!
Es un sentimiento de liberación increíble el no deberle nada a nadie. Su dinero es suyo, y tiene sitio en su presupuesto para ahorrar, invertir y comprar lo que necesite.
Pero ir de una deuda abrumadora a estar sin deudas no fue instantáneo. Fue un viaje, y supuso una resolución firme, algunos sacrificios y algunos hábitos nuevos.

¿Cómo me libré de las deudas?:
No fue el más fácil de los caminos para mí, pero creo que debido a la lucha que supone salir de la deuda, el destino final es mucho más dulce. Estas son las cosas más importantes que me sacaron de la deuda:

1. Cancelar las tarjetas de crédito o manejarlas con sabiduría. Este elemento siempre despierta debate, pero lo diré siempre, porque ha sido crucial para conseguir liberarme de las deudas: las tarjetas de crédito son extremadamente tentadoras, y con sus altos intereses pueden ser muy peligrosas. Es posible usarlas sabiamente e incluso beneficiarse de su uso… sin embargo, mucha gente no las usa así, y para personas que no saben controlar sus gastos es mejor simplemente cancelar la tarjeta. Seguramente todavía estará pagándola, pero al menos no la estará usando más. Regla #1: Si intenta salir de un agujero, deje de cavar.

2. Eliminar los gastos no esenciales. Esto podría parecer extremo para mucha gente, pero recuerde: tengo dos hijos estudiando en la Universidad, y por un tiempo no ganaba lo suficiente como para mantener a mi familia. Necesitaba ahorrar. Así que eliminé todo lo que no necesitaba: televisión de pago, casi todas las salidas a cenar, ir al cine (excepto en raras ocasiones), comprar ropa nueva (excepto cuando realmente era necesaria), etc. Lentamente aprendí lo que era vivir frugalmente. Esto también fue clave, porque es parte de la regla de "dejar de cavar en el agujero".

3. El plan de gastos. No me gusta usar la palabra "presupuesto" porque despierta temor en el corazón de muchos lectores, y miradas vacías en otros. En lugar de eso, me gusta el término "plan de gastos", porque conjura imágenes de crear un plan para conseguir un objetivo, actuar, y hacer algo con sus problemas. Pero básicamente: calcula cuánto gana, y decide conscientemente cómo quiere gastarlo este mes. Mi plan presupuesta cada pago, porque un presupuesto mensual no era útil para mí: si sólo hago un presupuesto en un mes ¿cómo saber qué pagar cuando llega mi primer sueldo? Me gusta ser más concreto.
En cualquier caso, el plan de gastos es esencial. Tiene que decidir a dónde irá su dinero antes de gastarlo. En los tiempos que gastaba sin un plan, era cuando tenía problemas. Y recuerde: un plan debe ser flexible, y tener espacio de maniobra, porque la vida cambia.

4. Dinero y pagos online. Una de las razones de que tuviera problemas para controlar mis finanzas en el pasado era que gastaba a manos llenas sin una manera fácil de controlar mis finanzas o cumplir con un presupuesto. Usaba una tarjeta de crédito, de débito, cheques, retiradas constantes de cajeros, etc. No era bueno anotando cada céntimo. Así que pensé en un sistema mejor: pago todas mis facturas online (incluyendo deudas y ahorros), y después saco todo el dinero que necesitaré para categorías como salir a cenar, alimentos y gasolina.

Uso el sistema del sobre, así que siempre sé cuánto me queda en cada categoría. Simple y seguro.

5. El fondo de emergencia. Creo que esta fue una de las cosas más importantes que hice. Lo sé, es un consejo muy común, pero es por una buena razón: sin un fondo de emergencia, sus finanzas están a merced de cualquier situación urgente que aparezca. ¿Gastos médicos inesperados? ¿Una reparación doméstica? ¿Reparaciones del coche? ¿Necesitas viajar para visitar a un pariente enfermo? Estas cosas tendrán que pagarse de alguna manera, y si no tiene un fondo de emergencia tendrá que endeudarse para pagarlas o sacrificará sus pagos de este mes.

Sin un fondo de emergencia, es casi imposible salir de la deuda. Para mí, la reducción de deudas no comenzó realmente hasta que había ahorrado al menos un pequeño fondo de emergencia (aspira a 1.000 Dlls para empezar, o al menos unos pocos cientos)

6. El plan de pago de la deuda. Creé un plan para salir de la deuda, usando el método de la bola de nieve. Ataqué primero las cuentas pequeñas, permitiéndome crear una sensación de logro, y liberando algo de dinero para pagar las cuentas mayores. Aunque atacar primero las cuentas con mayores intereses es más inteligente desde el punto de vista financiero, la diferencia es pequeña y el impulso psicológico del método de la bola de nieve es enorme.

7. La deuda es mi primer pago. En realidad, al principio ahorrar para el fondo de emergencia era mi primer pago. En cuanto recibía mi sueldo transfería dinero a mi cuenta de ahorro, y sólo después pagaba otras facturas y retiraba el dinero para gastar. Cuando tuve $1.000 ahorrados, comencé a hacer del pago de mi deuda la factura más importante, y pagaba esa primero.

Ahorrar era lo segundo, todas las otras facturas lo tercero. Pagando deudas y ahorros primero, elimina el problema común que tiene la gente que hace de los ahorros y la deuda la última cosa que paga: si algún imprevisto aparece, no quedará suficiente dinero para ahorrar o pagar deudas.

MIGUEL RAMÍREZ

8. Recompensas. Creo firmemente en premiarse a sí mismo y celebrar cualquier logro. Cuando terminaba de pagar una deuda, mi mujer y yo salíamos a cenar para celebrarlo. Y podíamos hacer algo bonito para los niños. En ese tiempo eran niños. Claro que gastábamos dinero extra, pero esa sensación de logro es importante. Es un largo viaje, y necesitas ser capaz de mirar atrás de vez en cuando y ver lo lejos que has llegado. Es muy motivador.

9. Incrementar los ingresos. Además de gastar menos y vivir más mesuradamente, también incrementé mis ingresos para hacer mi situación financiera más estable y acelerar el pago de la deuda.

¿Por qué vivir frugalmente es sólo parte de la solución?

No estaría libre de deudas hoy si no hubiera aprendido a vivir con mesuras. Si no corta el flujo de sangre, nunca curará la herida.
Pero una vida frugal es sólo un componente. Tiene que aprender a tener sus finanzas bajo control, planificar su gasto y crear un fondo de emergencia. Tiene que aprender a motivarse para terminar el viaje.
Y uno de los pasos más importantes, como mencioné antes, fue incrementar mis ingresos de varias maneras, en una serie de pasos diseñados para poner en mejor forma mis finanzas y pagar la deuda más rápido.
Vivir frugalmente debería ser la primera cosa que hiciera, en mi opinión, es vitalmente importante. Pero es sólo una parte de la ecuación; gastar menos sólo te hace recorrer parte del camino. Ganar más te hacer caminar hacia el resto.
¿Cómo puede incrementar sus ingresos? No lo hará de la misma manera que yo. Claro que cualquiera puede crear un blog, escribir un libro electrónico, trabajar como freelance o escribir un libro impreso, enseñar por Internet, he hablado sobre cómo hacer estas cosas en otros capítulos, pero no siempre funciona para todo el mundo.
La clave es encontrar algo que le apasione, y perseguirlo con todo su corazón. Eso podría suponer educarse a usted mismo, y aprender nuevas habilidades. Podría suponer encontrar mentores, y comenzar desde abajo. Pero cuando le apasiona algo, está más motivado para

aprender y tener éxito. Entréguese a ello de verdad, y encontrará una manera.

También es importante buscar nuevas oportunidades, y no dejar que se escapen las buenas. Si la oportunidad no sale bien, déjela... pero al menos lo intentó. ¿Y quién sabe? Una o más de estas oportunidades podrían convertirse en oro puro. Me ha pasado a mí, y me encanta mi vida más que nunca.

Herramientas para una vida frugal:
*"El mecánico que quiere perfeccionar su trabajo debe primero afinar sus herramientas". -**Confucio***

Para cualquier proyecto es importante tener las herramientas adecuadas. Lo mismo es cierto cuando simplificas, ahorras, vives más frugalmente y haces sitio en tu vida para las cosas que amas. Ya hemos discutido varias herramientas clave:
La lista principal:

- Determinar tus esenciales y eliminar el resto.
- Una mentalidad de "prosperidad" en la que te centras en lo que amas, no en lo que no tienes.
- Una mentalidad de "suficiente", en la que eres consciente de que ya tienes bastante, y dejas de querer más.
- Un plan para reducir gastos, pequeños y grandes.
- Hábitos financieros sensatos.
- Estrategias para eliminar la deuda

Más allá de estas herramientas, me gustaría compartir otras ideas para ahorrar y vivir mesuradamente. No necesita hacer todo esto, sino que puede escoger las ideas que le atraigan más. Y no las pruebe todas al mismo tiempo; haga una o dos cada vez, y mire si le funcionan.

Busque primero lo usado. Si necesita algo (quiero decir necesitarlo de verdad, no sólo quererlo) mire a ver si alguien que conozca tiene uno que ya no use o necesite. Envíe un email a sus amigos, o pregunte por ahí. Podría llevarse una sorpresa. Estaba a punto de comprar una impresora y en ese momento a mi esposa le regalaron dos que no necesitaban sus jefes en el trabajo. Si nadie que conozca tiene lo que busca, pruebe freecycle.org o cragislist.org. Después intente comprarlo usado, en mercadillos o tiendas de segunda mano. Puede encontrar gangas si busca. Por ejemplo, mi hija compra por medio de www.amazon.com todos los libros de la Universidad que necesita, y eso nos ahorra cientos de dólares cada semestre.

Elija un vestuario minimalista. Este consejo no es para todos, pero yo intento tener un vestuario minimalista. Normalmente llevo vaqueros o pantalones cómodos, una camiseta o un polo y sandalias o zapatos confortables. Los colores lisos son mis favoritos. Todo va con todo, y no tengo demasiada ropa. Esto me evita el estrés de elegir un conjunto, y no necesito tanta ropa. Otra cosa que hago siempre; mis trajes nunca pasan de moda.

Termina con las compras por impulso en Internet. No digo que tenga que llegar a este extremo, pero dese cuenta de que comprar online puede ser demasiado fácil (ni siquiera tiene que ir a una tienda), y por tanto, hacemos muchas compras por impulso. Compre online si realmente necesita algo, pero vigile el impulso de comprar.

No compre. No vaya al centro comercial o grandes almacenes para curiosear y comprar. Vaya a una tienda si sabe qué necesita, y después salga. Muchas veces la gente va de compras, con una vaga idea de lo que quieren, y se dejan atrapar comprando mucho más. O van simplemente por diversión, como una forma de entretenimiento. Esto acaba costando un montón. En lugar de eso, aléjese de las zonas comerciales y busque otras maneras de divertirse.

Corte la televisión de pago. He hablado antes de cómo corté la televisión de pago, me ahorra dinero cada mes (en mi zona alrededor de 60$, o más de 700$ al año), y también me obliga a hacer cosas como leer, platicar y salir. Todo es beneficio.

Use la biblioteca. En lugar de comprar libros, pídalos prestados. Las

MIGUEL RAMÍREZ

bibliotecas suelen tener también una sección de DVD, ahorrándole incluso más. ¿Quién necesita televisión de pago?

Encuentre entretenimiento gratuito. Descubra maneras baratas de divertirse. El ocio acaba costando mucho dinero, si va al cine, sale por la anoche, va al bar, etc. La persona media gasta alrededor de 1.800$ al año en ocio (sin incluir restaurantes). No quiero decir que no debería divertirse, pero hay maneras más baratas de hacerlo. Meriende en el parque, pase un día en la playa, mire un DVD y haga sus propias palomitas, juegos de mesa, practique un deporte, mire la puesta de sol… las posibilidades son ilimitadas.

Ejercicio frugal. El ejercicio es importante, pero no tiene que costar un montón de dinero. Pruebe ejercicios de musculación que pueda hacer en casa como flexiones, abdominales, dominadas, agachadas, planchas y similares. Haga un circuito de 5 ejercicios, descanse un par de minutos, después repítalo dos veces más. Tendrá un ejercicio excelente. Nosotros durante mucho tiempo teníamos el gimnasio en los apartamentos y no lo usábamos, que desperdicio, ¿verdad?

Manténgase sano. Es más fácil de decir que de hacer, pero estar sano puede ahorrarle mucho dinero en médicos, hospitales y medicinas a largo plazo. Un gramo de prevención, y todo eso. Comer sano y ejercicio, simple y eficaz.

Vaya a trabajar en bici. Incluso si tiene un coche, ir a trabajar en bici le ahorrará gasolina y le pondrá en forma al mismo tiempo. Altamente recomendado.

Comparta el coche o use el transporte público. Bueno, si no quiere pedalear, busque un amigo o vecino que trabaje cerca, y comparta el auto. Use el transporte público. Un consejo simple, pero algo que mucha gente ignora: *camine.* A menudo vamos en coche a la tienda de la esquina, o a un colegio que está a menos de un kilómetro. Salga unos pocos minutos antes, camine, quema algunas calorías y ahorra gasolina.

Venda sus trastos, tiliches o chunches. Esto no es tanto para ahorrar dinero como para ganarlo, pero roñoso, frugal y simplificador, como yo, querrá ordenar y ganar unos pesos haciéndolo. Véndalo en un una venta de garaje o en eBay. Es sorprendente lo que compra alguna gente.

Regalos económicos. Los regalos pueden costar mucho dinero a lo largo de un año. Busque maneras de hacerlos baratos. Fabrique el regalo, o haga un consumible. Mi hija, por ejemplo, hace tarjetas de cumpleaños manualmente y muy hermosas. Además se convierte en un regalo personalizado.

Deje de fumar. No es la manera más fácil de ahorrar, lo sé. Es difícil. Pero lo han hecho muchos. No sólo ahorrará en tabaco (que son caros a la larga), sino en los costes asociados (y por supuesto en los enormes gastos médicos a largo plazo). En menos de dos años de no fumar, se pueden ahorrar más de $3.000

Cancele el alcohol. Si bebe una o unas pocas cervezas al día, o algunas copas de vino (lo cual es más caro), eso supone un buen dinero cada mes. Algunos beben incluso más que eso, si puede eliminar sus bebidas ahorraría mucho.

Dulces con moderación. Los postres y los dulces nos aportan muchas calorías sin nutrientes. Y pagamos un precio alto por ello, en dólares y en salud. Limite los dulces (no los elimine del todo, por supuesto) para ahorrar dinero y reducir calorías.

Beba agua. A menudo ingerimos un montón de calorías en refrescos café, alcohol, zumos, té, etc. Y esas bebidas también cuestan dinero. Consuma agua, ahorre dinero, reduzca calorías.

Quédese en casa. Convertirse en un hogareño no parece algo divertido, pero puede serlo. Me encanta estar en casa con mi familia, podemos hacer todo tipo de cosas divertidas en casa. O puedo pasar un día solo, si mi familia está en el colegio, y disfrutarlo de verdad. Es tranquilo y pacífico, puedo leer o ver una buena película o responder a los comentarios de mi blog, o escribir. Quedarse en casa puede ahorrar mucho, en gastos de restaurante, compras, gasolina e imprevistos.

Deje de usar tarjetas de crédito. Las tarjetas de crédito no son malvadas. Sé que pueden usarse correctamente, si las usa así, está bien, sáltese este consejo. Para los demás, las tarjetas de crédito hacen que comprar sea demasiado fácil, y terminan haciéndoles comprar demasiado. No sólo eso, si no paga todo cada mes, le costarán un montón en intereses. El americano promedio con al menos una tarjeta de crédito tiene más de $8.500 en deudas de tarjetas. No cometa ese error.

Cancele suscripciones. Con la riqueza de información y entretenimiento online ¿de verdad necesita suscripciones a revistas? Con todas las noticias en la web ¿de verdad necesita la suscripción a un periódico? Si puede conseguir DVD gratis o baratos, ¿realmente es una necesidad la suscripción a Directv o a Blookbuster? No digo que seguro que no necesite nada de eso; sólo pido que considere si son realmente esenciales, la respuesta podría ser sí. Considere también otras suscripciones que podría estar pagando; no tiene que cancelar todo, sino considerar seriamente si pueden ser canceladas sin perder mucho valor.

Haga sus cosas. No voy a entrar aquí en todas las posibilidades, pero muchas veces compramos cosas que realmente podríamos hacer por mucho menos dinero si fuéramos un poco creativos. Esto puede llevar un poco más de tiempo y esfuerzo, pero puede ser divertido, especialmente si lo convierte en un proyecto familiar. Si no sabes cómo hacer algo, infórmese en Internet. Probablemente encontrará algunas instrucciones.

Hágalo usted mismo. En lugar de contratar a alguien para que haga algo, intente hacerlo usted. Claro que lleva algún tiempo y esfuerzo, pero es satisfactorio y por supuesto barato. También es educativo, si no sabe cómo hacerlo; repito, busque en internet, lea e inténtelo. Los fanáticos de la frugalidad hacen bricolaje.
Deje de pagar intereses. Mencione los intereses de las tarjetas de cré-

285

dito, los créditos del coche y las hipotecas. He hablado de cómo vivir sin crédito antes, y lo recomiendo para un estilo de vida moderado. Considere otras cuentas o préstamos en los que paga interés, y mire si puede eliminar tantos como sea posible.

Reduzca la comida preparada. Alimentos congelados, cosas para el microondas, comida basura, cualquier cosa que esté empaquetada y preparada para nuestra comodidad no sólo es más cara que algo que cocine usted, sino también probablemente menos saludable.
Viaje mesuradamente. Yo no viajo mucho, pero si tiene que viajar, alguna planificación puede ahorrarle dinero. Los billetes de avión son lo más caro normalmente, así que intente sacar sus boletos por adelantado, y busque ofertas.

Considere también viajar en tren. Compare tarifas de alquiler de coche, porque pueden variar mucho (o use el transporte público). Busque alojamientos baratos, o la hospitalidad de un amigo o pariente.

Mantenga las cosas. Esto es obvio, pero no pensamos mucho en ello: si cuida lo que tiene durará más. Entonces gastará menos en comprar cosas nuevas. Cuando compra algo que merezca la pena mantener, dedique unos minutos a leer el manual de mantenimiento, y cree una lista de ello que puede pegar al elemento, para cosas importantes como los cambios de aceite o las revisiones de su coche, márquelas en el calendario.

Compre sólo ropa de oferta (cuando necesites ropa). Quiero decir, que realmente la necesite. Compre ropa nueva, pero sólo las cosas que estén rebajadas un 50%. Busque las gangas, y ahorrará un montón.

Tele-trabaja. El teletrabajo no le da necesariamente su trabajo soñado, pero es definitivamente un paso en la dirección adecuada, pero además de permitirle trabajar en ropa interior (¿Y quién no tiene ese sueño?), el teletrabajo ahorra dinero en gasolina, en restaurantes (si comes en un restaurante) y en comprar ropa de trabajo cara.
Cocine con antelación. Si tiene un día libre a la semana, cocine en

MIGUEL RAMÍREZ

grandes cantidades y congele la comida en porciones. No hacemos esto todo el tiempo, pero lo hemos hecho y ahorra dinero (comprar grandes cantidades a menudo trae ahorros), además de tiempo. Tiene que planificarlo un poquito, pensando un menú y comprando y cocinando suficiente comida para una semana o un mes. Pero cuando ha terminado, lo que come cada día es más rápido y fácil. Esto evita que salga a cenar o que coma un lunch preparado cuando está hambriento pero demasiado cansado para cocinar.

Lave menos la ropa. Alguna gente usa ropa y después la lava, pero he desarrollado el hábito de utilizar la ropa más de una vez si no está sucia. Uso mi nariz como prueba; no quiero llevar ropa que huela mal, y muchas veces está perfectamente limpia. Así ahorra en lavado.

Tienda la ropa para secarla. Cuando mis padres eran jóvenes, todos usaban un tendedero para secar la ropa. Ahora las secadoras están en todas partes, porque son rápidas. Pero si no lava una tonelada de ropa, no es tan duro dedicar unos minutos para colgarla. Ahorrará una buena cantidad de electricidad, y su ropa durará más.

Comer menos carne. No le estoy convenciendo de hacerse vegetariano (aunque siempre puede probarlo), pero de vez en cuando coma platos sin carne. Pasta, chili vegetariano, verduras, etc… sobre todo muchas hortalizas y frutas; hay multitud de platos deliciosos sin carne. Y como la carne es cara (bueno, la carne fresca, la enlatada no), ahorrará dinero.

Recursos:
Para saber más y tener más información sobre los temas de esta serie de posts, compra una copia del libro "The Power of Less". Contiene muchos más consejos sobre cómo simplificar, poner límites, ordenar, cambiar hábitos y mucho más.
Otros recursos que podrían serle útiles:
Zen Habits: éste es un blog, con muchos artículos sobre todos estos temas. Asegúrese de empezar con "Beginner's Guide to Zen Habits". Get Rich Slowly: mi blog favorito sobre finanzas personales y fruga-

lidad, Get Rich Slowly está escrito por J.D. Roth con mucho sentido común, una aproximación personal a presupuestos, ahorro, inversión, ser frugal y más.

The Simple Dollar: Otro gran blog de finanzas personales, trata de mesura y simplicidad, y también está lleno de sentido común. Obligatorio leerlo.

Wisebread: Otro de los mejores blogs de finanzas personales en Internet, Wisebread tiene un grupo de excelentes escritores que cubren todo tipo de temas financieros.

Unclutterer: Uno de los mejores blogs en Internet con artículos sobre vida simple y sin desorden.

Your Money or Your Life, por Joe Dominguez y Vicky Robbin: ningún libro sobre dinero es más importante. Si no ha leído este libro todavía, debe hacerlo. Simplemente transformará su vida, explica la manera en que la mayoría de la gente mira el dinero y le da la vuelta.

Simplify Your Life, por Elaine St. James: empecé a simplificar mi vida cuando leí este libro hace una década, y aunque he tenido altibajos, le atribuyo mi amor a la simplificación a este libro. Es fácil de leer y hay algunos consejos geniales ahí.

Haz pequeños cambios financieros primero: *"Quien quiera alcanzar una meta distante debe dar pequeños pasos"* -**Saul Bellow**

Aunque es importante, al simplificar, intentar eliminar los gastos no esenciales que sean posibles, no puede cambiar todo de golpe. E incluso si lo intentara, sería menos probable que tuviera éxito; los cambios drásticos no permanecen, tanto como los pequeños.

Así que empiece por poco cuando empiece a cambiar sus hábitos financieros.

Busque primero cosas que sean fáciles de cambiar: salir, ocio, compras no esenciales, suscripciones que no usa mucho, cosas así. Cambie una cada vez, tal vez dos como mucho. Empiece poco a poco a reducir cosas, y se adaptará a su nuevo estilo de vida en cada paso. En seis meses, tendrá un estilo de vida mucho menos costoso, pero no lo sentirá mucho porque han sido pasos pequeños, uno o dos cada vez.

Algunos cambios pequeños que puedes considerar:

Suscripciones a webs por las que paga. Hay servicios que cobran 5, 10 o 20 Dlls al mes: si se ha dado de alta en varios, pueden sumar bastante.

Ocio. Mucha gente va al cine en cada estreno de película, o a otro tipo de espectáculos. Pero no tienes que gastar mucho para divertirte.

Conducir. Considera conducir menos para ahorrar combustible (y mantenimiento). Además conduzca con precaución, para evitar multas.

Café. ¿Se compra un café de 3 dlls cada día de trabajo? Eso son 90 dlls al mes o 1080 al año. Y mucho más si compra más de una taza, o algo para comer.

Revistas, periódicos y libros. Puede leer casi todas las revistas y periódicos online. Y puede sacar un libro de una biblioteca o comprarlo más barato usado. Y no adquiera libros sólo para lucir en su biblioteca, adquiera buenos libros que le ayuden en su vida cotidiana, laboral, familiar, espiritual y financiera.

Hay muchos otros tipos de gastos menores que puede cambiar, pero esta lista debería darle algunas ideas. Insisto, no cambie todo de golpe: un cambio pequeño cada par de semanas debería ser suficiente. Con el tiempo, ahorrará miles de euros, dólares o pesos, depende del país en que esté y la moneda que utilice. Pero una cosa es segura: ahorrando se está encaminado hacia su prosperidad y libertad financiera. Recuerde que en un principio el camino de su libertad va a demandar muchos sacrificios, trabajos, abstinencias, pero llegará el momento en que disfrute de ser libre en todas las áreas de su vida. Que no le pase lo que en muchas ocasiones sucede, que, cuando tiene tiempo no tiene dinero, y que cuando tiene dinero, ya no tiene tiempo, si logra su libertad económica tiene las dos opciones, eso se adquiere trabajando, esforzándose y siendo frugal en el principio, para después ser libre financieramente y próspero aun en medio de la crisis.

Capítulo 11

LOS HOMBRES MÁS RICOS DEL MUNDO

"Mírenme —les dijo—. Sigan mi ejemplo. Cuando llegue a las afueras del campamento, hagan exactamente lo mismo que me vean hacer". Jue.7:17 (NVI)

Este capítulo está dedicado a estudiar brevemente la biografía de diferentes hombres, sus consejos y su fortuna; para que de esa forma podamos inspirarnos en ellos, y procuremos imitarlos, emularlos y aprender, para poder **prosperar en medio de la crisis y cualquier otra situación.** Teniendo la mentalidad de los ricos: *Si ellos pueden, yo también puedo.*

Cada año, la revista Forbes publica su lista de los hombres más ricos del planeta. Conoce a aquellos que encabezaron esta lista en el 2007, dónde no aparece ninguna mujer.

1. Bill Gates, encabeza esta lista con una fortuna de 56 mil millones de USD. Su empresa, Microsoft, es el principal fabricante de software mundial.

2. Warren Buffet, tiene una fortuna de 52 mil millones de USD. Su actividad principal es la inversión.

3. Carlos Slim Helú, magnate mexicano propietario de las principales empresas mexicanas que cotizan en la bolsa. Su fortuna es de 49 mil millones de USD.

4. Ingvar Kamprad, industrial sueco y fundador de IKEA, una empresa mayorista fabricante de muebles. Fortuna de 33 mil millones de dólares.

5. Lakshmi Mittal, es un industrial de origen Hindú. Es el director de Mittal Steel Company, la más grande productora de acero en el mundo. Fortuna de 32 mil millones de dólares.

6. Sheldon Adelson, quien hiciera su fortuna con la exposición de computadoras COMDEX, donde rentaba a los expositores a $40 dólares el pie cuadrado de exposición, cuando a él le costaba 15 centavos. Vendió este evento y actualmente se dedica a la cons-

MIGUEL RAMÍREZ

trucción y operación de hoteles y casinos. Su fortuna es de 26.5 mil millones de dólares.

7. *Bernard Arnault*, es un hombre de negocios francés. Es el Director General de Christian Dior, Louis Vuitton y Moët Hennessy, empresas de las que es co-propietario. Fortuna de 26 mil millones de dólares.

8. *Amancio Ortega*, español. Propietario de la cadena de tiendas de ropa Zara. Hijo de un ferrocarrilero. Inicia a diseñar ropa hace 44 años en la sala de su casa, junto con su esposa Rosalía Mera. Su fortuna es de 24 mil millones de dólares.

9. *Li Ka Shing*, de ascendencia china, es el hombre más rico de Asia. Su fortuna es de 23 mil millones de dólares. Es propietario de la empresa Cheung Kong Holdings, establecida en Hong Kong.

10. *David Thomson* y familia. Fortuna de 22 mil millones de dólares. Controla un corporativo de Medios en Canadá.

Las 10 personas más ricas del mundo 2020:

¿Quiénes son las **personas más ricas del mundo**? Esto fue lo que me pregunté hace unos días mientras veía diferentes noticias sobre la cantidad de dinero que ganaba **Jeff Bezos en 15 minutos en el día.** ¡Era impresionante! Y entonces quise investigar quienes eran las personas más ricas del mundo

en el 2020. La mayoría de la gente tiene una idea bastante buena, incluso si no son empresarios, o no están interesados en el tema en absoluto. Mientras lees esto, probablemente ya tienes nombres que te vienen a la cabeza sobre quiénes aparecerán en la lista de los más ricos. Descubre junto conmigo en este artículo la lista de los nombres de las **10 personas más ricas del mundo en 2020.** Las personas que aparecen aquí son precisamente los que cambian el mundo y han ayudado a transformar y remodelar el mundo.

En el último año ha habido muchos cambios en la riqueza de los hombres más ricos del mundo, pero aún así no dejan de tener miles de billones de dólares como parte de su riqueza neta.

No creas que invento los números que aquí te presento, estos son datos directamente obtenidos de Forbes, así que puedes estar seguro(a) que al día de hoy estas son las **10 personas más ricas del mundo en lo que va del 2020.**

1. *Jeff Bezos*
Valor neto: 117.500 millones de dólares. Probablemente ya lo sabes, Jeff Bezos es el **fundador de Amazon,** una de las compañías más grandes y populares de la web. Y aunque no lo creas Amazon empezó como una simple y sencilla librería online justo en el garage de su casa y al principio no tenían muchas ventas.

En 2020, **Jeff Bezos se ha convertido en el**

hombre más rico del mundo, ¡después de añadir la pequeña cantidad de **40 mil millones de dólares a su patrimonio neto** el último par de años! Amazon está haciendo grandes movimientos, después de adquirir recientemente **Wholefoods**, lanzar el **envío de drones** y un montón de otras ideas fuertes.

Bezos se divorció recientemente de su esposa **MacKenzie**; después de lo cual ella recibió el 4% de Amazon, que vale miles de millones, y aún así no lo ha eliminado del primer lugar. Jeff Bezos es el primer hombre en alcanzar **la marca de 100 mil millones de dólares**, ¡lo cual es una locura!

2. Bernard Arnault

Valor neto: 112 mil millones de dólares.
Bernard Arnault es el **CEO de LVMH** (Louis Vuitton Moet Hennessey). En última instancia, la compañía se formó a partir de la fusión de los dos negocios juntos. **Louis Vuitton** es la exitosa marca de moda de lujo, y Moet Hennessey es la fusión de los fabricantes de champán y coñac. Bernard ha estado haciendo serios movimientos en esta lista en el último año. De hecho, a principios de 2017, estaba en el puesto 14. Ahora, 3 años después, está en el 2º lugar de la lista de las 20 personas más ricas del mundo en 2020. Y por unos cuantos días a principios de enero 2020 Bernard logró desbancar a Jeff Bezos, pero le duró poco el gusto.

3. Bill Gates

Valor neto: 108.800 millones de dólares.

Bill Gates es el **fundador de Microsoft**, y fue el **hombre más rico del mundo durante varios años consecutivos**. Gates fundó Microsoft en 1975 con **Paul Allen**, y desde entonces se ha convertido en la mayor compañía de software para PC del mundo. El patrimonio neto de Gates ha estado bastante estancado desde que alcanzó la marca de los **100.000 millones de dólares**; tan estancado, de hecho, que ha caído otro puesto, hasta el tercero de esta lista.

4. Warren Buffett

Valor neto: 89,9 mil millones de dólares.
Warren Buffett es un empresario e inversor americano, y director general de **Berkshire Hathaway**. Buffett es el **inversionista más exitoso del mundo**, y millones de otros comerciantes lo admiran por su éxito. Warren Buffett es el cuarto hombre más rico del mundo, con un increíble valor neto de **89,9 mil millones de dólares**. Sin embargo, a pesar de este hecho, Buffett sigue viviendo en la casa que compró cuando ni siquiera sabía cómo eran los mil millones de dólares.

5. Amancio Ortega

Valor neto: 77,9 mil millones de dólares.
Amancio Ortega es un **empresario español y fundador del grupo de moda Inditex**. Inditex es propietario de **Zara**, y Zara es una de las cadenas de ropa más populares en todo el mundo. Ortega es ahora el **quinto hombre más rico del mundo**, después de que otros jugadores de la lista hayan bajado ligeramente. Sin embargo, Ortega también ha perdido

más de 11.000 millones de dólares de su patrimonio neto en los últimos meses, y los ha ido recuperando constantemente.

6. Mark Zuckerberg

Valor neto: 77,7 mil millones de dólares. Todos conocemos a Mark Zuckerberg como **el fundador de Facebook**. Facebook se ha convertido en la **compañía de medios sociales más popular y valiosa del mundo**. Y todo comenzó en el dormitorio de Mark en la Universidad de Harvard. Mark Zuckerberg ha caído recientemente del 3er lugar, después de perder mucho de su patrimonio neto debido al **escándalo de datos de Cambridge** y varios otros asuntos que causaron la caída de los precios de las acciones de Facebook.

Mark Zuckerberg es ahora **el sexto hombre más rico del mundo**, con un valor neto estimado de 77,7 mil millones de dólares.

7. Larry Ellison

Valor neto: 66.600 millones de dólares. Larry Ellison es el **cofundador de la Corporación Oracle**, y también fue el CEO de la compañía hasta septiembre de 2014. A lo largo de los años, Oracle se ha convertido en una compañía tecnológica increíblemente exitosa, ahora tiene 39 años y emplea a más de 136.000 personas.

Larry Ellison ocupa **el séptimo lugar** en la lista de las personas más ricas del mundo, con un valor neto de 66.600 millones de dólares.

8. Carlos Slim Helu

Valor neto: 64,4 mil millones de dólares. Carlos Slim Helú es un **empresario e inversor mexicano**, propietario del conglomerado **'Grupo Carso'**. El portafolio del conglomerado consiste en marcas de diferentes industrias, como salud, medios de comunicación, energía, bienes raíces y comercio minorista. **Carlos** ocupa el **octavo lugar en la lista de los más ricos del mundo**, con un valor neto de 64.4 mil millones de dólares. A pesar de recuperarse de la caída de su patrimonio neto el año pasado, sigue cayendo en otro lugar de esta lista de las personas más ricas del mundo.

9. Larry Page

Valor neto: 61,9 mil millones de dólares. Larry Page es el **cofundador de Google**, que fue fundado en un garaje en 1998. Google, sin duda, se ha convertido en el **motor de búsqueda más exitoso del mundo,** y la compañía ha hecho varias adquisiciones como YouTube. El éxito de Google ha hecho de Larry Page una de las personas más ricas del mundo.

10. Sergey Brin

Valor neto: 59.600 millones de dólares. Sergey Brin y Larry Page **cofundaron Google en 1998**, en un pequeño y sencillo garaje. El dúo ha llevado a Google a la cima, poniendo a Sergey Brin unos cuantos lugares detrás de Page en esta lista de las personas más ricas del mundo. En 2020, el patrimonio neto de Sergey Brin es de aproximadamente 59.600 millones de dólares.

MIGUEL RAMÍREZ

Los 10 millonarios de México

Según la revista Forbes, estos son los 10 millonarios más ricos de México.

1. Carlos Slim. Es el octavo hombre más rico del mundo, y propietario de las principales empresas mexicanas que cotizan en bolsa mexicana de valores. Su fortuna es de 64.4 mil millones de USD.

2. Alberto Bailleres. En la posición 158 mundial y una fortuna de 5 mil millones de dólares. Empresario mexicano de 74 años. Su Industria Peñoles es una de las principales empresas mineras en México.

3. Ricardo Salinas Pliego y familia. Está en la posición 172 mundial, con una fortuna de 4,600 millones de dólares. Ha hecho su fortuna en TVAZTECA, ELEKTRA y IUSACEL.

4. Jerónimo Arango. Fortuna de 4,300 millones de dólares y en la posición 194 de la lista de Forbes. Fue el cofundador de las tiendas Aurrera, y en 1991 se asoció con el imperio Wal-Mart. En 1997 la familia vendió la mayoría de sus acciones a Wal-Mart

5. Emilio Azcárraga Jean. Ocupa la posición 458 en la lista de Forbes. Su fortuna es de 2,100 millones de dólares. Es el principal accionista de Grupo Televisa

6. María Asunción Aramburuzabala. Esposa del actual embajador de Estados Unidos en México, la presidenta de Grupo Modelo es la única mujer que aparece en la lista. Su fortuna de 2 mil millones de dólares la colocan en la posición 488 del ranking Forbes.

7. Roberto Hernández Ramírez En la posición 488 del ranking de Forbes, y una fortuna de dos mil millones de dólares. Es un exitoso banquero mexicano, quién en el año 2001 encabezó la mayor transacción corporativa realizada entre México y los Estados Unidos al integrarse Banacci al mayor grupo financiero del mundo, Citigroup.

8. Isaac Saba Raffoul. Está colocado en el lugar 557 mundial (empatado con Alfredo Harp Helú). Su fortuna se estima en 1,800 millones de dólares. Controla Casa Saba, una de las principales compañías de distribución de medicinas en México. Asimismo, tiene inversiones en textiles y en hoteles como el Marriot de Cancún y Puerto Vallarta

9. Lorenzo Zambrano. En la posición mundial 583 y una fortuna de 1,700 millones de dólares. Es uno de los empresarios mexicanos más exitosos, y principal accionista del orgullo mexicano del cemento: CEMEX.

10. Alfredo Harp Helú. Está en la posición 618 de los hombres más ricos del mundo, con 1,600 millones de dólares. Hoy en día las mayores satisfacciones de Alfredo Harp están en sus cuatro hijos, sus nietos y los Diablos Rojos del México, por lo que su mayor deseo es dedicar el tiempo a su familia, al deporte y a la filantropía. Fue Socio de INBURSA y Banamex ACCIVAL, así como presidente del consejo de administración de la Bolsa Mexicana de Valores.

Las 10 mujeres de negocios más influyentes

La revista Fortune dio a conocer la lista de las mujeres de negocios más influyentes. Aquí te la presentamos.

1. Indra Nooyi: ella es la directora de Pepsi, la Gigante empresa de refrescos.

2. Anne Mulcahy: Presidenta y CEO de Xerox.

3. Meg Whitman: Presidenta y CEO del sitio de subastas por Internet E-Bay.

4. Pat Woertz: Presidenta y CEO de Archer Daniels Midland, empresa energética.

5. Irene Rosenfeld: CEO de la empresa de comida Kraft.

6. Brenda Barnes: Presidenta y CEO de La empresa de alimentos Sara Lee.

7. Andrea Jung: Presidenta y CEO de la empresa de cosméticos Avon.

8. Oprah Winfrey: Presidenta de Harpo Inc, la primera y única billonaria de raza negra. La comunicadora más famosa de Estados Unidos.

9. Sallie Krawcheck: Directora de Finanzas y jefa de estrategias de Citigruop.

10. Susan Arnold: vicepresidenta de la división de Salud y Belleza de Procter & Gamble. *Víctor González Torres.*

296

MIGUEL RAMÍREZ

Más conocido como el "Dr. Simi", Víctor González Torres nació el 1 de Julio de 1947 en la Ciudad de México. Sus estudios profesionales de contador público se llevaron a cabo en la Universidad Iberoamericana.

Es el menor de cinco hermanos y quien trabajó durante años en la cadena de farmacias de su familia, fundada en 1875 por su bisabuelo, sin embargo, al no acoplarse con su hermano mayor Javier, quien manejaba el negocio, en los años 80 se separó para dirigir otra empresa familiar, Laboratorios Best. Dicha empresa vendía medicamentos genéricos al gobierno.

Con el tiempo compró Laboratorios Best a su familia y luego a escasas semanas de abrir su primera farmacia, las ventas fueron tan altas que tuvo que acudir a otros laboratorios locales para cubrir la demanda de medicinas. Actualmente Laboratorios Best provee una quinta parte de los fármacos que se venden en Farmacias Similares. El resto proviene de otros fabricantes locales.

Otras empresas e instituciones sociales que el Dr. Simi ha creado son: Plásticos Farmacéuticos, en el año de 1987, en 1994 intervino en la Fundación Best, teniendo como base la frase "Unidos Para Ayudar", en 1996 participó en el Movimiento Nacional Anticorrupción (MNA), mientras que en 1997 creó las ya muy conocidas Farmacias Similares.

En 1999 fundó Transportes Farmacéuticos Similares y se integró al Grupo "Por Un País Mejor". Durante el 2000 participó en la Asociación de Médicos Mexicanos en Defensa de la Salud y la Economía Familiar (AMMESEF), dos años después creó Simimex. En ese mismo año formó parte también de la Fundación de Niños de Eugenia y la Fundación Mexicana en Defensa de los Seres Vivos.

Durante el 2002 emprendió además la Cruzada Nacional por los Enfermos de Sida y Cáncer, siendo posteriormente la Cruzada Nacional por la Salud Para Todos.

Para el 2003 funda la Asociación Latinoamericana por la Salud Para

Todos, donde estuvo trabajando al lado de Rigoberta Menchú Tum, ganadora del permio Nobel de la Paz. El trabajo en conjunto de estas dos personalidades estuvo enfocado a instalar un hospital para pobres en San Cristóbal de las Casas, en Chiapas, que sería inaugurado en ese mismo año y con la finalidad de dar atención a la población indígena, así como de poner una cadena de farmacias populares en Guatemala, tierra de Rigoberta.

Debido a su trabajo y dedicación, Víctor González recibió en el 2003 el Premio Nacional al Altruismo por la Asociación Mexicana de Instituciones de Asistencia Privada (AMIAP). En el 2004 se le otorgó el Premio Calendario Azteca de Oro al Nacionalismo Empresarial por la Asociación Mexicana de Periodistas de Radio y Televisión (AMPRyT), además del Premio a la Excelencia Empresarial otorgado por la Asociación Nacional de Locutores de México.

Víctor ha logrado por medio del grupo "Por Un País Mejor", la instalación de 2036 Farmacias y 2 plantas de elaboración de medicamentos, creando con ello más de 10 mil empleos directos y 40 mil empleos indirectos; con este proyecto se ha logrado también que más de 2 millones 504 mil personas se afilien a "Amigos del Dr. Simi", atendiendo mensualmente a 7 millones 500 mil clientes.

Con las utilidades que generan sus empresas, y a través de sus instituciones altruistas, ha apoyado a 1, 741 instituciones de beneficio social, ha otorgado más de 1 millón 500 mil consultas médicas por mes, a un costo muy bajo y accesible; al mismo tiempo que lucha en contra de la corrupción, sin descuidar el medio ambiente.

Actualmente su labor se ha expandido, no sólo por México y Chile, sino que también por Guatemala donde ya tienen 10 Farmacias Similares, ha abarcado además a Honduras, El Salvador, Costa Rica, Nicaragua, Ecuador, Perú y Argentina.
Víctor González no sólo es un empresario exitoso, también es un activista político que ya intentó ser candidato a la presidencia de

298

MIGUEL RAMÍREZ

México en el 2006 y que no descarta volver a luchar por la primera magistratura de su país.

Carlos Slim Helú.

Carlos Slim nació el 28 de Enero de 1939 en la Ciudad de México, es hijo de inmigrantes libaneses: Julián Slim Haddad (que murió cuando Carlos tenía 13 años), y Linda Helú.

Su padre tenía un negocio cercano a Palacio Nacional llamado la Orient Star, una tienda familiar llamada así en honor de sus raíces en Medio Oriente y donde Carlos le ayudaba desde los ocho años. Julián además, se dedicaba en ocasiones a comprar propiedades a bajo precio en el centro de Ciudad de México tras la revolución de 1910.

Carlos desde muy pequeño ya mostraba su habilidad para ganar dinero. A la edad de 12 años, ya llevaba un registro de sus inversiones en bonos.

Se graduó de la Universidad Nacional Autónoma de México (UNAM) en la carrera de ingeniería civil.

Se casó con Soumaya Domit, tiene tres hijos (Carlos Slim Domit, Marco Antonio y Patrick) y tres hijas.
Heredó importantes bienes raíces de su padre, y construyó un edificio donde él su familia vivían en uno de los departamentos.

Para 1985, Slim había adquirido varias empresas: la principal compañía tabacalera de México, una fábrica rentable de autopartes y Grupo Sanborns, fundado en 1903.

En 1990 cuando el presidente Carlos Salinas de Gortari puso en venta el monopolio de la compañía estatal Teléfonos de México, Slim lo compró en $1,760 millones, un precio tan bajo que trajo consigo protestas del bando izquierdista del momento; sin embargo dicha empresa tiene ahora una capitalización de mercado de más de $20 mil millones. Además, y por si fuera poco, es líder en la telefonía móvil con Telcel.

A mediados de los 90's adquiere El Globo, una cadena de tiendas de repostería fundada en 1884 por la familia de inmigrantes italianos Tenconi.

Este hombre con una enorme habilidad para los negocios ha rebasado fronteras, ya que también es un importante inversionista de grandes empresas extranjeras, como Apple Computer, de quien compró acciones a bajo precio en 1997 y un año después, tras la introducción del ordenador iMac, dichas acciones habían subido de 17 a 100 dólares. En este mismo año adquirió Prodigy, un proveedor estadounidense de servicios de Internet, al cual le ha sacado provecho al máximo. Se asoció con Bill Gates para crear un exitoso portal de internet destinado a los hispanos llamado T1MSN. En los Estados Unidos compró CompUSA pagando 800 millones de dólares.

El 7 de marzo de 1999 fallece su esposa Soumaya Domit de Slim.

"El Rey Midas" que es como lo cataloga la prensa mexicana, siguió incrementando su fortuna, adquirió Porcelanite, líder en la fabricación de recubrimientos, la firma Nacobre dedicada a la fabricación, comercialización y distribución de productos de cobre, latón y sus aleaciones, aluminio y plásticos. Es dueño también de las siguientes empresas: Bancos Inbursa, Inbursa música, Grupo Carso, Condumex, Frisco, Techtel, Metrored y Sears. En los últimos años, la familia Slim adquirió acciones en Philip Morris (ahora llamada Altria), OfficeMax y Saks Incorporated.

Actualmente ocupa el lugar número 8 entre la lista de los hombres más ricos del mundo, con una fortuna estimada en los 64.4 mil millones de dólares. Es el más rico de México y Latinoamérica, y aunque ya está retirado de los negocios, y su familia está al mando de ellos, sus propuestas y decisiones son fundamentales. Carlos Slim además de ser un excelente empresario, es un filántropo ya que parte de su fortu-

300

na se destina a obras benéficas, por ejemplo, a través de su Fundación Telmex apoya campañas por la educación, la salud, la cultura, etc.

Decálogo de Carlos Slim

1. Estructuras simples, organizaciones con mínimos niveles jerárquicos. Desarrollo Humano y formación interna de los funcionarios, flexibilidad y rapidez en las decisiones. Operar con las ventajas de la empresa pequeña que son las que hacen grandes a las grandes empresas.

2. Mantener la austeridad en tiempos de vacas gordas fortalece, capitaliza y acelera el desarrollo de la empresa, asimismo evita los amargos ajustes drásticos en las épocas de crisis.

3. Siempre estar activo en la modernización, crecimiento, capacitación, calidad, simplificación y mejora incansable de los procesos productivos. Incrementar la Competitividad y Productividad. Reducir gastos y costos guiados siempre por las más altas referencias Mundiales. Compararse con los mejores siempre como si fuéramos atletas.

4. La empresa nunca debe limitarse a la medida del propietario ni del administrador. No sentirnos grandes en nuestros pequeños corralitos y hacer la mínima inversión en activos no productivos.

5. No hay reto que no podamos alcanzar trabajando unidos, con claridad de objetivos y reconociendo los instrumentos.

6. El dinero que sale de la empresa se evapora por eso hay que reinvertir las utilidades.

7. La creatividad empresarial no sólo es aplicable a los negocios si no también la solución a muchos de los problemas de nuestros países.

8. El optimismo firme y paciente siempre rinde sus frutos, no euforia, ni un optimismo fantasioso.

9. Todos los tiempos son buenos para quienes saben trabajar y tienen con qué hacerlo.

10. Nuestra premisa es siempre el tener presente que nos vamos sin nada que sólo podemos hacer las cosas en vida y que el empresario es un creador de riqueza que la administra temporalmente.

Un día sin Slim.

Usted, que es un hombre preocupado por su estado físico, regresa a casa después de dedicar 40 minutos al ejercicio matinal. Estaciona su bicicleta y se prepara para ducharse. Pone en su estéreo un CD de su artista favorito, entra en su baño de azules losetas, enciende la luz y disfruta del agua caliente conducida por tubería de cobre.

Poco después llama por teléfono celular a su oficina para avisar que llegará tarde y le recuerda a un compañero que pida cinco paquetes de papel bond al almacén.

Luego, sin desayunar, aborda su pequeño automóvil al que el día anterior le cambió las dos llantas delanteras en una tienda comercial y más tarde se detiene en un restaurante, donde se encuentra con su agente de seguros y amigo, quien le vende una póliza.

Bebe un café mientras disfruta un cigarrillo, cuando son las 10:30am, usted sale del restaurante, luego de detenerse en la dulcería a comprar unos chocolates para su mujer y finalmente se dirige a su oficina, acompañado de su amigo, a quien deja en un hotel de la Zona Rosa. Ya en la oficina, lo primero que hace es revisar sus correos electrónicos.

Usted, como millones de mexicanos, ha iniciado su día usando productos o servicios del más vasto y poderoso imperio empresarial del sector privado mexicano: el de Carlos Slim Helú.
Su bicicleta fue fabricada por Bimex, las losetas de su baño son de marca Porcelanite, y el agua se calentó por Gas Natural y le llegó a su hogar por una tubería de cobre extraído de una mina de Frisco, en

302

MIGUEL RAMÍREZ

tanto que Industrias Nacobre fabricó los conductores de la electricidad utilizada por usted.

El CD lo compró en MixUP, Loreto y Peña Pobre fabricó las hojas de papel bond solicitadas por usted desde su Telcel a su compañero de oficina, quien a su vez, habló por su línea Telmex al proveedor.

Las llantas que usted cambió ayer a su automóvil son de marca Euzkadi, y las compró en Sears; y el restaurante donde desayunó es Sanborns. La póliza que usted adquirió es de Seguros Inbursa y el cigarrillo que se fumó es de Cigatam.

Por último, los chocolates para su esposa fueron elaborados o distribuidos por Nacional de Dulces y el hotel donde dejó a su amigo es Calinda, operado por Real de Turismo. Y contesta sus mails a través de Prodigy Infinitum.

Todas esas empresas son controladas por Carlos Slim Helú o tienen participación de este empresario controvertido, amante del arte, amigo de intelectuales y de presidentes.

¿Puede estar un día sin Slim? Mejor únase a él. Las siguientes son algunas de sus empresas que cotizan en la Bolsa Mexicana de Valores:
• América Móvil
• Grupo Carso
• Grupo Inbursa
• IDEAL
• Carso Global Telecom
• Telmex

Beisbol, Negocios y Carlos Slim.
¿Por qué Carlos Slim prefiere el béisbol sobre el fútbol? No hay suficientes números en el fútbol, afirma el empresario en una entrevista con la agencia de noticias Bloomberg como justificativo para explicar porque prefiere ser un fanático del béisbol en lugar del deporte más popular de México, su país de origen.

MIGUEL RAMÍREZ

Según él, se siente atraído por la cantidad de estadísticas que hay en cada partido en detrimento de las gambetas. Su fanatismo llega a tal punto de conocer casi de memoria las biografías de las principales estrellas como Ty Cobb, Honus Wagner y Babe Ruth, algo similar a lo que hace con los resultados de cada una de sus compañías.

Este punto de vista y gusto por los números de Carlos Slim es compartido por la cultura estadounidense.

Carlos Slim, un pescador en tiempos difíciles.

A rio revuelto, ganancias de pescadores. Esta es una frase muy común en el medio bursátil, que hace referencia a que cuando el pánico se apodera de los mercados, aquellos que tienen paciencia, sabiduría y experiencia logran pescar excelentes oportunidades de compra. Un ejemplo de gran pescador es Carlos Slim.

En 1982, México estaba en una enorme crisis económica, con fugas de capitales, devaluación, inflación, deuda. La caída en los precios del petróleo llevó a que México cayera en picada. El país estaba paralizado. En plena crisis económica, de marzo a junio de 1982 el IPC de la Bolsa Mexicana de Valores tuvo una caída del 52%. Esa enorme caída se debió a grandes inversionistas extranjeros que perdieron confianza en el país y vendieron millones de acciones. Sin embargo, estando el río tan revuelto, Carlos Slim comenzó a pescar verdaderas gangas. El mercado de valores en México nació en 1978 (en su estructura actual), y para 1982 era un mercado todavía insignificante y las acciones de las empresas públicas eran vendidas a precios increíblemente bajos. Esa caída del 52% hizo esos precios todavía más bajos. Muchas empresas se vendían a un 5% de su valor en libros.

En ese año, aplicando sentido común y reconociendo que los precios estaban en el suelo, Slim comienza a invertir en empresas como Sanborns, General Tires, Reynolds Aluminio, etc. En 1984 adquiere Bimex, S.A., Hulera El Centenario Firestone, 40% de British American Tobacco, y 33% de Anderson Clayton. Asimismo compra Seguros de México, hoy Seguros Inbursa, y crea Grupo Financiero Inbursa

304 •

conformado por Seguros de México, Fianzas La Guardiana y Casa de Bolsa Inbursa. En 1985 se suman al Grupo las empresas Sanborns, Dennys, Fábricas de Papel Loreto y Peña Pobre; Pamosa, 50% de Hershey's y Artes Gráficas Unidas. Para 1986 adquiere: Empresas Nacobre, Minera Frisco y Química Fluor, y aumenta su participación en Euzkadi. Slim adquirió decenas de grandes firmas a precio de ganga, decisión que fue recompensada cuando la economía comenzó a recuperarse en los años siguientes. "Los países no quiebran", dijo Slim a sus amigos en esos años.

La siguiente gráfica muestra el crecimiento (en dólares) del IPC desde 1982 hasta el 2001. Al inicio de la gráfica está el periodo durante el cual Carlos Slim inteligentemente comienza sus inversiones. El crash del año 1987 no marca una señal de venta porque, una vez más, aplicando sentido común, los precios de las acciones estaban por los suelos. Una muestra más de que las enormes caídas causadas por pánico e ignorancia pueden significar una verdadera oportunidad de inversión, para aquellos pescadores que tienen valor, paciencia y visión.

305

Figure 2.1
SPI (USS), Dow Jones and NASDAQ Indexes

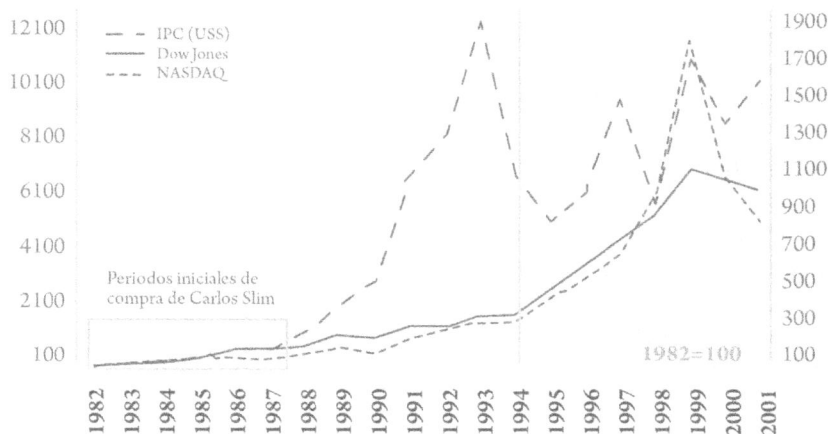

MIGUEL RAMÍREZ

Robert T Kiyosaki

Robert T. Kiyosaki ha adquirido fama internacional a través de sus libros, siendo el más importante de ellos "Padre rico, padre pobre. Qué les enseñan los ricos a sus hijos acerca del dinero, que las clase media y pobre, no".

Kiyosaki nació en Hawái. Proviene de una familia de educadores. Al culminar su carrera universitaria, se unió al cuerpo de Infantería de Marina y fue a Vietnam como oficial y piloto de helicópteros de guerra. A su regreso inició su carrera de negocios. En 1977 fundó su primera compañía que introdujo en el mercado la primera billetera de nylon con velcro para surfistas, producto que alcanzó notable éxito a nivel mundial.

En 1985 fue cofundador de una compañía internacional de educación, que operaba en siete países, acerca de negocios e inversiones y brindaba asesoría a miles de graduados. Retirado a los 47 años de edad, joven y millonario, Robert T. Kiyosaki realiza actualmente inversiones en el mundo inmobiliario y ofrece conferencias a banqueros, inversionistas, hombres de negocios y público en general.

"Padre rico, padre pobre", escrito juntamente con Sharon Lector, ha sido un fenómeno mundial con más de 20 millones de ejemplares vendidos, traducido a 40 idiomas y disponible en más de 80 países. Allí habla de dinero, riqueza y éxito, recompensas que en este mundo lleno de contradicciones, la gran mayoría todavía busca. Si bien, algunos periodistas argumentan que los hechos que Kiyosaki menciona en su libro no son ciertos, las ideas plasmadas en ellos sobre el éxito, la riqueza y la felicidad les han abierto los ojos a todos sus lectores. El tema central del libro es "Ser rico es una libertad y una decisión". No hay un método, pero sí ciertos indicios de que se va por la buena senda. Por ejemplo, la educación; Bill Gates, por mencionar un modelo, no acabó la universidad. La clave está en la cultura del esfuerzo que los mayores enseñan a sus hijos.

306

¿Ser rico es sinónimo de ser exitoso? No siempre, él éxito se logra cuando uno está en equilibrio con todo lo que lo rodea. El dinero da libertad, pero no garantiza el éxito, y tampoco la felicidad, aunque ayude a encontrar el camino hacia ella. Kiyosaki nos enseña como el miedo y la ambición desmedida evita la riqueza.

Algunos de sus pensamientos los puede leer en:
• "¡El miedo sale muy caro!"
• "¿Dónde invertir mi dinero?"
• "¡Comprar una casa no es una aspiración de riqueza!"
• "Los libros mejores vendidos"
• "Enseñe a sus hijos a ser ricos y felices"

Los libros mejor vendidos.
En su libro: "Padre Pobre, Padre Rico", Kiyosaki escribe lo siguiente: *Yo soy un escritor muy malo. Usted es una buena escritora. Yo fui a una escuela de ventas. Usted tiene una maestría. Junte todo eso, y usted obtiene a un:* ***"autor de libros mejor vendidos"*** *y a una:* ***"autora de libros mejor escritos".***

Kiyosaki propone a todos los emprendedores a que tomen cursos de venta. No es suficiente tener la mejor idea, tener el mejor producto, dar el mejor servicio. Es necesario saber venderlo.

Como la mayoría de textos que tocan este tema, pone el ejemplo de McDonald's. Habrá mucha gente que sepa hacer mejores hamburguesas que ellos. Sin embargo, esa gente no vende más hamburguesas que Mc Donald's. Es necesario, en primera, emprender para poner un negocio y venderlas, y sobre todo, saber cómo venderlas. No importa que no sean las mejores hamburguesas.

Otro ejemplo que podemos mencionar sobre **los libros mejor vendidos** es el best seller *"El Código Da Vinci"*. Este libro según los expertos en arte, geografía, historia y la iglesia católica, está lleno de errores, y algunos bastante graves. Sin embargo, el autor y su casa editorial supieron venderlo. Al provocar que la gente crea lo que su libro de "ciencia ficción" menciona, levantaron una enorme polémica que les dio muchísima publicidad. Su libro podrá ser ciencia ficción llena de errores, pero es un Best Seller que ha vendido millones de copias, y hasta está en el cine.

¡Comprar una casa no es una aspiración de riqueza!
"Creo que cualquier aspiración es buena; sin embargo, comprar una casa es una aspiración de gente con un modelo de vida que premia la estabilidad y el conformismo. Quien desea ser rico, aunque parta de la nada, debe aspirar a algo más que la casa propia. Debería pensar en bienes raíces susceptibles de venderse. Como aprendí jugando al Monopolio: hay que comprar casas hasta ser el dueño del pueblo."

Para Robert Kiyosaki, alguien que desea lograr riqueza e independencia económica, no debería considerar la compra de su casa como su máxima aspiración, ya que es un gasto más. Y los gastos no ayudan a aumentar la riqueza.

Para todo empleado, su independencia económica se dificulta más al comprar una casa, ya que ahora trabaja para tres gentes antes que para él:
• Para su patrón, quien es el primer beneficiado.
• Para el gobierno, quien le retiene impuestos (y mientras más gane, más).
• Para el banco, ya que debe cubrir el pago de la hipoteca y sus intereses.

Si cuenta con suficiente dinero para poder adquirir una casa, o una casa más grande, mejor ponga a trabajar su dinero para que le genere los ingresos que le permitan comprar esa casa. Siempre hay oportunidades para hacer crecer el dinero.

¡El miedo sale muy caro!
Kiyosaki afirma: *"El miedo y la indecisión salen caros"*. Esto lo podemos observar claramente en el tipo de inversión que hace mucha gente de la clase media en México en los últimos años.

308

Muchos guardan sus ahorros en "Cajas Populares", que les dan un rendimiento del 6% anual. Otros buscando mayor rendimiento fueron a Banco Azteca que les daba hasta un 8% de interés anual. Las inversiones normales en los bancos en promedio están entre un 5% y un 7% anual. ¿Cuantos invirtieron en Bolsa de Valores? Muy pocos. Aunque ésta, creció del 2003 al 2005 un 280%.

El miedo no se los permite. Y si se tiene miedo, no es interesante aprender. *"La principal diferencia entre una persona rica y una persona pobre es la manera en que manejan el miedo"*

"Si odias el riesgo y te preocupa.... comienza temprano" Por eso los bancos recomiendan el ahorro como un hábito cuando somos jóvenes.

"Desafortunadamente la mayoría de la gente no es rica porque está aterrada de perder. Los ganadores no tienen miedo de perder. Pero los perdedores sí. El fracaso es parte del proceso del éxito. La gente que evita el fracaso también evita el éxito."

Enseñe a sus hijos a ser ricos y felices.
Seguramente usted ha visto a ratas blancas de mascota, que dentro de sus jaulas corren y corren en una rueda. La rata podrá correr y correr, poner su mayor esfuerzo, pero nunca saldrá de la jaula, nunca irá a ningún lado.

Para Robert Kiyosaki, eso es lo que sucede en la mayoría de los humanos, quienes podrán trabajar muy intensamente, poner su mayor esfuerzo en la escuela, la universidad, el trabajo, ganar más dinero, gastar más, ganar más dinero, gastar más, etc.; pero NUNCA obtienen libertad ni independencia económica para realizar lo que realmente quieren.

Kiyosaki nos propone enseñar a nuestros hijos a escoger una profesión para el trabajo que desean desempeñar y no debido a la seguridad en el empleo, los beneficios o el nivel salarial. Si nuestros hijos aprenden los conceptos que el enseña, podrán obtener libertad, sin necesidad de trabajar por dinero, sino que el dinero trabaje para ellos.

Cada ser humano necesita ir a la escuela para aprender una habilidad y una profesión. Cada cultura necesita doctores, abogados, contadores, policías, maestros, ingenieros, etc. No obstante, en las universidades y las familias enseñan que hay que estudiar arduamente con el propósito de obtener un buen empleo, bien pagado y en una buena empresa. A los ricos, según Kiyosaki, les enseñan cómo comprar y/o establecer empresas, donde los empleados trabajen arduamente para ellos.

No enseñemos a nuestros hijos a ser buenos empleados que trabajen toda su vida para hacer ganar a los demás. Enseñémosles como trabajar, ahorrar, invertir y aprovechar las oportunidades para hacer que el dinero trabaje para ellos, creando empresas que generen los empleos bien pagados que todo país necesita.

"Educar no es dar carrera para vivir, sino templar el alma para las dificultades de la vida". -Pitágoras

"Lo que un padre dice a sus hijos no lo oye el mundo, pero puede ser oído por la posteridad". -Juan Pablo Richter

Jorge Vergara Madrigal

Jorge Vergara nació el 3 de marzo de 1955 en Guadalajara, ciudad donde actualmente reside. Perteneciente a una familia de clase media, Jorge prefirió el trabajo a la escuela, estudió hasta la preparatoria que terminó en el Tecnológico de Monterrey.

Fue mecánico, traductor de textos, vendedor de autos y a los 23 años, subdirector comercial de una empresa llamada Casolar, que pertenecía a la firma Alfa, la cual más tarde quebró cuando la crisis del 81, por lo que fue despedido. Fue entonces cuando decidió empezar de manera independiente, cocinando y vendiendo carnitas; luego con un restaurante de comida italiana, al principio, como él señala le fue bien,

310

sin embargo su negocio no funcionó más, además durante ese tiempo subió de peso y se enfermó. Ante tal situación fue cuando empezó a buscar cómo estar más sano, bajar de peso y tener una independencia económica, así que como anillo al dedo le cayó la invitación de un amigo suyo, para integrarse a Herbalife, una empresa que vendía vitamínicos en pastillas por medio del multinivel.

A los 31 años y después de haber logrado el primer lugar de ventas en Estados Unidos, decide proponer al dueño de la compañía crecer y ofrecer otro tipo de vitamínicos que se pudieran tomar diluidos en agua, pastillas molidas, a lo que el propietario se opuso; esta actitud llevó a Vergara a crear su propia empresa en 1991 bajo el nombre de Omnilife con la ayuda de su esposa, tres compañeros y seis distribuidores.

La empresa de "vitaminas para pobres", como él la llamaba, que comenzó a funcionar con 10 mil dólares prestados, es hoy catalogada entre las 200 corporaciones líderes en México. La corporación de capital privado que inició como una sola compañía, Omnilife de México, hoy se compone de 19 compañías que tienen su sede en Guadalajara. Omnilife manufactura más de 70 diferentes suplementos dietéticos naturales, que se distribuyen de persona a persona a través de una red multidesarrollo creada por Vergara para ajustarse a las necesidades y estilos de vida de la cultura latinoamericana. Hoy en día, más de un millón de personas en todo el mundo distribuyen los productos Omnilife en un número de países que siempre se va incrementando, lo que representa un total de mil millones de dólares en ventas anuales para la compañía, con márgenes de utilidad del 20%.

Posteriormente en Noviembre del 2002, Jorge se convierte en el propietario del club Guadalajara, llevándolo a una etapa de total resurgimiento deportivo.
Bajo su gestión, el equipo llegó a su primera final en la primera división del futbol mexicano desde 1997 durante el Torneo Clausura 2004, logrando al mismo tiempo la calificación a la Copa Libertadores de América en 2005 y 2006; por otro lado varios de los jugado-

res de las Chivas forman parte de la Selección Nacional de México; cuatro juveniles rojiblancos desempeñaron un papel determinante en la conquista del título mundial Sub-17, durante la Copa Mundial FIFA de la categoría celebrada en Perú, incluyendo al ganador del Botín de Oro: Carlos Vela.

Así es que entre bombos y tambores, la Chiva Cola, Tequilife y agua de su propia marca, que también vende en el estadio Jalisco, las fuerzas básicas del Club Guadalajara, con Vergara al frente, se han reestructurado; prueba de ello es la construcción del nuevo estadio para el equipo en las afueras de Guadalajara; el proyecto está a cargo de una firma francesa, el taller Masseu, la inversión será de 70 millones de dólares. El estadio cuenta con 300 palcos, restaurante y área de bar. No habrá distinciones entre los lugares de acuerdo con los precios y se inauguró en el verano del 2006, según afirma el empresario. Así también las instalaciones donde entrena regularmente Chivas han sido ampliadas y mejoradas.

En Marzo de 2003, Vergara se convirtió en el socio mayoritario del Deportivo Saprissa, el equipo más popular del futbol de Costa Rica, decidiendo de inmediato que el equipo Morado jugaría sólo con futbolistas costarricenses. Saprissa se coronó campeón de la temporada 2003-2004 del futbol de Costa Rica, adjudicándose además la Copa de Campeones 2005 de la CONCACAF, título que lo llevó a competir en el Mundial de Clubes 2005 de la FIFA, celebrado en Japón, donde finalizó en el tercer lugar. Después acarició el proyecto de Chivas USA, con un costo por franquicia de 5 millones de dólares. Ahora está interesado en el Atlético de Madrid.

Además de los suplementos dietéticos y el futbol, Vergara también se ha inmiscuido en proyectos de cine, música, artes plásticas, el negocio editorial y la arquitectura.

En el 2002 incursionando en el séptimo arte, con Anhelo Producciones financió las cintas "Y tu mamá también" (nominada a un Oscar), "El espinazo del diablo", "El asesinato de Richard Nixon", con la

312

participación de Sean Penn y Naomi Watts, y próximamente en una producción donde actuará Salma Hayek.

En Música se involucró en la disquera Suave Records y la productora de conciertos OML Entertainment, que dirige su hijo. En este aspecto tiene la idea de lanzar un concurso que se llama O Music, entre Colombia y México, para generar nuevas bandas, y protagonistas de la música. En la industria editorial, aparece con sus revistas Celeste, Wow y Chivas.

En las artes plásticas se hace presente con una serie de exposiciones y un premio especial para artistas durante el Salón de Octubre; así como en la empresa Arte&Parte, que se ocupa de la creación de marcas, videos, revistas, libros de empresa e imágenes corporativas y publicidad.

En cuanto a la arquitectura, encabeza un proyecto de 750 millones de dólares: el Centro JVC (Jorge Vergara Cabrera), nombre de su padre, éste hasta ahora es el proyecto más ambicioso del empresario. La idea surgió como una forma de vincular la arquitectura con el entorno de la capital jalisciense sin afectar la ecología. Este conjunto arquitectónico compuesto por 11 edificios, será uno de los mejores centros dedicados a la Cultura, que también servirá como centro de convenciones, negocios y entretenimiento en las afueras de Guadalajara. En tal proyecto trabajan once de los mejores arquitectos del mundo, entre los que se encuentra Wolf Prix, Tom Mayne, Zaha Hahid, Yoko Ito, y el mexicano Enrique Norten.

Quien antes era un vendedor de carne, es ahora uno de los hombres más ricos del país, que se da el tiempo para tomar clases de yoga, y que hace que sus vendedores las tomen también en enormes carpas blancas durante sus eventos.

En cuanto a su familia, dos de sus hijos mayores, Kenya y Amaury, tienen sus propios negocios dentro de las empresas de su padre. La marca de maquillaje que venden a sus distribuidores lleva el nombre de su hija, mientras Amaury, un fanático del reggae, es quien dirige OML Entertainment, una empresa de renta de sonido y promoción de conciertos, que alquila sus servicios a Omnilife, al mismo tiempo que el invernadero de rosas Florian de Vergara, provee de flores a los eventos y a sus distribuidores en fechas especiales.

Entre sus pertenencias y gustos, Jorge Vergara tiene tres aviones privados, uno de ellos es un Boeing Ejecutivo 737 equipado con una recámara, sala y que fue adaptado sólo para 37 pasajeros. En este jet ha traído a México a personalidades como Shakira, Sofía Vergara y Mariah Carey, entre otras, para sus eventos "Extravaganza", los cuales realiza cada año en Guadalajara para celebrar las ventas e incentivar a más de 20 mil distribuidores.

Respecto al cine entre sus directores favorito se encuentran: Alfonso Cuarón, Guillermo del Toro y los hermanos Coen. Escucha música variada que va desde Beatles, Moby, Mariah Carey, Djs, Paul Oakenfold o el ballenato, un estilo también de su agrado por lo que Carlos Vives y Bacilos aparecen en su lista de favoritos. Es vegetariano y le gusta mucho la comida japonesa.

Ideas y más proyectos: Este exitoso, polémico y muy vanidoso dueño de una línea productos y bebidas llamadas: Ego, tiene todavía muchos proyectos por cumplir, entre ellos están:
- En una de las zonas más exclusivas de la ciudad de Guadalajara, está construyéndose el que será su próximo restaurante: una concesión del japonés y exclusivo Nobu, que tiene sedes en Nueva York, Miami, Japón y Londres.
- En Puerto Vallarta, tiene el propósito de hacer una isla en la propiedad que ya compró, para desarrollar ahí un complejo turístico que en verdad respete el entorno y a la población. Un concepto que permitirá demostrar que destruir las playas por dinero, no es la manera de hacer las cosas, según comenta. De acuerdo a su forma de ser y por las experiencias que ha tenido a lo largo de su vida, Vergara cree en la existencia y capacidad de cada individuo para transformar su vida a través de la educación y de encarar los retos sin temor al fra-

314

caso, en la búsqueda de nuevas y mejores experiencias. Así también él considera que la abundancia da abundancia, comenzando por la naturaleza la cual piensa, es abundante con nosotros y lo seguirá siendo si la respetamos. De igual manera el ser humano es capaz de generar riqueza a su alrededor, que si comparte, obviamente se convierte en más riqueza.

Warren Buffett

¿Quién es Warren Buffett? Es el cuarto hombre más rico del planeta. Pero a diferencia de los demás millonarios, Buffet ha hecho la mayor parte de su fortuna únicamente vendiendo y comprando acciones de empresas en la bolsa, no de la actividad empresarial como tal. Es llamado el Oráculo de Omaha, su ciudad Natal. Empezó con 100 dólares propios, más otros miles de sus propios familiares. Su fortuna actual sobrepasa los 89.9 mil millones de dólares.

Warren E. Buffett nació en Omaha, Nebraska el 30 de Agosto de 1930. Su padre, Howard Buffett fue un corredor de bolsa y miembro del Congreso norteamericano. Estudió en la Universidad de Nebraska y luego hizo una maestría en economía en la Escuela de Negocios de Columbia, siendo alumno de Benjamín Graham.

Trabajó con Graham en Graham-Newman, donde siguió las reglas de inversión de su maestro. Volvió a Omaha en 1956 sin ningún plan en mente, hasta que alguien le pidió que manejase sus inversiones. Así fue como Warren Buffett comenzó. El rendimiento obtenido entre 1956 y 1969 fue del 29,5% anual (en un mercado donde lo común va del 7% al 11%), lo que supone una rentabilidad acumulada cercana al 2.900%. A medida que se iba corriendo la voz de su habilidad, más gente le iba confiando sus ahorros y la sociedad incrementaba su base de capital.

Las nuevas aportaciones y la reinversión de los beneficios fueron convirtiendo a Buffett en un operador de cierta importancia, capaz no sólo de invertir sino también de controlar algunas pequeñas empresas.

En 1969 llegó a la conclusión de que el mercado estaba sobrevalorado en su conjunto y que le iba a ser imposible seguir obteniendo las rentabilidades que había conseguido hasta entonces. Disolvió todas sus sociedades y adquirió una firma textil, "Berkshire Hathaway". Desde 1969 hasta 2003, el negocio de Berkshire ha tenido una rentabilidad anual media del 22,2% frente al 10,4% del S&P 500 incluyendo dividendos. Esta "pequeña'" diferencia del 11,8% es enorme debido al efecto del interés compuesto. Un dólar invertido en un fondo indexado en el S&P se habría convertido en teoría (sin tener en cuenta gastos e impuestos), en 4.743. El mismo dólar invertido en Berkshire se habría convertido, siempre en teoría, en 259.485, así que no resulta extraño que su accionista mayoritario sea el cuarto hombre más rico del mundo.

Se casó con Susan Thompson en 1952. Se separaron en 1977, pero siguieron casados. La señora Buffett murió el jueves 29 de julio del 2004. Bono (U2), cantó en su funeral en Omaha al siguiente lunes; habían trabajado en conjunto en temas del SIDA. Buffett vive con Astrid Menks. Tiene tres hijos con Susan Thompson.

Algunas ideas de Warren Buffett.
Algunas de las ideas de Warren Buffet para invertir son las siguientes:
- No invertir en cosas que no se comprenden (tecnologías complicadas).
- Buscar equipos directivos honestos, capaces y de mente independiente.
- Preferir empresas con mercados muy amplios de uso recurrente, fuerte imagen de marca y consumidores fieles. (Gillete, Coca Cola)
- Elegir aquellas compañías con gran capacidad de generación de efectivo y que, una vez puestas en marcha, no necesitan de grandes reinversiones para seguir produciendo ingresos (una cadena de televisión como la ABC o periódicos como The Washington Post).
- Empresas con una ventaja competitiva en el mercado y una imagen de marca consolidada, pero que puedan estar pasando por alguna dificultad y se encuentren infravaloradas.
- Aprovecha mercados bajistas para buscar este tipo de oportuni-

316

dades.

- Para buscar este tipo de compañías, analiza muy bien la información financiera de las mismas, y se fija en su precio en relación a valores históricos.
- Poner especial atención al valor en libros por acción, al ROE (Return On Equity) y al nivel de endeudamiento de la compañía.
- Él dice que invertir requiere disciplina, paciencia y conocimiento, además de sentido común, que como alguien dijo una vez, "es el menos común de los sentidos".
- Para invertir con éxito durante toda la vida no se necesita un cociente intelectual desorbitado, una intuición empresarial insólita o disponer de información privilegiada. Lo que se requiere es un marco intelectual firme para tomar decisiones y la capacidad de evitar que las emociones destruyan ese marco.
- Mientras más absurdo sea el comportamiento del mercado, mejor será la oportunidad para el inversor metódico.

Las ideas de Warren Buffet parecen sencillas a primera vista, aunque en la práctica no debe serlo tanto, porque Warren Buffett no hay muchos. Pero como los grandes futbolistas, este genio de las finanzas tiene la virtud de hacer parecer sencillo lo que no lo es tanto.

Buffet comparte algunos de sus secretos sobre cómo hacerse millonario.
Warren Buffet con 89.9 mil millones de dólares en el bolsillo es un **multimillonario.** Y eso significa que cuando él quiere compartir los secretos y consejos sobre cómo hacerse millonario, entonces es hora de ponerse a escuchar (o leer):

- **Reinvertir las ganancias.** Cuando se obtienen las ganancias de un primer negocio hay que combatir la tentación de gastarlas. El consejo de Warren es reinvertirlas. Reinvertir las ganancias te permitirá emprender un nuevo negocio dirigido al éxito, que incluso puede darte más y mayores ganancias. Incluso una pequeña suma de dinero puede convertirse en una gran riqueza.
- **Sea diferente.** No decida en base a lo que todo el mundo está haciendo. En realidad, lo que todo el mundo está haciendo es el

promedio, y usted no quiere ser el promedio, quiere estar arriba del promedio. Para cumplir esto, debe seguir su propio camino y confiar en sus conocimientos y habilidades.

- **Prepárese.** Antes de empezar cualquier emprendimiento reúna toda la información necesaria. Cuando se presente a una reunión debe ser el más y mejor informado. Sólo así podrá responder en el acto a los requerimientos de inversionistas o compañeros de negocios. De esta forma, no perderá tiempo ni dejará pasar buenas oportunidades por estar buscando información (o peor aún, "pensando").

- **Aclare las cosas antes de comenzar.** Todos hacemos negocios con la familia, pero incluso compartiendo emprendimientos con ellos debe tener claro cada uno de los detalles del negocio. No quiere dedicar su valioso tiempo (y el de su familia) en un negocio en el que no tiene claro cuánto va a ganar, cuánto tiempo va a dedicar, y tal vez lo más importante, cómo y quién soportará las pérdidas.

- **Cuide los gastos pequeños.** Obsesiónese por todos los gastos, grandes y pequeños. Incluso por los minúsculos. Estos gastos (y evitarlos exitosamente) pueden significar el gran trecho que hay entre pequeñas ganancias y enormes ganancias.

- **Limite los préstamos.** Esto es sencillo. Nadie se hace millonario contratando préstamos, pero si es realmente necesario sólo contrata lo que en verdad puede pagar. Y cuando ya no tenga más deudas, ahorra lo que gana.

- **Sea persistente.** Nadie gana nada porque sí. Esta es una vida de esfuerzo y el más esforzado es el que termina ganando. No se deje abatir por las pérdidas. Debe combatirlas y encontrar la forma de salir de las deudas para conquistar el mercado. Su fuerza de voluntad es esencial.

- **Retírese en el momento adecuado.** Conocer el momento preciso de cuándo retirarse es parte esencial de los negocios de Warren Buffet. Olvida el orgullo y la falsa sensación de seguridad. Olvide la ansiedad y retírese cuando pueda minimizar las pérdidas.

- **Conocer los riesgos.** Cuando se encuentre en aprietos debe hacerse la pregunta ¿Qué es lo peor que puede pasar? Y, ¿qué es lo mejor que puede pasar? Evalúe seriamente cada una de las respuestas y

318

decida los pasos a seguir.
- **Conozca el verdadero sentido del éxito.** No trabaje sólo por ganar dinero. Trabaje porque ama lo que hace, pero por sobre todo, por su familia. La medida del éxito no son las calles que llevan su nombre ni los edificios construidos en su honor, sino las personas que le aman.

Warren Buffett dona el 80% de su fortuna.

Warren Buffet, conocido por muchos como el mejor inversionista de todos los tiempos ha donado a la fundación Bill & Melinda Gates Foundation el 80% de su fortuna, es decir, unos 37 mil millones de dólares, siendo esta la donación individual más grande hecha en la historia de Estados Unidos. En total, unos 37 mil 400 millones de dólares irán a cinco fundaciones. La más beneficiada será la Fundación Bill&Melinda Gates, la mayor organización no gubernamental del mundo, que recibirá unos 31 mil millones de dólares, con lo que doblará su actual tamaño.

Preguntado el multimillonario por la reacción de sus hijos, Buffet dice que no cree en las "dinastías de millonarios", ni en que, "los padres tengan que dejar una posición económica o social a sus hijos". Considera Buffet que "los hijos tienen que tener educación y trabajar para buscar su posición en la vida". -"No creo en las fortunas familiares, sino en la igualdad de oportunidades".

Otros pensamientos de W. Buffet:
- "Hay más de un camino para llegar al cielo, pero este es uno de los mejores", indicó un pletórico Buffett.
- "Hay que devolver a la sociedad lo que nos ha dado".
- "Si doblas el tamaño de la inversión, puedes obtener más del doble de resultados".

¿Para qué sirve el dinero?

Hubo una entrevista de una hora en CNBC con Warren Buffett, la segunda persona más rica del mundo, quien donó más de $37 mil millones de dólares para caridad.

MIGUEL RAMÍREZ

He aquí algunos aspectos muy interesantes de su vida:

1. ¡Compró su primera acción a los 11 años y se lamenta de haber empezado demasiado tarde!

2. Compró una pequeña granja a los 14 años con sus ahorros provenientes de repartir periódicos.

3. Todavía vive en la misma pequeña casa de 3 cuartos en Omaha, que compró luego de casarse hace 50 años. Él dice que tiene todo lo que necesita en esa casa. Su casa no tiene ningún muro o reja.

4. Él maneja su propio carro a todas partes y no anda con chofer o guardaespaldas.

5. Nunca viaja en jet privado, a pesar de ser el dueño de la compañía de jets privados más grande del mundo.

6. Su compañía, Berkshire Hathaway, es dueña de 63 compañías. Él le escribe sólo una carta cada año a los CEOs de éstas, dándole las metas para el año. Nunca convoca a reuniones o los llama regularmente.
Él le ha dado dos reglas a sus CEOs:
Regla número 1: *No perder nada del dinero de sus accionistas.*
Regla número 2: *No olvidar la regla número 1.*

7. Él no socializa con la gente de la alta sociedad. Su pasatiempo cuando llega a casa es prepararse palomitas de maíz y ver televisión.

8. Bill Gates, el hombre más rico del mundo, lo conoció apenas hace 5 años. Bill Gates pensó que no tenía nada en común con Warren Buffett. Por esto, programó la reunión para que durara únicamente media hora. Pero cuando Gates lo conoció, la reunión duró diez horas y Bill Gates se volvió un devoto de Warren Buffett.

9. Warren Buffet no anda con celular ni tiene una computadora en su escritorio.

10. Su consejo para la gente joven:
Aléjese de las tarjetas de crédito e invierta en usted.

Recuerde:
a. El dinero no crea al hombre, sino que fue el hombre el que creó el dinero.
b. La vida es tan simple como usted la haga.
c. No haga lo que los otros digan. Escúchelos, pero haga lo que lo hace sentir mejor.
d. No se vaya por las marcas. Póngase aquellas cosas en las que se sienta cómodo.
e. No gaste su dinero en cosas innecesarias. Gaste en aquellos que de verdad lo necesitan.
f. Después de todo, es su vida. ¿Para qué darles la oportunidad a otros de manejársela?
g. Si el dinero no sirve para compartirlo con los demás, entonces ¿para qué sirve?
AYUDE AUNQUE NO PUEDA HACERLO; SIEMPRE HABRÁ BENDICIÓN PARA AQUELLOS QUE SABEN COMPARTIR.

Bill Gates

William Henry Gates III (28 de octubre de 1955, Seattle, Washington) es un empresario estadounidense, cofundador de la empresa de software Microsoft, productora de Windows, el sistema operativo para computadoras personales más utilizado en el mundo.

Está casado con Melinda French, y ambos ostentan el liderazgo de la Fundación Bill y Melinda Gates, dedicada a reequilibrar oportunidades en salud y educación a nivel global, especialmente en las regiones menos favorecidas, razón por la cual han sido galardonados con el Premio Príncipe de Asturias de Cooperación Internacional 2006.

Cursó estudios en la escuela privada y de alta sociedad de Lakeside, en Seattle. Esta escuela tenía ya una computadora en el año 1968. Así Gates tuvo la posibilidad de contactar pronto con la máquina y tomarle el gusto a la informática. No tardó mucho en aprender y sólo necesitó una semana para superar a su profesor. También en Lakeside, Gates conoció a Paul Allen, con quien más tarde fundaría Microsoft.

Creó la empresa de software Microsoft el 4 de abril de 1975, siendo aún alumno en la Universidad de Harvard. En 1976, abandonó la universidad y se trasladó a Albuquerque, sede de Altair, para pactar con esa empresa la cesión de un lenguaje para computadoras, el Basic, al 50% de las ventas. Al año siguiente, se enteró del éxito de la empresa Apple y de que necesitaban un intérprete de Basic. Intentó presentar su versión a Apple, pero ni siquiera fue recibido.

En 1980, como Presidente de Microsoft y con ayuda de su madre, que era miembro de la junta de directores, se reunió con altos ejecutivos de IBM en Seattle. Consiguió venderles el sistema operativo DOS, aunque él aún no lo tenía y luego lo compró a muy bajo precio a un joven programador. IBM necesitaba ese sistema operativo para competir con Apple, razón por la cual la negociación era flexible. Microsoft quiso los derechos de licencia, mantenimiento, e incluso la facultad de vender el DOS a otras compañías. IBM cometió el error más grande de su historia y aceptó, considerando que lo que produciría dividendos sería el hardware y no el software. Unos días después, Microsoft compró los derechos de autor del QDOS a Tim Paterson que trabajaba para la Seattle Computer Products, por $50,000 dólares, que entregó a IBM sin cambiar nada salvo el nombre a MS-DOS (Microsoft DOS)

Consciente de la importancia del entorno gráfico que había mostrado Apple en su ordenador Lisa, se propuso conseguir también el entorno gráfico y el "ratón" para operarlo. Mientras, Steve Jobs, fundador de Apple, inició el desarrollo del Macintosh, Bill Gates visitó Apple. Ofrecía mejorar sus hojas de cálculo y otros programas. Amenazaba con vender su material informático a IBM, con lo que obtuvo una alianza Apple-Microsoft. Microsoft se hizo con la tecnología de entorno gráfico y con el ratón, y sacó al mercado Microsoft Windows, como directo competidor de Macintosh.

Al finalizar el segundo milenio, el sistema operativo Microsoft Windows (en todas sus versiones), se utilizaba en la mayor parte de ordenadores personales del planeta.

Bill Gates encabeza la lista anual de las mayores fortunas personales realizada por la revista Forbes, con bienes calculados alrededor de los $51,000 millones de dólares americanos (2005) y con 56,000 millones en el 2007. En 1994, adquirió un manuscrito de Leonardo da Vinci por 25 millones de dólares.

La empresa se ha visto envuelta en diversos procesos judiciales acusada de prácticas monopolísticas, llegándose a especular incluso con la posibilidad de que los tribunales estadounidenses exigieran dividir la empresa, como ya sucediera con otras empresas estadounidenses en el pasado. Las acusaciones se relacionan con la vinculación de diversos programas a su sistema operativo, el más extendido, lo que es considerado por sus competidores un abuso de posición dominante para diversificar sus productos, como es el caso del navegador Internet Explorer, el reproductor de archivos multimedia, Windows Media Player, o el sistema de mensajería instantánea MSN Messenger incluido en el sistema operativo Windows.

El 16 de junio de 2006 hizo pública su intención de, en julio de 2008, abandonar sus labores diarias al frente de Microsoft para dedicarse por entero a la fundación. La transición de responsabilidades será progresiva para evitar afecciones negativas en el desarrollo diario de la empresa, continuando como Presidente de Honor de la misma.

Las reglas de oro de Bill Gates.
Bill Gates dio esta información recientemente como parte de una charla que tuvo en una preparatoria. Una parte de sus observaciones se referían a como la enseñanza políticamente correcta ha creado una generación repleta de niños sin un concepto de la realidad, y con esto los ha preparado para fracasar en el mundo real. Por lo tanto:

Regla 1: La vida no es justa, acostúmbrese a ello.

Regla 2: Al mundo no le importará su auto-estima. El mundo esperará que logre algo, ANTES de que se sienta bien consigo mismo.

Regla 3: No ganará $40 mil dólares mensuales al momento de salir de la prepa o universidad. No será un vicepresidente con un teléfono en el coche, hasta que se haya ganado ambos.

Regla 4: Si piensa que su maestro es duro, espere hasta que tenga un jefe. Él no tiene vocación.

Regla 5: Dedicarse a voltear hamburguesas no le quita dignidad. Sus abuelos tenían una palabra diferente para describirlo: ellos le llamaban oportunidad.

Regla 6: Si mete la pata, no es culpa de sus padres, así que no lloriquee por sus errores, aprenda de ellos.

Regla 7: Antes de que naciera, sus padres no eran tan aburridos como son ahora. Ellos empezaron a serlo por pagar sus cuentas, limpiar su ropa y escucharle hablar acerca de lo buena onda que es. Así que, antes de que salve las selvas de la contaminación de la generación de sus padres, porque no prueba con limpiar primero el closet de su propia habitación.

Regla 8: En la escuela puede haberse eliminado la diferencia entre ganadores y perdedores, pero en la vida real no. En algunas escuelas se han abolido los reprobados, y le dan las oportunidades que necesite para contestar correctamente y encontrar la respuesta correcta. ¡Esto no tiene ninguna semejanza con la vida real!

Regla 9: La vida no se divide en semestres. No tendrá vacaciones de verano largas en lugares lejanos, y muy pocos jefes se interesarán en ayudarle a que se encuentre a sí mismo. Tendrá que hacerlo en su tiempo libre.

Regla 10: La televisión no es la vida diaria. En la vida diaria, la gente de verdad tiene que salir del café e irse a trabajar.

Regla 11: Sea amable con los nerds. Existen muchas probabilidades de que termine trabajando para uno de ellos.

Bill Gates y la Bolsa Mexicana de Valores.

Según publicaba el diario mexicano "El Universal" el pasado 16 de febrero, Bill Gates ganó en el año 2005, 124 millones de dólares sólo con sus inversiones en el grupo Televisa. A esa cifra, y sólo en México, el reportaje le añade casi nueve millones en tres meses con su inversión en la empresa América Móvil, más otros 42 millones de beneficios con las acciones de Coca-Cola.

La fundación caritativa de Bill Gates aumentó su participación en acciones serie L de la embotelladora latinoamericana de bebidas Coca-Cola Femsa SA (KOF) del 9,9% a un 10,6%, según se informó a la Comisión de Bolsa y Valores de Estados Unidos. La Fundación Bill & Melinda Gates posee cerca de 2.87 millones de ADS de Coca-Cola Femsa. Cada uno de dichos títulos representa 10 acciones serie L, según el documento enviado al regulador.

Bill Gates tiene actualmente un paquete de alrededor del 5% de las acciones de Televisa "mayor incluso que el que tiene Carlos Slim Helú en la misma televisora", e invertirá alrededor de mil millones de dólares junto con Televisa para comprar Univisión. Bill Gates, presidente de Microsoft y el tercer hombre mas rico del mundo, adquirió en el 2003 una participación de 7% en Grupo Televisa, con una inversión de cerca de 235 millones de dólares. De acuerdo a un reporte entregado a la Securities and Exchange Commission, la agencia reguladora de la bolsa de valores de Nueva York, Gates adquirió las acciones de Televisa mediante su fundación Bill & Melinda Gates Foundation y por la empresa Cascade Investment.

Citas de Bill Gates.

Bill Gates es un visionario. Estas son algunas de sus citas que muestran su manera de pensar hacia el futuro, y su forma de actuar:

- "En 25 años habrá una de estas (PC) en todas las casas." (dicho en 1980)
- "La información es poder."
- "El software libre tiene problemas de interoperabilidad."
- "Un ordenador en cada oficina, en cada casa. Microsoft en cada uno de los ordenadores." (1975)
- "Vamos a instalar los drivers de este escáner en Windows 98... ¡¿Pero qué tenemos aquí?! ¡Un pantallazo azul! (Durante la rueda de prensa de presentación del S.O. Windows 98)
- "Dentro de 15 años se habrá instalado totalmente el nuevo "internet", ira por vía satélite y Wi-Fi. Funcionará solo con Windows Vista Original y llegará a todas partes del mundo."
- "En apenas cinco años, más del 50 por ciento de los diarios se leerá en Internet (2005)"
- "En India y China hará falta una década antes de que lleguemos a ese nivel" (respecto a la piratería comparado con Europa y EEUU | 2006)
- "En dos años desde ahora, el spam estará resuelto" (2004)
- "En nuestro software no hay fallos realmente importantes tal que un número considerable de usuarios quiera que se arreglen" (en una entrevista en FOCUS magazine | 1995)
- "Las TIC pueden tener un importante papel en la mejora de la enseñanza y el aprendizaje" (2005)
- "Los programas de software libre no ofrecen una garantía de calidad suficiente"
- "Yo juego en un mundo de tres dimensiones, mientras que los demás se han quedado en un medio con sólo dos."
- "El ordenador nació para resolver problemas que antes no existían."

Ricardo Salinas Pliego

Su nombre completo es Ricardo Benjamín Salinas Pliego. Exitoso empresario mexicano de carácter explosivo, nacido el 19 de Octubre de 1955.

Se graduó con honores en 1977 de la Licenciatura de Contaduría Pública que cursó en el Instituto Tecnológico de Estudios Superiores de Monterrey (ITESM). Obtuvo también una Maestría en Finanzas en la Universidad de Tulane durante 1979. Recientemente fue el primer alumno extranjero en obtener el reconocimiento de Alumno Distinguido de la Universidad de Tulane.

Es considerado por la revista Forbes como la persona número 228 más rica del mundo y la tercera de México con 3, 100 millones de Dólares. Ha hecho su fortuna en la televisión, la venta al por menor, y servicios celulares.

Presidente de Grupo Salinas y Grupo Elektra, quien cotiza en la Bolsa de Nueva York. Antes de formar Grupo Elektra trabajó con Arthur Andersen y la compañía Brinkman. Sus empresas son las siguientes:

Televisión:
- TV Azteca de México: segunda televisora más importante del país, adquirida por Ricardo Salinas Pliego en 1993, al pagar US$650 millones al Estado mexicano por el grupo Imevisión, de donde surgiría TV Azteca, el competidor audaz de Televisa.
- Azteca América en EE.UU.

Telecomunicaciones:
- Unefon.
- Iusacell.
- Movil@ccess.

Servicios financieros y venta al por menor:
- Banco Azteca: fundado en octubre del 2002 y joya de la corona de Salinas Pliego, de éste surgen Afore Azteca (fondo de pensiones), Seguros Azteca, y una empresa de remesas que opera en México, Guatemala, Honduras y Perú.
- Tiendas Elektra: que cuenta con 729 establecimientos en México, Guatemala, Honduras, y Perú.

Internet:
• Portal de internet: todito.com
• Telecosmo.

Salinas Pliego a quien se le define como hombre rudo y polémico, también hace beneficencia a través de su Fundación Azteca y Fundación Azteca América, organizaciones no lucrativas dedicadas a la mejora de la salud, de la educación y del ambiente. En cuanto a su vida personal, es padre de tres niños y vive en la Ciudad de México con su esposa María Laura Medina.

Benjamín Graham

Muchos inversionistas tienen a Warren Buffett, sin discusiones, como el más grande inversionista americano, en la más alta estima. ¿Pero, a quién pondrán en el pedestal de Warren? Probablemente a un sujeto llamado Benjamín Graham, quien fue tutor de Warren hace mucho tiempo. Aunque el record de Graham no es mejor que el de Warren, si fue bastante bueno. Entre 1929 y 1956, un periodo de tiempo que incluyó la gran depresión y varias guerras, las inversiones de Graham crecieron un promedio del 17% anual.

Benjamín Graham es conocido como el padre de la inversión en valor. Los inversionistas en valor, o "defensivos" buscan pacientemente gangas entre empresas subvaluadas, compran acciones de ellas, y pacientemente esperan a que se reconozca su valor justo. Los inversionistas de crecimiento son más agresivos. Ellos se enfocan en negocios que están de moda, a menudo por su alta demanda o por sus productos. Mientras que los inversionistas de crecimiento comprarán un dólar esperando que se convierta en dos dólares, los inversionistas de valor tratarán de comprar un dólar en cincuenta centavos. Ambos métodos tienen sus méritos, y Warren Buffett utiliza ambos.

Graham fue un pionero en mostrar la importancia de los números contables. Después de experimentar la devastación del crash de 1929, se enfocó en desarrollar nuevas técnicas que pudiera usar cualquier inversionista. Popularizó el uso de los múltiplos "precio a utilidades" (P/U), Deuda a Capital, registro de dividendos, valor en libros, y crecimiento de ingresos. Graham sabía lo que estaba buscando y demandó una enorme calidad en todas sus inversiones.

Graham se enfocó en los números objetivos más que en cosas subjetivas tales como la administración, tendencias, marcas y nuevos productos. Los datos que utilizaba eran públicos, ya sea a través de estados financieros corporativos y la Guía de Emisoras de Standard & Pooors (Accesible gratuitamente para muchos brokers).

En 1934, Graham co-escribió con David Dodd un libro de texto titulado Análisis de Seguridad. Después de siete décadas, se usa todavía ampliamente en las escuelas de negocios. Ya que no es fácil de leer, mucha gente lee "El Inversor Inteligente". El mismo Warren Buffet ha expresado que este libro es, por mucho, el mejor libro escrito sobre inversiones.

Lorenzo Zambrano Treviño

De carácter amable y sencillo, pero con una visión global para hacer negocios, es como se le define a Lorenzo Zambrano. Nacido en el año de 1945 en Monterrey, Nuevo León, es hoy el Líder de Cemex, una de las mayores compañías cementeras del mundo, siendo la mezcla de la tecnología y la producción una de sus fortalezas.

Zambrano estudió la carrera de ingeniero mecánico del ITESM en 1966, realizó una maestría en administración en la Universidad de Stanford, de la que egresó en 1968 y después de terminar su postgrado se unió a Cemex. La cementera fue fundada por su abuelo en 1906, cuando se construyó la primera planta de cemento del país. En ese entonces, Cementos Mexicanos (una fusión de Cementos Hidalgo y Cementos Monterrey) no era una gran corporación; cuando Zambrano ingresó a la compañía en 1969, se estaba perfeccionado una de las primeras operaciones de compra: la fusión con Cementos Maya, una fábrica ubicada en el estado de Yucatán.

Ocupó diversos cargos en la empresa hasta convertirse en director de operaciones. En ese puesto diseñó la estrategia que hizo posible el crecimiento de Cemex. Su idea era transformarse primero en un poder local y después, en un imperio global a través de la compra de sus competidores.

En 1973 adquirió una instalación en el centro del país y tres años después compró Cementos Guadalajara. Para 1976 Cemex ya cotizaba en la Bolsa Mexicana de Valores y comenzaron las exportaciones.

A finales de los años ochenta, la familia compró algunas plantas cementeras en Estados Unidos, pero la globalización de la empresa realmente comenzó una década después. En 1985, Zambrano se convirtió en el presidente ejecutivo de la empresa, con lo que Cemex se expandió rápidamente; detrás de él estuvo la compra al gobierno (tiempo en el que Salinas de Gortari estaba al frente del país) en 1987 de dos plantas que formaban la firma Cementos Anáhuac. Luego en 1989 adquirió Cementos Tolteca, su principal competidor local.

Con tales estrategias y a través de inversiones y fusiones, Cemex logró superar a la filial mexicana Apasco, uno de sus más grandes competidores a escala global, así como el grupo suizo Holcim, convirtiéndose en la compañía que produce poco más de la mitad del cemento en México.

Expansión mundial de Cemex.

Con el afán de conquistar los mercados extranjeros, Cemex comienza con la compra en 1992 de las empresas españolas Valenciana de Cementos y Sansón. Dos años más tarde adquirió Vencemos de Venezuela y Bayano de Panamá, y en 1995 a Cementos Nacionales de República Dominicana. Este último año fue memorable para Zambrano, ya que logró ser nombrado presidente de la junta de Cemex. En su nuevo cargo impulsó el ingreso de la compañía a Colombia en 1996, y para 1997 inició su ataque a la región asiática al adquirir una tercera parte de Rizal Cement en Filipinas.

330

En 1999 logró llegar al norte de África al comprar la mayoría de las acciones de la egipcia Assuit Cements. En este año Cemex obtiene su inscripción oficial en la bolsa de valores más importante del mundo, la de Nueva York. En septiembre pero del año siguiente (2001), Zambrano firmó la mayor adquisición en el exterior realizada por una empresa mexicana, pagando 2.600 millones de dólares para obtener el control de la firma estadounidense Southdown, la tercera más importante de Estados Unidos, con una capacidad para operar doce plantas en ese país. Luego en el 2004, se llevó a cabo la compra de la cementera inglesa RMC a cambio de 5,800 MDD.

Actualmente Cemex está protagonizando lo que será la compra más grande en la historia corporativa mexicana, al adquirir la empresa cementera australiana Rinker. Si la cementera consolida la compra, sus ventas anuales superarían los 23,200 mdd; hasta el momento, la audaz oferta es la más grande en la historia mundial de esta industria.

Hoy Cemex opera 51 plantas propias en once países y cuatro continentes, con una capacidad de producción anual cercana a los 78 millones de toneladas de cemento y ventas que superan los 5.600 millones de dólares al año, superada únicamente por la compañía francesa Lafarge que ante tal competencia recientemente se fusionó con la inglesa Blue Circle y la suiza Holcim.

Los analistas consideran que la clave del éxito de esta gran compañía se encuentra en parte, en que se concentra en países en desarrollo donde los márgenes de ganancia son más altos, porque en esos mercados el cemento se vende en pacas y no en grandes cantidades ya mezcladas. La otra parte que sostienen, está en Zambrano y sus colaboradores. Por su desempeño al frente de Cemex, Lorenzo se ha hecho acreedor al premio Ernest C. Arbuckle por excelencia administrativa.

La tecnología: Pasión de Zambrano.
Zambrano, quien tiene una afición insaciable por los avances tecnológicos al servicio de la producción industrial, creó un departamento de tecnología (cemtec) a través del cual se automatizaron las opera-

ciones de las plantas, las ventas y la contabilidad de Cemex.

En los últimos años el centro ofrece servicios mucho más sofisticados, ya que prácticamente desde su escritorio, este exitoso empresario puede verificar la temperatura de los hornos, el flujo de caja y todo el proceso de producción.

En el año 2000 la cementera creó una nueva empresa: CxNetworks, con el propósito de desarrollar una red de negocios electrónicos y en julio del mismo año, junto con la mexicana Alfa y las brasileñas Bradespar y Votorantim, acordaron crear Latinexus, con el fin de desarrollar un mercado electrónico de abastecimientos en América Latina. Más tarde lanzaron un portal orientado al mercado mexicano de la construcción, bautizado como Construmix. Hasta ahora ha abierto portales del mismo tipo en España y la región Andina.

Cemtec, fue también el punto de apoyo para la creación de Neoris, un portal de comercio electrónico de negocio a negocio (b2b). El último proyecto de CxNetworks fue la adquisición de CoSite, una compañía especializada en la logística de negocios por medio de Internet.

Zambrano y su participación en el ámbito educativo, cultural, social y deportivo.

La ascendente carrera empresarial de Zambrano le ha abierto la puerta para abarcar más allá del límite de su localidad en el rubro industrial; pero además le ha permitido participar en organizaciones enfocadas al desarrollo educativo, social, cultural y deportivo.

A nivel nacional es miembro de la más poderosa organización empresarial del país, el Consejo Mexicano de Hombres de Negocios, que reúne a poco más de treinta empresarios nacionales. Durante el gobierno de Vicente Fox, fue nombrado junto con Carlos Slim, miembro de la junta directiva del monopolio oficial: Pemex.

Es miembro del Consejo de Administración de IBM, del Consejo Consultivo Internacional de Citigroup, del Consejo Consultivo Internacional de las Empresas Allianz y de los Consejos de Administración de Alfa, Grupo Financiero Banamex, FEMSA, Empresas ICA, Televisa y Vitro.

En el ámbito educativo, es el presidente del consejo de administración de Enseñanza e Investigación Superior, A.C., que maneja el Tecnológico de Monterrey y del Consejo de la escuela de graduados de la Universidad de Stanford.

En el área cultural, es presidente del consejo del Museo de Arte Contemporáneo de Monterrey. Zambrano también participa en organizaciones dedicadas al periodismo; junto con la Fundación Nuevo Periodismo Iberoamericano de Gabriel García Márquez, creó el premio al nuevo periodismo y copatrocina becas para capacitación de periodistas.

Deportivamente hablando, forma parte del grupo que apoya al equipo de futbol Tigres, de la Universidad Autónoma de Nuevo León.

Como cualquier persona y a pesar de ocupar el lugar 292 entre los más ricos del mundo, el quinto de lo más ricos de nuestro país y su empresa la tercera posición a nivel mundial, Zambrano tiene pasatiempos; le gusta leer libros de ciencia ficción, manejar y sus mascotas preferidas son los perros; tiene varios en su casa y uno de ellos se llama Harry Potter.

Es un hombre que cree, gracias a las enseñanzas de su padre y la educación recibida, la cual en gran parte forjó su carácter; que el éxito no llega sólo. Hay que luchar y prepararse, actuar con audacia y sensibilidad, asumir riesgos, pero también aprender a tomar decisiones rápidas cuando se presentan las oportunidades.

MIGUEL RAMÍREZ

Nicolás Darvas

Nicolás Darvas es el autor del libro "How I made 2, 000,000 in the stock market" (Cómo hice 2, 000,000 de dólares en la bolsa de valores). En este libro Darvas cuenta su historia real de cómo logró hacerse millonario invirtiendo en la bolsa de valores. El hecho en sí es asombroso, pero lo que más llama la atención es que Nicolás Darvas, aunque había estudiado economía en la Universidad de Budapest, se dedicaba a otra actividad: era bailarín profesional.

Darvas nació en Hungría, pero huyo hacía Turquía, donde se encontró con Julia, su media hermana, y ambos formaron un equipo de baile que fue de los más exitosos en Europa y los Estados Unidos. Su libro, el cual es altamente recomendable leerlo, narra su evolución como inversionista en la Bolsa de Valores. Las etapas por las que pasó Nicolás Darvas y por la que atraviesan la mayoría de los nuevos inversionistas; Estas etapas fueron:

•*Apostador:* Escuchaba los consejos de conocidos, de revistas, etc., e invertía en las acciones de las que le hablaban, sin saber nada de ellas. Sólo porque se las recomendaban.

•*Fundamentalista:* Comienza a invertir en base a aspectos fundamentales de las acciones tales como splits, dividendos, valor en libro, etc. No tiene mucho éxito y crea 7 reglas propias para invertir:
• Nunca más seguiría consejos de revistas o periódicos, ya que no son infalibles.
• Tendría cuidado con los consejos de los brokers. Pueden estar equivocados.
• Ignoraría lo que se mencione en Wall Street.
• Solo invertiría en mercados donde haya un comprador cuando quiera vender.
• No escucharía a rumores, sin importar que parezcan bien fundados.
• El análisis fundamental funcionó mejor que las "apuestas", por lo que debería estudiarlo más.
• Se mantendría en una acción que está a la alza por un periodo más

334 •

largo, en lugar de estar saltando en una docena de acciones por periodos cortos.

• *Técnico.* En esta etapa, Darvas comienza a construir su teoría de "Cajas", según la cual el precio de una acción se mantiene moviéndose dentro de un límite superior y uno inferior. Cuando la acción rompe esa caja, es que buscará nuevos máximos o mínimos para establecerse en otra caja. En esta etapa establece sus objetivos y sus armas en el mercado de valores:

Objetivos:
• Seleccionar las acciones correctas.
• Entrar en el momento adecuado.
• Tener pérdidas pequeñas.
• Tener grandes ganancias. (No vendas una acción que está a tu favor.)
 Armas:
• Precio y volumen.
• Su teoría de las cajas.
• Órdenes de compra automáticas.

Seleccione la Acción | Periodo
Q.CPO | **3 meses velas**

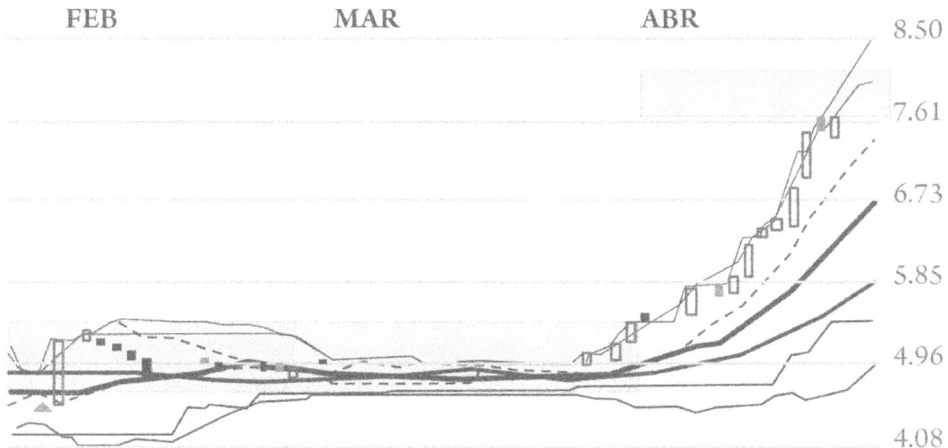

FEB   MAR   ABR   8.50

7.61

6.73

5.85

4.96

4.08

MIGUEL RAMÍREZ

• Uso del stop loss para vender. (Aplica rápido tu stop-loss cuando la acción no evoluciona como esperabas.)

Con estos objetivos y armas, Darvas viajó por todo el mundo presentando su baile en los principales teatros, se comunicaba con sus corredores mediante telegramas. Al regresar a Nueva York, ya con una pequeña fortuna (medio millón de dólares), decidió seguir invirtiendo pero desde una oficina de "Corredores" profesionales en esa ciudad. La influencia del medio de los corredores e inversionistas en Wall Street hizo que Darvas sufriera grandes pérdidas. Ante esta crisis, decidió volver a lo que le había funcionado: Alejarse del ruido de Wall Street. En febrero de 1959 se encierra en un hotel y otra vez el contacto con los corredores es por telegrama. Duerme cuando Wall Street trabaja, y trabaja cuando el mercado está cerrado, volviendo a centrase en sus objetivos y armas. Al salir del hotel en Julio de 1959, Darvas ya había ganado más de dos millones de dólares en la Bolsa de Valores. Nicolás Darvas muere en el año de 1977.

Método de las Cajas de Darvas.
La caja de Darvas tiene un nivel máximo y un nivel mínimo. Según la teoría, el precio se mantendrá moviéndose dentro de esos límites.

Cuando el precio se sale de esa caja (con un fuerte volumen), entonces el precio buscará nuevos máximos o mínimos dependiendo por donde se rompió la caja.

Para establecer estos límites se siguen estos pasos:
1. Se establece el tope de la caja (TOPE) con el precio máximo del día.
2. Este TOPE no debe ser rebasado durante las siguientes dos sesiones. Si es rebasado, volvemos a iniciar.
3. Una vez que ya tenemos un TOPE que no fue rebasado en 2 sesiones, establecemos nuestra (BASE) como el precio mínimo de la sesión.
4. Esta BASE no debe rebasarse hacia abajo durante las siguientes

336 ●

dos sesiones. Si es rebasado hacia abajo, regresamos al paso 3. Si durante este tiempo en el que buscamos la BASE, el precio sube por encima del TOPE, se vuelve a iniciar en el paso 1.
5. Una vez que ya tenemos el TOPE y la BASE, cuando el precio suba por encima del tope, se da una señal de compra. Si rompe hacia abajo, será señal de venta.
6. Con el rompimiento, se formará una nueva caja, por lo que se regresa al paso 1.

Es importante manejar el riesgo, por lo que Darvas hacia una compra piloto de pocas acciones en su primera orden. Si el precio avanzaba como esperaba, aumentaba su posición en el siguiente rompimiento a la alza de la nueva caja. Es importante establecer el stop loss para mantener bajas las pérdidas y cuidar las utilidades.

María Asunción Aramburuzabala Larregui

Nació el 2 de mayo de 1963 en la Ciudad de México. Nieta de inmigrantes españoles quienes fundaron Grupo Modelo, creadores de la cerveza Corona y de otras. Hija del migrante vasco Pablo Aramburuzabala Ocaranza, accionista mayoritario de la cervecera Grupo Modelo a partir de 1936 y líder indiscutible de la fábrica hasta el año de su muerte, 36 años después.

Estudió Contaduría en el Instituto Tecnológico Autónomo de México (ITAM). Mantiene su presencia en el grupo Modelo, principal productor y exportador de cerveza en México, que ahora también participa con 50% con otras firmas.

Ha emprendido también empresas de riesgo compartido a nivel global con algunas marcas de fábrica. Es presidenta de Tresalia Capital, Kio Networks y BCBA Impulsa que diseña, construye y administra bienes inmobiliarios. Hoy es miembro de los consejos de varias de las principales empresas de México.

Heredera de una gran fortuna que ha logrado aumentar con base en la preparación, talento y olfato para los negocios. Su fortuna personal ha crecido también, mediante la diversificación de las inversiones y del sentido de riesgo.

Uno de sus más grandes logros fue la compra accionaria que realizó el gigante cervecero Anheuser-Busch en 1998 del grupo Modelo, por 1.6 mil millones de dólares, operación que le representó a la familia Aramburuzabala al menos 500 millones de dólares en efectivo por esa transacción.

Marisun como le nombran su amigos, adquirió en el año 2000, el 20 por ciento de las acciones de control de Televisa. En el 2006 ésta exitosa empresaria ha optado por reducir su participación de capital a casi la mitad.

Ocupa el puesto 488 de los millonarios de la revista Forbes, con una fortuna valuada en 2 mil millones de dólares. Fue elegida por The Wall Street Journal como una de las más destacadas mujeres empresarias y con mayor futuro del mundo.

El 17 de diciembre del 2004, fue galardonada junto con otros empresarios como Claudio X. González y Enrique Zambrano, así como al actor de origen cubano Andy García, por el comité de selección de los Poder BCG Business Awards 2005. En 2006, la revista Fortune la señaló como la "mujer más poderosa de México y una de las principales ejecutivas del sector cervecero mexicano", ya que el Grupo Modelo obtuvo ingresos por tres mil 600 millones de dólares y ganancias por 429 millones de dólares en 2003.

Es la única mujer latinoamericana, en una lista de las 50 mujeres que destacan en puestos directivos de compañías multinacionales.
En cuanto a su vida personal, estuvo casada con Paulo Patricio Zapata Navarro, matrimonio que duró 15 años y con quien tuvo dos hijos.

Actualmente está casada con Tony Garza de 45 años, quien se des-

MIGUEL RAMÍREZ

empeña como embajador en México de Estados Unidos desde el 22 de noviembre del 2002.

Al lado de su esposo a quien acompaña en múltiples reuniones, Marisun ha dado muestras de su talento para conjugar la cultura norteamericana junto a la mexicana. Es una mujer quien comparte con algunos de sus parientes, el gusto por el coleccionismo.

Emilio Azcárraga Jean

También llamado Tigre Junior, nacido en la Ciudad de México en el año de 1968. Estudió Relaciones Industriales en la Universidad Iberoamericana de México y realizó una Licenciatura en Marketing and Business Administración en IPADE México.

Es hijo de Emilio Azcárraga Milmo (1930-1997), el magnate de la comunicación y la tercera esposa de éste, Nadine Jean. Tiene tres hermanas: Alessandra, Ariana y Carla.

Estuvo casado con Alejandra de la Cima, quien a muy temprana edad presentó cáncer de mama, hoy ya superado, actualmente es presidenta de la Fundación Cima, un espacio donde puede compartir su experiencia personal como sobreviviente de este cáncer, además de acompañar y apoyar a las mujeres que han vivido o están viviendo este proceso.

Su actual pareja se llama Sharon Fastlicht Kurian con quien tiene un hijo llamado Emilio. Es amante del séptimo arte, proviene de una familia reconocida por sus negocios en la industria del cine. Su hermano Adolfo fue uno de los tres socios fundadores de la cadena Cinemex, mientras que sus hermanas Michaelle y Leslie manejan la revista especializada Cinemanía, donde la misma Sharon colaboró durante un tiempo como corresponsal desde Nueva York.

Sharon Fastlicht ha estado al frente de la campaña llamada "Hazlo ahora, hazlo siempre", donde la finalidad es recabar fondos que permitan la integración plena de las personas discapacitadas a la sociedad mexicana.

El 24 de marzo del 2000, Azcárraga Jean fue designado Presidente de la Organización de la Televisión Iberoamericana, OTI.

Su padre, recuerda Emilio, fue un hombre estricto y exigente al igual que su abuelo (Emilio Azcárraga Vidaurreta), dos grandes visionarios que crearon un imperio en la industria del entretenimiento en México y el cual se atrevía a llegar a los puntos más finos y fuertes de la industria y la política.

Cuando tenía 29 años, muy joven aún, tomó el cargo de presidente del Consejo de Administración del Grupo Televisa, esto, después del fallecimiento de su padre (16 de abril de 1997) quien a la edad de 66 años perece a causa del cáncer de páncreas.

Para Emilio, el estar al frente de la presidencia de Televisa no era el objetivo de su vida, sin embargo las circunstancias le marcaron un camino diferente; él sabía que ante la muerte de su padre tenía que asumir el cargo con todo y las consecuencias que este trajera, un desafío enorme teniendo muy claro la fuerza que representaba su empresa.

El conocimiento, la pasión y el carácter que Emilio Azcárrrga tiene y heredó de su padre y abuelo, lo ayudaron a sacar adelante una compañía que en ese tiempo presentaba una situación económica muy difícil; logró sacar a la televisora del endeudamiento y una vez superada la crisis, se propuso determinantemente a no volver a vivir una situación igual.

Seguro dice, que el éxito de Televisa considerada la empresa de comunicación más importante de habla hispana en el mundo; se debe a su fuerza para sobrevivir ante las crisis que ha presentado el país y a que está en constante evolución. No en vano es el dicho: *"Lo que no te mata te hace más fuerte"*.

Así también considera que los pilares de un negocio deben estar formados por gente brillante, líderes capaces de llevar al éxito; de ellos se puede obtener opiniones enriquecedoras y te hacen brillar, prueba de ello fue cuando en la formación del nuevo consejo de Televisa invitó a quienes quería que lo constituyeran. Agrega además, que

340

se ha mantenido firme al frente de Televisa gracias a la confianza y la lealtad de su equipo de trabajo, elementos claves para contar con una empresa sólida.

Tanto en el campo de la política como en el de la inversión, se mostró desde un principio claro y firme. En la política no tuvo preferencias y abrió espacios para todos.

Azcárraga Jean considera a los inversionistas elementos importantes para la prosperidad de una empresa, sin embargo piensa que no hay que concentrarse en lo que digan, sino en la operación y tomar las decisiones necesarias para tener una mejor empresa. No es lo mismo estar revisando desde un escritorio las acciones que se tienen y de diferentes compañías, a estar trabajando duro y constantemente para que tu empresa permanezca y crezca.

Grupo Televisa se encuentra en la Bolsa Mexicana de Valores (BMV: TLEVISA.CPO TLEVISA) y en la Bolsa de Nueva York (NYSE: TV). Posee participación en AMNET (AMZAK) y tiene además el 40% de las acciones del canal español La Sexta, estrenado en marzo de 2006. Además es la principal accionaria de empresas televisivas en diferentes países de América Latina y España. Entre los accionistas más destacados de Televisa se encuentran: Emilio Azcárraga Jean, Bernardo Gómez Martínez, Jesús Javier Espina Rodríguez y Carlos Slim Helú, también accionista de Telmex, América Móvil, Univisión y Apple.

Azcárraga Jean: Optimista, apasionado de la televisión y amante de los autos (gusto heredado por su padre), es hoy uno de los empresarios más ricos e influyentes de América Latina con una fortuna estimada en 1.7 billones de dólares según la revista Forbes, ubicándose así entre los 500 más ricos del mundo. Es miembro además de los Consejos: Teléfonos de México, S.A. de C.V., Banamex-Accival, Hombres de Negocios, Univisión; así como de los Grupos "CIE", "Ciudad de México", Endeavor y Axo.

Donald Trump

Nació el 14 de junio de 1946 en New York, EE.UU. Es hijo de Fred Trump, propietario de una inmobiliaria y quien le enseñó las reglas de oro de un aspirante a millonario. Su familia fue comprando edificios en la ciudad de los rascacielos para luego venderlos una vez que se habían revalorizado.

Se graduó de la carrera de Economía en la Universidad de Fordham, cursó un MBA en la prestigiosa Wharton Business School y finalmente se incorporó al negocio familiar. A los 28 años heredó todo un imperio que hizo aumentar en tamaño y valor, adquiriendo nuevas torres y propiedades que bautizó con su apellido.

Su habilidad para auto-publicitarse como para las relaciones públicas, le han servido para convencer a diversos inversionistas a apostar por sus proyectos inmobiliarios. Sus atrevidos proyectos comenzaron con la construcción de la Trump Tower en la Quinta Avenida neoyorkina, luego fue diversificando su portafolio con inversiones en casinos de Atlantic City.

A principios de los años 90, su suerte se vino abajo. Tras algunos proyectos inmobiliarios fallidos, las empresas Trump llegaron al borde de la bancarrota con deudas por 3.500 millones de dólares, pero una reestructuración de pasivos y la habilidad de convencimiento que posee Trump, consiguieron nuevos inversores y hasta se convirtió en el dueño del certamen Miss Universo, Donald entonces vuelve al ataque. Su fortuna se estima en unos 2.700 millones de dólares.

Su vasto imperio de bienes raíces está compuesto de algunas de las direcciones más prestigiosas en la ciudad de New York, incluyendo los edificios Empire State, Trump Tower, Trump Plaza, y Trump International Plaza.

The Trump Organization se ha convertido en el operador de hoteles más grande del mundo, con el mundialmente conocido Trump Plaza

MIGUEL RAMÍREZ

Hotel and Casino en Atlantic City, New Jersey y el Trump Taj Majal Casino Resort de cuatro estrellas.

Sus propiedades también incluyen el lujoso Mar-a-Lago Club en West Palm Beach, Florida, una afamada mansión histórica que una vez perteneciera a Marjorie Merriweather Post y E.F. Hutton, además del Trump International Golf Course.

En junio de 2000 recibió el reconocimiento más importante de su carrera, el Premio Hotel and Real Estate Visionary of the Century, concedido por la UJA Federation.

Entre los proyectos más actuales de Trump se encuentra la construcción de un complejo con un inmenso campo de golf en la costa escocesa, y al cual se oponen los ecologistas locales; ya que consideran ocupará una zona de especial interés científico y puede destruir un sistema muy delicado de dunas, así como la correspondiente flora.

Best sellers.
Además de destacar en el mundo de las bienes raíces, su faceta de escritor le han dado mayor prestigio y publicidad. Ha escrito libros como "The America We Deserve", La primera autobiografía de Trump "The Art of the Deal", que se ha convertido en uno de los más exitosos best sellers de todos los tiempos, con ventas de más de tres millones de copias. La continuación de esa obra fue publicada en 1990 bajo el título de "Surviving at the Top", que llegó a ocupar el primer lugar en ventas, igual que su tercer libro, "The Art of the Comeback".

Donald en televisión.
Ser el dueño de majestuosos edificios y autor de libros exitosos no parece suficiente para Donald; así que también promueve "El Aprendiz" un reality show basado en el mundo de los negocios con el que ha logrado renovar este género televisivo. Este programa pretende ofrecer a carpinteros, trabajadores de la industria metalúrgica, gentes de la construcción, limpiadores, doncellas y camareros, la oportunidad de

poner en práctica la visión de Trump para los negocios y convertirse en la muestra televisiva de que cualquiera puede ser un emprendedor.

En "El Aprendiz" participan 16 candidatos (previamente seleccionados) de todas las condiciones sociales, desde graduados en Administración de Negocios del grupo de las 8 universidades privadas más prestigiosas de Nueva Inglaterra, hasta empresarios de la calle sin educación superior, quienes deben sobrevivir cada semana a exigentes desafíos, mientras conviven en un apartamento tipo loft en Manhattan. El ganador de la competencia es premiado con un empleo durante un año como presidente o copresidente en una de las divisiones de Trump Organización y con un salario de 250.000 dólares.

Otro reality show que está en puerta y tiene como autor a Donald Trump es "Dama o Vagabunda". Este trata sobre niñas malcriadas, una vez visto el escándalo organizado con Paris Hilton, Britney Spears y Lindsay Lohan (a quienes busca para protagonizar su programa). Este show pretende reformar a las chicas malcriadas y convertirlas en auténticas damas de buenos modales.

344

En la red.
Auto publicitándose y haciendo de todo un concurso, características ya muy conocidas de Donald Trump, la "www" no se le escaparía. Por medio de su blog hizo un singular concurso, convocó a quien quisiera enviarle una pregunta y si ésta era seleccionada, él mismo la respondería.
El premio fue uno de los 15 cursos que la Universidad Trump ofrece, el cual tiene un valor de hasta 995 dólares. Las preguntas estaban orientadas hacia el éxito, logros personales, inversiones en bienes raíces y emprendedores. ¿Está en todo verdad?

Vida Personal
En su vida personal hay dos divorcios en los que ha perdido la mitad de su fortuna. Estuvo casado con Ivana Trump (practicante profesional de ski y modelo checoslovaca), madre de sus tres hijos, Donald Jr, Ivanka (top model, quien cataloga a su padre como su héroe y la segunda al mando cuando él no está) y Eric.

Luego de un matrimonio de 12 años, la pareja se divorció en 1992, al parecer, ahora el corazón del magnate lo había conquistado Marla Maples, la modelo que se convirtió en su mujer en 1993. De esa relación nació Tiffany, nombre en honor a la famosa joyería neoyorquina.

Actualmente está casado con la modelo eslovena Melania Knauss con quien tiene un hermoso niño llamado Barron William; y es Presidente de los Estados Unidos de América.

MIGUEL RAMÍREZ

CONCLUSIONES

"Si lees, memorizas, entiendes, pero no practicas,
No has aprendido". Miguel Ramírez

Prosperar en medio de la crisis, no es un paseo por el parque, es todo un reto de cada uno de nosotros; pero si nos lo proponemos lo podemos lograr, por eso lo primero que tenemos que aprender a hacer es cambiar nuestra mentalidad, también necesitamos ahorrar, tener una vida frugal y de sacrificio al principio de nuestro trabajo duro hacia el logro de la Libertad Financiera, quiero terminar este libro con un artículo que escribí hace algún tiempo atrás; pero que es pertinente para el día de hoy. Además, porque es una advertencia sobre la codicia, y una propuesta para alcanzar la libertad financiera plena.

Pedir y Tener: *"Codiciáis y no tenéis; matáis y ardéis de envidia, y no podéis alcanzar; combatís y lucháis, pero no tenéis lo que deseáis, porque no pedís. Pedís y no recibís, porque pedís mal, para gastar en vuestros deleites."* **Santiago 4:2,3.**

Que estas notables palabras nos sean provechosas por la enseñanza del Espíritu Santo. El hombre es una criatura abundante en necesidades, y siempre intranquilo, y por eso su corazón está lleno de deseos. No puedo casi imaginar a un hombre existente que no tenga muchos deseos de una u otra especie. El hombre es comparable con la anémona marina con su multitud de tentáculos que siempre está cazando su alimento del agua; o como ciertas plantas que envían zarcillos, buscando los medios para trepar. El poeta dice: "El hombre nunca es, pero siempre está por ser, bendito." Lleva el timón hacia donde piensa que es su puerto, sin embargo, es sacudido por las olas. Uno de estos días espera encontrar la delicia de su corazón, y así continúa deseando con más o menos expectativas.

Este hecho ocurre con los peores hombres y con los mejores también. En los malos hombres los deseos se corrompen y llegan a convertirse en lujuria: anhelan lo que es egoísta, sensual y consecuentemente malo. La corriente de sus deseos está puesta firmemente en una dirección equivocada. En muchos casos la lujuria se hace extremadamente intensa: hacen del hombre su esclavo. Dominan su juicio; lo estimulan a la violencia: pelea y hace la guerra, quizás literalmente mate. A la vista de Dios, que cuenta la ira como homicidio, mata frecuentemente. Tal es la fuerza de sus deseos que comúnmente son llamados pasiones, y cuando estas pasiones se excitan plenamente, entonces el hombre mismo lucha vehementemente, de manera que el reino del diablo sufre violencia y los violentos lo arrebatan por la fuerza.

Mientras tanto, hay deseos también en los hombres de la gracia. Quitar a los santos sus deseos sería dañarlos grandemente, porque debido a ellos elevan su bajo ser. Los deseos de los hombres de la gracia son por cosas mejores: cosas puras y pacíficas, loables y con miras elevadas. Desean la gloria de Dios, y por eso sus deseos brotan de motivos más elevados que los que inflaman la mente no renovada. Tales deseos en los cristianos frecuentemente son muy fervientes y contundentes; siempre debieran ser así. Y los deseos engendrados por el Espíritu de Dios agitan la nueva naturaleza, excitándola, y haciendo que el hombre anhele, y entre en angustia y afanes hasta que puede lograr aquello que Dios le ha enseñado que puede anhelar. El codiciar del malo y el santo desear de los justos tiene sus propios medios de buscar satisfacción. El codiciar de los malvados se convierte en contienda; mata y desea tener; pelea y hace guerra; mientras, por otra parte, el deseo de los justos, correctamente guiados, toman un curso mucho mejor para lograr sus propósitos, porque se expresa en oración ferviente e importuna. El hombre piadoso, cuando está lleno de deseos pide a Dios y recibe de la mano de Dios.

348

En esta oportunidad, con la ayuda de Dios, trataré de exponer a partir de nuestro texto, primero; la pobreza de codiciar, "codiciáis y no tenéis." En segundo lugar, con tristeza mostraré la pobreza de muchos cristianos profesantes en las cosas espirituales, especialmente en su calidad de iglesia; también desean y no tienen. En tercer lugar, y para terminar; hablaremos de la riqueza con que serán recompensados los santos deseos si tan sólo usamos los medios correctos. Si pedimos, recibiremos.

1.- LA POBREZA DE CODICIAR, *"codiciáis y no tenéis".*

Las codicias carnales, sin importar lo fuertes que puedan ser, en muchísimos casos no obtienen lo que siguen: como dice el texto: "codiciáis y no tenéis." El hombre anhela ser feliz, pero no lo es; suspira por ser grande, pero se hace menor cada día. Aspira a lograr esto y aquello que piensa lo dejarán contento, pero sigue insatisfecho. Es como el mar tormentoso, que no tiene reposo. De una u otra forma su vida es una desilusión. Se agita como si estuviera en fuego mismo, pero el resultado es vanidad y aflicción de espíritu. ¿Cómo podría ser de otro modo? Si sembrara vientos, ¿no debería cosechar torbellinos, y nada más? Si por ventura, los fuertes deseos de un hombre activo salen y le dan lo que busca, pronto lo pierde, de tal modo que es como no tener. La búsqueda es trabajo, pero la posesión es un sueño. Gana para perder; edifica y su fundamento arenoso se desliza por debajo de su torre, que cae en ruinas. El que ha conquistado reinos muere descontento en una solitaria isla en medio del océano; y el que ha revivido un imperio cae para no volver a levantarse. Así como la calabacera de Jonás se marchitó en una noche, hay imperios que han caído repentinamente, y sus señores han muerto en el exilio. Así que lo que los hombres obtienen por medio de guerras y peleas es una propiedad con un contrato por breve tiempo. El lograr es tan temporal que sigue siendo cierto que "codician y no tienen."

Sí hay hombres con dones y poder suficientes para retener lo que han obtenido, sin embargo, en otro sentido no tienen, porque el placer que esperaban encontrar en ello no está allí. Sacan la manzana del árbol, y se les convierte en una de esas manzanas del Mar Muerto que en la mano se hacen cenizas. El hombre es rico, pero Dios aleja de él el poder de disfrutar su riqueza. Por sus codicias y batallas el hombre obtiene el objeto de sus anhelos, y después de un momento de deleite, siente aversión por lo que tan apasionadamente había codiciado. Anhela el placer tentador, lo agarra, y lo hace trizas debido a las ansias con que lo toma. Mirad al muchacho que caza una mariposa, que revolotea de flor en flor, mientras él la persigue ardorosamente. Finalmente queda a su alcance y con su gorro la hace caer de un golpe. Cuando recoge sus pobres restos, descubre que el insecto de pintadas alas yace destrozado por el acto mismo que lo cazó. Lo mismo se puede decir de multitudes de los hijos de los hombres: "codiciáis y no tenéis."

Su pobreza se presenta de tres maneras: "matáis y ardéis de envidia, y no podéis alcanzar", "no tenéis lo que deseáis porque no pedís", y "pedís y no recibís, porque pedís mal."

350

Si los que codician fracasan, no es porque no se pongan a trabajar para lograr sus objetivos, porque de acuerdo con su naturaleza, utilizaron los medios más prácticos a su alcance y los usaron ávidamente además. Según la mente carnal el único modo de obtener una cosa es pelear por ella, y Santiago deja escrito esto como la razón de todas las luchas. ¿De dónde vienen las guerras y los pleitos entre vosotros? ¿No es de vuestras pasiones, las cuales combaten en vuestros miembros?" Esta es la forma de esfuerzo del que leemos: "combatís y lucháis, pero no tenéis." A este modo de obrar se aferran los hombres de época en época. Si alguien va a progresar en este mundo dicen que debe luchar con su prójimo y sacarlos del lugar ventajoso en que se encuentran.

No debe darle importancia al cómo los demás van a prosperar, sino que tiene que preocuparlo la oportunidad que a él se le presenta, y cuidarse de surgir, no importa a cuántos deba pisar en el proceso. No puede esperar progreso si no ama al prójimo como a sí mismo. ¿Les parece que soy satírico? Podría ser, pero he oído este modo de hablar de personas que lo decían en serio. Así que ellos emprenden la lucha, y ésta, es siempre victoriosa, porque según el texto: "matáis," es decir, combaten de tal manera que derrotan a su adversario, y lo acaban.

Multitudes de hombres están viviendo para sí mismos, combatiendo aquí y pelando allá, haciendo la guerra con sus propias manos y la máxima perseverancia. No tienen elección en cuanto a la forma de hacerlo. No permiten que la conciencia interfiera sus transacciones, pero suena en sus oídos, el antiguo consejo: "gana dinero; gánalo honestamente si puedes, pero por todos los medios, gana dinero." No importa que se arruinen cuerpo y alma, y que otros sean ahogados por la miseria, combaten, porque en esta contienda no hay tregua. Bien dice Santiago: "Matáis y ardéis de envidia, y no podéis alcanzar; combatís y lucháis, pero no tenéis."

Cuando los hombres se entregan al egoísmo y no logran el éxito, podrían posiblemente oír que la razón de su falta de éxito es "porque no pedís." Entonces, ¿hay que alcanzar el éxito pidiendo? Eso es lo que parece insinuar el texto, y eso es lo que entiende el justo. ¿Por qué este hombre de deseos intensos no pide? La razón es, en primer lugar, que es contra de la naturaleza del hombre carnal que ore. Es como esperar que vuele. Siente desprecio por la idea de suplicar. "¿Orar?", pregunta. "No, yo quiero trabajar. No puedo desperdiciar mi tiempo en devociones; la oración no es práctica; quiero luchar a mi manera. Mientras tú oras, yo derrotaré a mi adversario. Yo me voy a mi oficina de contabilidad, y te dejo con tus Biblias y oraciones." No tiene intenciones de pedirle a Dios, es tan orgulloso que se considera a sí mismo como su propia providencia. Su propia diestra y su brazo fuerte le llevarán a la victoria. Cuando hace gala de mucha liberalidad en sus opiniones reconoce que aunque no ora podría haber algo de bueno en la oración, porque tranquiliza la mente de la gente, les hace sentirse bien, pero desecha la idea de que alguna respuesta pueda venir de la oración, y habla filosófica y teológicamente de lo absurdo que es pensar que Dios altere el curso de su conducta conforme a las oraciones de hombres y mujeres. "Ridículo," dice, "completamente ridículo"; y entonces, en su gran sabiduría, vuelve a la lucha y a su guerra, porque por tales medios espera lograr sus objetivos. Pero no alcanza. Toda la historia de la humanidad muestra el fracaso de la codicia por obtener su objetivo.

Por un momento el hombre carnal sigue siendo el mismo, pero si no puede lograrlo de un modo, lo intentará de otro modo. Si tiene que pedir, pedirá; se hará religioso, y ese será el método por el cual alcanzará su objetivo. Descubre que algunos religiosos prosperan en el mundo, y que aun los cristianos sinceros están lejos de ser necios en los negocios, y por lo tanto probará el plan de ellos. Y entonces, cae bajo la tercera censura de nuestro texto: «Pedís y no recibís.» ¿Cuál es la razón por la que el hombre que es esclavo de su codicia no obtiene lo que desea, a pesar de que empieza a pedir? La razón es que su pedir es un puro formalismo; su corazón no está en adoración. Compra un libro que contiene lo que se denominan formularios de oración, y las repite, porque repetir es más fácil que orar, y no requiere que se piense.

No tengo objeciones contra el uso de un formulario de oración si con él usted ora; pero sé que la gran mayoría no ora con ellos, sino sólo repiten la fórmula. Imagine lo que llegaría a ser nuestra familia si en vez de hablarnos francamente, nuestros niños ante cualquier necesidad considera como un requisito entrar en la biblioteca, buscar un libro de oraciones y leernos una de las fórmulas. Ciertamente llegaría a su fin todo sentido hogareño y el amor. La vida se vería llena de trabas. Nuestra casa se convertiría en una especie de internado o de cuartel, y todo sería revistas y formalidad, en vez de miradas felices que miran con cariñosa confianza hacia ojos amados que se deleitan en responder. Muchos hombres espirituales usan un formulario, pero los hombres carnales es seguro que lo hacen porque siempre caen en el formalismo.

Si sus deseos son anhelos de la naturaleza caída, si sus deseos comienzan y terminan en su propio yo, y si el fin principal por el que vive no es el de glorificar a Dios, sino a sí mismo, entonces podrá luchar, pero no tendrá; podría levantarse temprano y acostarse tarde pero de ello no obtendrá ninguna que valga la pena. Recuerde lo que el Señor

352

MIGUEL RAMÍREZ

dice en el salmo 37: "Deja la ira, y desecha el enojo; no te excites en manera alguna a hacer lo malo. Porque de aquí a poco no existirá el malo; observarás su lugar, y no estará allí. Pero los mansos heredarán la tierra, y se recrearán con abundancia de paz."

Y basta en cuanto a la pobreza del codiciar.

2.- CÓMO LAS IGLESIAS CRISTIANAS PUEDEN SUFRIR DE POBREZA ESPIRITUAL, *¿de modo que ellas también "codician y no pueden alcanzar"?*

Por supuesto, el cristiano busca cosas más elevadas que las cosas mundanas, de otro modo no sería digno de ser llamado así, su objetivo es alcanzar las verdaderas riquezas, y glorificar a Dios en espíritu y en verdad. Sí, pero mire, hermano querido, no todas las iglesias logran lo que desean. No tenemos que quejarnos en uno que otro lugar, sino en muchos, de iglesias que están casi dormidas, y declinan gradualmente. Por cierto, tienen sus excusas. La población está menguando, u otro lugar de adoración está atrayendo a la gente. Siempre hay una cuando el hombre la necesita. Pero sigue en pie el hecho: el culto público está casi desierto en algunas partes, el pastor no tiene poder de reunir gente, y los que entran por apariencia, están descontentos o indiferentes. En tales iglesias no hay conversiones. ¿Cuál es la razón de ello?

En primer lugar, aun entre los que profesan ser cristianos, puede haber la búsqueda de cosas deseables por métodos erróneos. "Combatís y lucháis, pero no tenéis." ¿No hay iglesias que han pensado prosperar compitiendo con otras? En tal y tal lugar de adoración tienen un hombre muy talentoso, tenemos que conseguir uno nosotros también. ¡Ay de mí! ¡Qué tengamos que vivir en una era en que hablamos de tener un hombre con talentos que predique el evangelio de Jesucristo! ¡Ay, que pueda pensarse que este santo servicio dependa de la aptitud humana!

Las iglesias han competido entre sí en arquitectura, en música, en equipamiento y en estado social. En algunos casos hay una medida de amargura en la rivalidad. A las mentes estrechas no les resulta agradable ver que otras iglesias prosperan más que la propia. Pueden ser más fervientes que nosotros, y pueden estar haciendo mejor la obra de Dios, pero somos dados a mirarlos con envidia, y más bien quisiéramos que no les fuera tan bien. "¿Pensáis que la Escritura dice en vano: El Espíritu que él ha hecho morar en nosotros nos anhela celosamente?" Si pudiéramos ver un escándalo en ellos, de modo que sufrieran un quebrantamiento y quedaran eclesiásticamente muertos, no nos regocijaríamos. Por supuesto que no; pero no nos daría una tristeza mortal. En algunas iglesias hay permanentemente un espíritu malo. No tengo una acusación denigrante que presentar, y por lo tanto no diré más que esto: Dios nunca bendecirá tales medios ni tal espíritu; los que se dejan llevar por esto desearán tener, pero nunca alcanzarán.

Mientras tanto, ¿cuál es la razón por la que no tiene una bendición? El texto dice: "Porque no pedís,» temo que hay iglesias que no piden. Se descuida la oración en todas sus formas. Se permite que decaiga la comunión privada. Dejo a la conciencia de cada persona el punto hasta el cual se está preocupando de la oración secreta, y cuánta intimidad con Dios hay en secreto entre los miembros de la iglesia, sin duda, su existencia saludable es vital para la prosperidad de la iglesia. La oración familiar es más fácil de juzgar, porque podemos verla, pero en estos días muchos han abandonado la oración familiar. No sigan este comportamiento, más cuando en la escritura dice: "orad sin cesar".

Quisiera que todos fuéremos del mismo pensamiento que el trabajador escocés que obtuvo un puesto en la casa de un rico agricultor famoso porque pagaba bien. Todos sus amigos lo envidiaban porque había entrado en su servicio. Poco tiempo después, regresó a su aldea natal y cuando le preguntaron por qué había dejado su trabajo, contestó que "no podía vivir en una casa que no tenía techo." Una casa sin oración es una casa que no tiene techo. No podemos esperar bendiciones en nuestras iglesias si no la tenemos en nuestras familias.

En cuanto a la oración congregacional, ¿no está decayendo el reunirse en lo que llaman cultos de oración? En muchos casos la reunión de oración es despreciada, y mirada como una suerte de reunión, de segunda categoría. Hay miembros de la iglesia que nunca están presentes y no les remuerde la conciencia por el hecho de mantenerse alejados. Algunas congregaciones mezclan la oración con una reunión de estudio, de modo que tienen un solo servicio durante la semana. Hace unos días leí una excusa para esto: "se dice que las personas están mejor en casa atendiendo las preocupaciones familiares". Son palabras infundadas, porque ¿quién entre nosotros desea que la gente descuide sus deberes domésticos? Se descubrirá que los que mejor atienden sus preocupaciones hogareñas y que son diligentes en ponerlas en orden, son los que hacen todo para poder participar de las reuniones de adoración. El descuido de la casa de Dios con frecuencia es un indicador de la negligencia de sus propias casas. No traen sus hijos a Cristo, de ello estoy convencido, de otro modo los traerían a los servicios. De todos modos, las oraciones de la iglesia miden su prosperidad. Si retenemos la oración retenemos la bendición, nuestro verdadero éxito como iglesia sólo se puede obtener pidiéndolo de Dios. ¿No estamos dispuestos para hacer una reforma y enmendar en cuanto a esto? ¡Oh, que llegue la hora de la angustia de Sion, cuando una agonía en oración mueva a todo el cuerpo de los fieles!

Pero algunos responden: "Hay reuniones de oración, y pedimos bendiciones, sin embargo no llegan." ¿No se encuentra la explicación en otra parte del texto: "No recibís porque pedís mal"? Cuando las reuniones de oración se convierten en una pura formalidad, los hermanos se levantan y agotan el tiempo con sus largas oraciones, en vez de hablar a Dios con palabras sinceras y ardientes, cuando no hay expectación de una bendición, o la oración es fría y congelante, entonces nada sale de ella. El que ora sin fervor, en realidad no ha orado. No podemos tener comunión con Dios, que es fuego consumidor, si no hay fuego en nuestras oraciones, muchas peticiones no llegan a su destino porque no hay fe en ellas. Las oraciones que están llenas de dudas, son peticiones de rechazo. Imagina que le escribes a un amigo y le dices: "Querido amigo: Estoy en graves problemas, y por lo tanto te escribo para pedirte ayuda porque me parece bueno hacerlo. Pero aunque te estoy escribiendo, no creo que vayas a ayudarme en algo. Por cierto, me sorprendería mucho recibir tu ayuda, y hablaría de ello como una gran maravilla."

¿Piensas que recibirías ayuda? Yo diría que tu amigo tendría suficiente sensibilidad para observar la poca confianza que le tienes, entonces respondería que: "como no esperas nada, no te provocaré una sorpresa". La opinión que tiene de su generosidad es tan baja que no se siente llamado a salirse de su curso por su causa. Cuando las oraciones son de ese estilo, no cabe sorprenderse si "no recibís, porque pedís mal." Además, si nuestras oraciones, por fervientes y confiadas que sean son sólo pedir la prosperidad de nuestra iglesia porque queremos gloriarnos de ello… si queremos ver que nuestra denominación crezca en gran número y mejore en respetabilidad para poder participar de los honores, entonces nuestros deseos no pasan de ser sólo codicias. ¿Puede ser posible que los hijos de Dios manifiesten las mismas emulaciones, celos y ambiciones de los hombres del mundo? ¿Puede ser la obra religiosa una cuestión de rivalidad y de competición? Ah, entonces las oraciones que buscan éxito no tendrán aceptación ante el trono de la gracia. Dios no nos oirá, sino que nos despedirá, porque no se cuida de responder las peticiones, de las cuales el yo es el objeto. "No tenéis, porque pedís mal."

3.- LA RIQUEZA QUE ESPERA AL USO DE LOS MEDIOS ADECUADOS, *a saber cómo pedir en forma correcta a Dios.*

Le invito a poner atención solamente a este asunto porque es de vital importancia. Mi primera observación es esta: después de todo, cuán pequeña es esta demanda que Dios nos hace. *¡Pedid!* Es lo menor que puede esperar de nosotros, posiblemente, y no es más de lo que nosotros ordinariamente exigimos de quien necesita nuestra ayuda. Esperamos que un pobre pida, y si lo hace no le echamos la culpa de su carencia. Si Dios da al que pide, y nosotros seguimos en la pobreza, ¿de quién es la culpa?, ¿no es la culpa más grave?, ¿no da la impresión que estuviéramos fuera de orden con Dios, de modo que ni siquiera condescendemos a pedirle un favor? Ciertamente debe de haber en

356 •

nuestros corazones una secreta enemistad con El, o de otro modo en vez de ser una necesidad indeseable sería considerado un gran placer.

Sin embargo, nos guste o no, hay que recordar: *pedir es la regla del reino.* ***"Pedid y recibiréis."*** Es una regla que nunca será alterada en el caso de nadie, nuestro Señor Jesucristo es el hermano mayor de la familia, pero Dios no ha aflojado la regla para él. Jehová dice a su Hijo: "Pídeme y te daré por heredad las gentes y por posesión tuya los términos de la tierra." Si el Hijo de Dios, real y divino no puede ser exceptuado de la regla de pedir, se relaja a favor nuestro. Dios bendecirá a Elías y enviará lluvia a Israel, pero Elías debe orar por ello. Si la nación elegida ha de prosperar, Samuel debe suplicar al respecto, si los judíos han de ser liberados, Daniel debe interceder. Dios bendecirá a Pablo, las naciones serán convertidas por su intermedio, pero debe de orar. Oró sin cesar. Sus epístolas muestran que nada esperaba sino era pidiéndolo.

Además, es claro que hay algunas cosas necesarias para la iglesia de Dios que no podemos obtener de otro modo que no sea por la oración. Podrán tener al hombre talentoso del que hablé; y la nueva iglesia, el nuevo órgano, y el coro, pueden obtenerlos sin oración. Pero no podrán alcanzar la unción celestial: el don de Dios no se puede comprar con dinero. Algunos miembros de una iglesia en una primitiva aldea de América pensaban que podrían levantar una congregación colgando una muy hermosa araña de luces en la casa de reuniones. La gente hablaba de la araña, y algunos iban a verla, pero la luz pronto comenzó a disminuir. Usted puede comprar toda clase de pintura, bronce, muselina, azul, escarlata y lino fino, junto con flautas, arpas, gaitas, salterios y todo tipo de instrumentos musicales, todo ello sin oración. En realidad, sería una impertinencia orar por tales cosas; pero no puede tener el Espíritu Santo sin oración. "El sopla de dónde quiere." No se acercará por ningún proceso o método controlado por nosotros, sino por el pedir, no hay medios mecánicos que puedan sustituir su ausencia. La oración es la gran puerta de las bendiciones espirituales, y si la cierra, estará echando afuera el favor.

MIGUEL RAMÍREZ

¿Ha pensado que este pedir que Dios requiere es un privilegio muy grande? Supongamos que se ha publicado un edicto según el cual no puede orar. Por cierto, sería una dificultad, si la oración interrumpiera el flujo de la bendición en lugar de aumentarlo, sería una triste calamidad. ¿Ha visto a un mudo bajo una fuerte excitación, o sufriendo un gran dolor, y debido a ello deseoso de hablar? Es un espectáculo terrible. Se le desfigura el rostro, el cuerpo lo agita en forma atroz, se retuerce y sufre en espantosa angustia, cada miembro lo contorsiona con el deseo de ayudar a la lengua, pero no puede romper sus ligaduras. Cavernosos sonidos salen de su pecho y tartamudeos ineficaces como para hablar, tratan de atraer la atención. Todo ello no alcanza el nivel que nosotros podríamos llamar de expresión. Supongamos que nuestra naturaleza espiritual estuviera llena de deseos intensos, y sin embargo, estuviera muda en cuanto a la expresión en oración. Pienso que ello sería una de las aflicciones más espantosas que pudiera sobrevenirnos. Estaríamos terriblemente lisiados y desmembrados y nuestra agonía sería abrumadora. ¡Bendito sea su nombre, el Señor establece una forma de expresión y pide a nuestro corazón que le hable!

Debemos orar. Me parece que debiera ser la primerísima cosa por hacer cuando estamos en necesidad. Si los hombres estuvieran en buena relación con Dios y le amaran de verdad, orarían en forma tan natural como respiran. Es mi esperanza que algunos de nosotros estemos en una buena relación con Dios y no tengamos que ser arrastrados a la oración, porque en nosotros ello ha llegado a ser un instinto natural. Ayer un amigo me contó la historia de un niñito alemán. El pequeño creía en su Dios, y se deleitaba en la oración, su maestro estaba exigiendo a los estudiantes que llegaran a la escuela a tiempo, y este niño estaba tratando de cumplir con ella, pero el papá y la mamá eran personas lentas, y una mañana, solamente por falta de ellos, el niño salió de casa en el momento en que el reloj marcó la hora del inicio de las clases. Un amigo que estaba cerca lo oyó clamar: "Querido Dios, concédeme que pueda llegar a tiempo a la escuela." La persona que lo oyó pensó que por esta vez la oración no podría ser contestada, porque ya había llegado la hora y aún le quedaba camino por reco-

358

rrer, tenía curiosidad por saber el resultado. Ahora bien, esa mañana ocurrió que el maestro, al tratar de abrir la puerta de la escuela, dio una vuelta al revés a la llave, y no pudo mover el pestillo, viéndose en la necesidad de llamar a un cerrajero para abrir la puerta. Hubo una dilación, y cuando la puerta fue abierta, nuestro pequeño amigo entró con el resto a tiempo. Dios tiene muchas formas de conceder nuestros deseos. Fue muy natural que un niño que realmente ama a Dios le hablase a Él; de su problema en vez de ponerse a llorar y a gimotear. ¿No debiera ser natural que tú y yo espontáneamente y de inmediato le contáramos al Señor, y que él fuera siempre nuestro primer recurso?

¡Ay! Según la Escritura y por la observación, me duele añadir, por mi experiencia, la oración con frecuencia es la última cosa. Mire al hombre enfermo del Salmo 107. Los amigos le traen diversos alimentos, pero su alma aborrece todo tipo de comida, los médicos hacen lo que pueden por sanarle, pero se agrava más y más, y cuando llega cerca de las puertas de la muerte: "Clamaron a Jehová en su angustia." Lo que debió ser primero, lo hicieron al final. "Llamen al doctor. Prepárenle alimentos. Envuélvanlo en frazadas." Todo está muy bien, pero, ¿habían orado a Dios? Mire a los marineros descritos en el mismo salmo. El barco está a punto de naufragar. "Suben hasta el cielo, descienden a los abismos; sus almas se derriten con el mal." Todavía hacen todo lo que pueden para escapar de la tormenta; pero cuando "tiemblan y titubean como ebrios, y toda ciencia es inútil. Entonces claman a Jehová en su angustia, y los libra de sus aflicciones." ¡Oh, sí! Buscan a Dios cuando se ven arrinconados y próximos a perecer. Y ¡qué misericordia es que Él escuche oraciones tan tardías, y libere a los suplicantes de sus angustias! Pero, debiera ser así contigo, conmigo y con las iglesias en decadencia, decir: "Oremos día y noche hasta que el Señor venga a nosotros. Reunámonos unánimes en un lugar, y no nos separemos hasta que descienda sobre nosotros la bendición"

¿Qué grandes cosas podríais tener con sólo pedir? Todos los cielos están al alcance del hombre que pide. Todas las promesas de Dios son ricas e inagotables, y su cumplimiento puede lograrse por la oración.

Jesús dice: "Todas las cosas me fueron entregadas por mi padre," y Pablo dice: "Todo es vuestro," y "vosotros de Cristo." ¿Quién no podría orar cuando todas las cosas nos son entregadas de esa manera? Sí y promesas que al principio fueron hechas a individuos especiales, son todas hechas para nosotros, si sabemos cómo pedirlas en oración. Israel cruzó el Mar Rojo hace muchos años; sin embargo, leemos en el Salmo 66: "Allí en Él nos alegramos." Sólo Jacob estaba presente en Peniel, sin embargo, Oseas dice: "Allí habló con nosotros."
Pablo quiere darnos una gran promesa para los tiempos de necesidad, y cita del Antiguo Testamento: "Porque él dijo: No te desampararé, ni te dejaré." ¿De dónde sacó eso Pablo? Es la seguridad que Jehová da a Josué: "No te dejaré, ni te desampararé." ¿Es seguro que la promesa era para Josué solamente? No; es para nosotros. "Ninguna escritura es de interpretación privada." Toda la Escritura es nuestra.

Mirad como Dios aparece a Salomón de noche y le dice: "Pide lo que quieras que yo te dé." Salomón pide sabiduría. "Oh, ese es Salomón," dices tú. Oíd: "Si alguno de vosotros tiene falta de sabiduría, pídala a Dios." Dios dio a Salomón riqueza y fama dentro del trato. ¿No es particular a Salomón? No, porque de la verdadera sabiduría se dice: "Largura de días está en su mano derecha; en su izquierda, riquezas y honra"; y esto no difiere mucho de las palabras de nuestro Salvador: "Buscad primeramente el reino de Dios y su justicia, y todas estas cosas os serán añadidas:" Así podéis ver que las promesas del Señor tienen muchos cumplimientos y siguen esperando para derramar sus tesoros en el regazo de la oración. ¿No eleva esto la oración a un alto nivel, cuando Dios está dispuesto a repetir en nosotros las biografías de sus santos, cuando espera mostrar su gracia y cargarnos con sus beneficios?

Debo mencionar otra verdad que debiera hacernos orar, y es ésta: que si nosotros pedimos, Dios nos dará mucho más de lo que pedimos. Abraham pidió a Dios que Ismael pudiera vivir. Pensaba "seguramente él es la simiente prometida: no puedo esperar que Sara pueda engendrar un hijo en su vejez. Dios me ha prometido una simiente, y seguramente es este, el hijo de Agar. Ojalá Ismael pueda vivir delante

MIGUEL RAMÍREZ

de ti." Dios le concedió esto, pero también le dio a Isaac, y todas las bendiciones del pacto. Allá está Jacob, se arrodilló a orar, y pidió al Señor que le diera "pan para comer y vestido para vestir." Pero, ¿qué le dio Dios? Cuando volvió a Betel, tenía dos campamentos, miles de ovejas y camellos, y mucha riqueza. Dios le había oído y habían hecho mucho más abundantemente por sobre lo que había pedido. De David se dice: el Rey "vida te demandó y le diste largura de días," sí, no solamente le dio muchos días para él mismo sino un trono para sus hijos para todas las generaciones, hasta David se sentó delante de Jehová, abrumado por la bondad de Dios.

"Bueno," dices, "pero, ¿vale eso para las oraciones del Nuevo Testamento?" Sí, así ocurre con las que oran en el Nuevo Testamento, sean santos o pecadores. Traen un hombre paralítico a Cristo y le piden que lo sane, y él dice: "Hijo, tus pecados te son perdonados". Él no había pedido eso, ¿verdad? No, pero Dios da cosas más grandes que las que pedimos. Observe la humilde oración de aquel pobre ladrón moribundo, "Señor, acuérdate de mí cuando vengas en tu reino." Jesús le responde: "Hoy mismo estarás conmigo en el paraíso". No soñaba con tal honor. Aún la historia del pródigo nos enseña esto, él había resuelto decir: "No soy digno de ser llamado tu hijo; hazme como a uno de tus jornaleros." ¿Cuál fue la respuesta? "Este mi hijo, muerto era y ha revivido; sacad el mejor vestido y vestidle; y poned un anillo en su mano, y calzado en sus pies." Una vez que has entrado en la posición de uno que pide, tendrás lo que no has pedido y nunca pensaste recibir. El texto con frecuencia se cita mal: Dios es poderoso para hacer "todas las cosas mucho más abundantemente de lo que podemos pedir o entender." Nosotros podríamos demandar, con sólo ser un poco más sensibles y con tener más fe, cosas de las más grandes, pero Dios está dispuesto a darnos infinitamente más de lo que pedimos. En este momento creo que la iglesia de Dios podría tener bendiciones inconcebibles si sólo estuviera dispuesta a orar ahora. ¿Ha notado alguna vez el maravilloso cuadro del capítulo ocho de Apocalipsis? Es digno de ser considerado con mucho cuidado. No intentaré explicarlo en sus conexiones, sino que voy a señalarle simplemente la historia tal como se presenta. Leemos: "Cuando abrió el séptimo sello, se hizo silencio en el cielo como por media hora." Silencio en el cielo: ¡no había himnos! ¡No había aleluyas, ni ángel que moviera un ala!, ¡silencio en el cielo!, ¿lo puede imaginar? ¡Mire!, observe los siete ángeles de pie delante de Dios, a los que son entregadas siete trompetas. Allí esperan, con trompeta en mano, pero no hay sonidos. Ninguna nota de alegría o de advertencia durante un intervalo que fue suficientemente largo para provocar vivas emociones, pero suficientemente breve como para evitar una impaciencia.

Un silencio ininterrumpido, profundo y terrible reinaba en el cielo. La acción se suspende en el cielo, el centro de toda actividad. "Y otro ángel vino y se paró junto al altar; con un incensario de oro." Ahí se para, pero no presenta ofrenda alguna; todo está quieto y en silencio. ¿Qué será que lo pueda poner en movimiento? "Y se le dio mucho incienso para añadirlo a las oraciones de los santos, sobre el altar de oro que estaba delante del trono". La oración es presentada junto con el mérito del Señor Jesús.

Ahora, vea lo que aconteció: "Y de la mano del ángel; subió a la presencia de Dios el humo del incienso con las oraciones de los santos." Esa es la clave de todo el asunto. Ahora imagine: el ángel comienza su tarea, toma el incensario, lo llena con el fuego del altar, y lo arroja en tierra, "y hubo truenos, voces y relámpagos, y un terremoto." "Y los siete ángeles que tenían las siete trompetas se dispusieron a tocarlas." Ahora todo se empieza a mover. Tan pronto como las oraciones de los santos fueron mezcladas con el incienso del mérito eterno de Cristo, y el humo comenzó a subir desde el altar, entonces las oraciones se hicieron eficaces. Cayeron las brasas vivas entre los hijos de los hombres, mientras los ángeles de la divina providencia, que aún estaban quietos, hicieron sonar sus truenos y se hace la voluntad del Señor. Tal es la escena en el cielo, en cierta medida, hasta el día de hoy. Lleve el incienso, comience a orar, enciendan el fuego de Cristo, y sobre el altar de oro deje que humeen delante del Altísimo; entonces veremos al Señor en acción y su voluntad será hecha en la tierra como en el cielo.

Dios quiere obrar a su favor, él quiere hacerle ***prosperar en medio de la crisis,*** por lo tanto tiene que orar, pedir la dirección y consejo del dueño del oro y de la tierra. Aprender a presupuestar incluyendo en primer lugar el diezmo dentro de su presupuesto. Educarse en el área financiera. Cambiar su forma de pensar pobre y tomar la mentalidad de los ricos, comenzar a ahorrar, vivir con menos, y actuar, debe hacer lo necesario, siempre y cuando sea lícito, honesto y de buen nombre; para poder caminar hacia ***tu libertad financiera.***

363

OTROS LIBROS DEL AUTOR